美国商业400年

陈润　王健平 —— 著

ZHEJIANG UNIVERSITY PRESS
浙江大学出版社
·杭州·

图书在版编目（CIP）数据

美国商业400年 / 陈润，王健平著. -- 杭州 ：浙江
大学出版社，2024.5
　ISBN 978-7-308-24694-1

　Ⅰ．①美… Ⅱ．①陈… ②王… Ⅲ．①商业史－美国
Ⅳ．①F737.129

中国国家版本馆CIP数据核字(2024)第044167号

美国商业400年

陈　润　王健平　著

策　　划	杭州蓝狮子文化创意股份有限公司
责任编辑	顾　翔
责任校对	陈　欣
封面设计	袁　园
出版发行	浙江大学出版社
	（杭州市天目山路148号　　邮政编码　310007）
	（网址：http://www.zjupress.com）
排　　版	杭州林智广告有限公司
印　　刷	杭州钱江彩色印务有限公司
开　　本	880mm×1230mm　1/32
印　　张	9.75
字　　数	236千
版 印 次	2024年5月第1版　2024年5月第1次印刷
书　　号	ISBN 978-7-308-24694-1
定　　价	68.00元

> **总序**

真正的以史为鉴，是为了超越历史

一

　　世界之变、时代之变、历史之变相互交织形成的百年变局，正在以前所未有的方式和速度展开。世界经济复苏举步维艰，全球发展遭遇严重挫折，各种安全问题层出不穷，局部冲突动荡此起彼伏。世界又一次站在历史的十字路口：是和平还是战争？是发展还是衰退？是开放还是封闭？是合作还是对抗？

　　20世纪90年代，冷战结束，全球化不断推进，它由经济市场化、政治民主化两部分构成。自从加入世界贸易组织，中国成为全球化的最大受益者之一，经济飞速发展。但自特朗普政府时期开始，全球发展的不确定性越来越强，国与国之间的相互对抗越来越严重，科技竞争越来越激烈。在这种情况下，企业如何制定生存和发展策略？个人如何平衡工作与生活？这是亟待回答的现实问题。

　　美国作家马克·吐温（Mark Twain）说，历史不会简单重复，但总在押韵。其实，在人类发展的漫长进程中，商业文明始终在障碍丛生、贸易困难、危机频发、混乱动荡的坎坷曲折中缓慢推进。到了 16 世纪，随着科学技术蓬勃发展，国与国之间的距离被拉近，不同国家的商业文化开始碰撞、交融，经济开始飞速发展，经济强国在世界舞台上扮演的角色走马灯似的变幻。当然，有些规律永恒不变，不会随人类的意志转移而更迭，比如在历史长河中所沉淀的人类精神财富——企业家精神、契约精神、信用体系、创新观念、商业逻辑、管理思想等，从长远来看，绝不会被人类所背弃。

由商业、财富、生活融汇交织的大历史看似随意偶然，发展逻辑却严密细致。"世界是部商业史"系列图书所研究的对象几乎全是世界 500 强企业，本丛书相当多的篇幅被用于记录企业的发展轨迹与企业家的成长过程。他们是商业史的主角，也是改变世界的重要力量。在阅读的过程中，读者会发现，现在及将来的全球产业格局和经济趋势，在过去的市场博弈与利益分割中早已形成。

不过，真正的以史为鉴，不是为了写历史而写历史，而是要超越历史。本丛书旨在以叙述人物、故事为途径，回到历史现场，探寻商业规律，立足当下、回望历史、启迪未来。我们将围绕以下四个问题，给读者一些启发与思考。

第一，为什么中国会取得现在的成就？从英国、法国、德国、美国、日本、韩国等国家崛起的历史中，我们可以得出结论：国家的较量关键在于企业，企业的较量关键在于企业家。"大商崛起"与"大国崛起"互为前提，彼此促进。商业兴旺才能造就"大国"，开放自由才能孕育"大商"。

第二，面对逆全球化、科技竞争、局部冲突等国际危机，企业家应该如何制定短期与长期战略？如何应对不确定的现在、拥抱不确定的未来？过去 500 年的商业发展史可供借鉴：世界 500 强企业都是在危机与灾难中成长起来的，不管是一战、二战等战局动荡时期，还是金融危机、经济萧条时期，成功企业需要找到不断战胜危机、超越自我的逆势增长之路，善于把握危机中的机会。

第三，如何看待企业家的时代责任与历史价值？如何看待政商关系？全球商业史也是一部政商博弈史，繁荣昌盛是政府与商人博弈形成的难得的双赢局面。企业家是推动社会发展、人类进步的主要力量之一，要尊重、关爱企业家。如今，中国的经济地位达到前所未有的高度，民族复兴、大国崛起的呼声一浪高过一浪，我们理应给企业家、创业者尊严与荣耀，给予更多包容与鼓励。

第四，如何弘扬企业家精神？如何发挥企业家作用？增强爱国情怀、勇于创新、诚信守法、承担社会责任和拓展国际视野这五条企业家精神，曾被世界级企业家验证过，亦是对中国企业家的要求和倡议。大力弘扬企业家精神，充分发挥企业家作用，对于持续增强国家经济创新力和竞争力具有重要意义。

"于高山之巅，方见大河奔涌；于群峰之上，更觉长风浩荡。"本丛书就是要以全球优秀企业家、卓越企业为标杆，助力中国企业家、创业者、管理者以史为鉴、开创未来。

二

全球商业史是一部大公司发展史，也是一部顶级企业家的创业史、成长史。

在波澜壮阔的商业历史变迁中，很多国家都曾站在世界商业舞台中央，发号施令，影响全球，直至被后来者超越。当下，商业世界波云诡谲，国际格局风云变幻，身处乱象之中的我们如何阔步前行？

在本丛书中，我们以国家为分类，以著名企业家与代表性企业为主体，以时间为顺序、以史料为标准真实记录，熔国别体与编年体于一炉。选取国别的标准是各国 GDP 的全球排名。通过长期研究，我发现国家 GDP 排名与世界 500 强公司排名、全球富豪榜排名等各种榜单的排名次序高度正相关，它们反映了商业潮流、经济趋势、投资方向，真实反映了国家经济实力和产业分布格局。如果放眼更长远的历史跨度去考量，这就是一张张近代全球商业史最珍贵的底片。

思辨得失、总结规律，这是本丛书的首要意义和价值所在。观察全球大公司的创业史、变革史是研究全球商业史的重要方法之一。在几百年的商业变迁中，美国、英国、德国、日本、法国、韩国一直是光鲜闪亮的主角，与这种局面相呼应的是各国公司的超强实力。

美国 400 余年的财富变迁遵循从农业、工业到服务业的规律，财富增长与经济发展、公司进化的逻辑完全吻合。富豪的财富挡不住时代洪流的冲击和涤荡，富过三代的家族都是顺势而为的识时务者，今日若想在农业、工业领域通过辛勤劳作成为美国富豪已十分困难。从安德鲁·卡内基、约翰·洛克菲勒到比尔·盖茨、沃伦·巴菲特、埃隆·马斯克，美国的超级富豪都是大慈善家。从本质上来说，所有的富豪都是财富管理者而非拥有者，只有让财富流动起来，创造更多的财富，财富才具有意义。

在并不算漫长的全球商业史中，英国人长期主宰世界的工业、商业、金融和航运业，他们是真正的世界经济霸主。巅峰时期，英国在全球GDP 中的占比超过 1/3。时至今日，国际金融中心伦敦掌握全球 30% 的外汇交易，英国拥有世界三大能源公司中的两家，罗罗公司（罗尔斯·罗伊斯公司）的航空发动机占半壁江山，ARM 的芯片统治全球……昔日的"日不落帝国"依然光芒万丈，它所崇尚的冒险、创新精神永不过时。

"德国制造"的华丽蜕变，以及德国品牌的全球声誉，并不是在短暂的二三十年中迅速实现的，这是一段以工业立国、品牌强国为核心的漫长而艰难的修炼之路。德国工业制造始终大而不倒、历久弥新，其背后正是德国的工业文化和企业家精神。德国提倡埋头苦干、专注踏实的工匠精神，对每件产品都精雕细琢、精益求精，追求完美和极致。德国人穷尽一生潜修技艺，视技术为艺术，既尊重客观规律，又敢于创新、拥抱变革，在自身擅长的领域成为专业精神的代表。

回望 500 年日本商业史，地处海陆之间、崇尚东西方文化交融的日本，受到外部各种潮流的冲击，也由此快速完成了现代化进程。尽管饱受地震、台风等自然灾害侵袭，并且在很长一段时期处于战争阴霾的非正常状态之中，但日本在二三十年间脱颖而出，快速崛起，此后一直繁荣昌盛，拥有与世界经济强国抗衡的实力，至今仍是全球经济强国。这种举世瞩目的现象确实值得深入思考和研究，在这个过程中，日本企业家精神及其背后不可忽视的文化力量值得关注。

法国的企业家精神，从中国式智慧角度，可将其总结为"外圣内王"。换句话说，就是外表优雅，内心霸道。溯本清源，霸道与优雅源自法国人对技艺、品质、创新的不懈追求，源自法国人的严谨务实、精益求精，是法国企业家对商业规律和客户需求的尊重，是国有企业与私人企业在市场竞争中持续创新的产物，也是家族企业日积月累沉淀的硬实力。往更深处说，则是"自由、平等、博爱"的法兰西精神在数百年间形成的商业基因。

韩国资源匮乏，是严重依赖外贸的外向型经济体。同时，国内政权更迭频繁，不确定因素往往成为决定企业生死的隐形炸弹。因此，韩国企业家都有很强的危机意识，随时做好力挽狂澜、东山再起的准备。三星、现代、LG、起亚、乐天等品牌家喻户晓，其决胜全球、基业长青的辉煌成就来之不易。而我们若想从韩国"小国大商"的逻辑中找到发展密码，仍需沉淀与修炼。

本丛书按照国别划分，各有千秋。商业史如长河浩荡，波涛滚滚向前，它既孕育新的繁荣，也埋葬昔日英豪，兴勃衰亡的故事每日都在上演。我们不仅要关注国家与企业的关系，更要关注企业家的价值。

三

"说来新鲜，我苦于没有英雄可写，尽管当今之世，英雄迭出不穷，年年有、月月有，报刊上连篇累牍，而后才又发现，他算不得真英雄。"

这是英国伟大诗人拜伦（Byron）在《唐璜》中的感慨。的确如此，因受视野和阅历之限，活跃于商业杂志上的企业家经常被读者奉若神明，却不知在喧嚣与浮华之外的故纸堆中，一群头戴礼帽、身着西装的"熟悉的陌生人"，正穿越几个世纪的烽烟与过往缓缓走来，其自信的笑容中透着不易被察觉的傲慢与威严。他们都是改变世界的商界巨子，是纵横天下的真英雄。

商业不应该是枯燥的规则与固化的面孔，数据和理论不过是速写式的轮廓勾勒，只有对人物故事的渲染和描述才会让画面生动鲜活。我们创作本丛书，就是希望呈现一场波澜壮阔且激荡人心的历史大戏，500年来与全球商业有关的人物先后闪亮登场、各领风骚，读者将在宏大背景和细微故事中洞察人性、体味人心。

战争与危机是这套书贯穿始终的重要线索。有意思的是，几乎每次战争与危机都会引起行业洗牌与产业变革，一大批商界奇才横空出世，伟大的企业从此诞生。事实证明，内外因素的碰撞与融合，总会让偶然成为必然，让小人物成为大英雄。大商人的精彩创业故事透露出深刻规律，通过对数百年来全球大公司基业长青之道的观察与研究，本丛书总结出全球大企业的发展变迁史，对时代变革、商业趋势和国家实力的沉浮起落做速写呈现。

纵观当今时势，全球商业进步的引擎依旧在美国，美国人始终以科技创新和商业变革掌控全球经济走向和财富命脉。与此同时，在 20 世纪 80 年代，有"亚洲四小龙"之称的韩国、新加坡、中国台湾、中国香港震惊全球，中国以改革开放厚积薄发，与巴西、俄罗斯、印度等新经济体一起飞速增长。这时候，大量跨国企业诞生，经济全球化和互联网化打破时间和空间界限，万象更新。

共享与共赢成为新时代的商业主流，跨界融合不断增强，爆炸式增长成为常态，大公司以多元化和国际化做大做强的传统路径被颠覆，新型企业以并购换时间、以扩张换空间，其创业十年的规模和市值动辄超过老牌公司百年的积累，行业巨头轰然坍塌的悲剧与日俱增，王者更替的频率越来越快，许多百年企业盛极而衰，亡也忽焉。

温斯顿·丘吉尔说："你能看到多远的过去，就能看到多远的未来。"过去数百年是商业变革步伐和人类财富增长最快的一段历史时期，市场经济的电光石火让商业史五光十色、不可捉摸。在宏大叙事中追寻企业轨迹与商人命运，很难说清究竟是时代造就英雄还是英雄造就时代，时代洪流的巨大冲击与商业环境的瞬息万变使企业显得渺小而脆弱。

"欧元之父"、1999年诺贝尔经济学奖获得者罗伯特·蒙代尔（Robert Mundell）教授认为："从历史上看，企业家至少和政治领袖同样重要。那些伟大的企业家，曾经让欧洲变得强大、让美国变得强大，如今也正在让中国变得强大，他们是和政治领袖一样重要的人物。"这是历史规律，也是大势所趋，企业家应该成为"和政治领袖一样重要的人物"，因为他们是改变世界的重要力量。

尽管我们离这个目标路途遥远，但仍然一往无前。于商业史作家而言，商业发展与公司成长轨迹始终纷繁复杂、模糊不清，任何探本溯源的追寻都注定艰辛漫长，且很可能无疾而终。但即便如此，我也愿意埋首于历史的故纸堆里，从曾经的光荣与梦想中囊萤成灯，哪怕只有一丝微光，也要努力让中小企业坎坷崎岖的道路不再昏暗，让大企业扬帆远航的身影不再孤寒。

全球商业变迁历程就像一个巨大的试验场，人们热火朝天、豪情万丈。在大国崛起的辉煌之路上，是数以万计创业者夜以继日拼搏奔波的身影，失败是这场伟大试验的常见结果。但正因为有这种喧嚣与宁静、挣扎与沉沦的镜头交替出现，商业史的故事才显得生动鲜活，这种向上、不屈的力量才激荡震撼，摄人心魄。

正是这股催人奋进的力量让我坚定了策划出版本丛书的信念，尽管过程极其艰苦，资料庞杂而凌乱，虽然全球局势一如当年那般动荡不安、瞬息万变，但我依然对未来充满希望。

陈润

> 序言

竞争平等，但胜者为王

尽管对外竞争中动辄使用各类手段，但无论是过去还是现在，美国主流社会始终将"平等竞争"① 作为个人进步、国家繁荣的主要口号，该国的法律体系、社会文化氛围、国民教育体系，也在一定程度上为平等竞争奠定了基础。在商业领域，平等竞争的理念更是深入人心。

平等竞争的实现有利于促进市场的公正、透明和高效运转，增强市场的稳定性，推动可持续发展。商业机构在美国历史上成为最早认识到平等竞争重要性的社会组织，并积极履行自身的社会责任，为实现平等竞争，甚至缔造这个国家贡献力量。他们很清楚，无论有什么样的规模、属于何种行业，唯有尊重并推行平等竞争的价值观，企业才能为社会创造更多的价值，并在这一过程中获取长远而稳定的利润。

正因如此，美国人更习惯选择以商业机构作为其平等竞争价值观的

---

① 平等竞争，指参与社会活动的主体在竞争条件上处于相互平等的地位，相互之间开展公平的自由竞争，以体现出资源的最佳分配和有效利用。

承载主体。在数百年商业精神的继承和发扬之下，平等竞争不仅被看成美国的全民价值观，同时也被看成维系个人自由、确保机会均等、实现阶层跃迁的重要规则。人们对这一规则的普遍尊重造就了美国商业的繁荣，也造就了"美国梦"。与此同时，平等竞争的另一面却成为该国商业史的潜规则，那就是"胜者为王"。

凭借这样的商业竞争理念，很多贫穷而勤劳的美国人凭借个人奋斗走向商业意义上的成功，例如著名银行家阿马迪·贾尼尼（Amadeo Giannini）、柯达照相机发明者乔治·伊士曼（George Eastman）、芭比娃娃品牌创始人露丝·汉德勒（Ruth Handler），他们白手起家，秉持个人奋斗主义精神，从普通人成为商业巨子。虽然更多普通人也许无法取得如此成就，但在平等竞争的商业意识熏陶下，在"美国梦"成功者的照耀下，他们更容易相信自己的贡献赢得了公平的回报，而且未来同样会获得对应的回报。大批普通人抱有类似想法，这是美国商业历史得以自我延续和不断革新的重要因素。

美国商业允许所有人平等地加入竞争，所以才有了属于普通人的逆袭传奇，但他们使用的手段可能并不光彩。例如，合伙人"夺走"铁路工程师西奥多·朱达（Theodore Judah）公司的控制权、约翰·洛克菲勒在一个月内兼并数十家炼油厂、皮埃尔·杜邦（Pierre du Pont）用铺天盖地的炸弹来赚取利润、麦当劳兄弟（McDonald brothers）和雷·克洛克（Ray Kroc）互相指责背叛、比尔·盖茨以购买别人的程序来获取订单、拉里·埃里森（Larry Ellison）以打压竞争对手的广告词来自我美化……类似事情在美国商业历史上屡见不鲜，在当时也并未违背法律，但足以打破口耳相传的企业家的光辉形象。然而，无论是当事人还是后世历史学家，大多没有将之上升到道德层面进行评判，而是在尊重竞争结果的基础上，对法律规则进行主动调整，从而消弭其可能违背"平等竞争"原则的可能性。

在数百年的美国商业历史发展进程中，"平等竞争"和"胜者为王"

犹如一对相互交织的矛盾，难分难解。有时它们相互支撑，有时又彼此对立。幸运的是，在关键时间节点上，美国人总是能分清"平等竞争"和"胜者为王"孰轻孰重。企业家的自我约束、行业的集体调整、社会舆论的监督、行政机关的干预、立法部门的约束，使这对矛盾整体维持在微妙的平衡状态中，美国商业也得以在这种平衡下发展壮大。那么，这对矛盾究竟是如何产生的呢？

最初的美国商人非常敢于铤而走险：他们中的许多人突破英国规定的种种商业法规，频繁从事走私活动；也有人敢于违背西方宗教思想，往来于欧洲、非洲和美洲，从事罪恶的黑奴贸易；还有人敢于反抗大英帝国强加的高额税率，甚至不惜举起武器，用生命来换取利益。

全美社会对平等竞争的渴求激发了群体冲动，最终点燃了独立战争的烽火，促进了美国的诞生。但在建国之后，围绕平等竞争的矛盾日渐显现：一方面，这个国家对内对外都需要强大的商业力量，这需要平民阶层中不断有人站出来，改写商业竞争规则，创造大量财富，进而刺激更多人跨洋越海而来，续写"美国梦"神话；另一方面，作为维系国家统一、社会平稳的政府，又逐渐意识到保障商业规则稳定性的重要作用，进而着力避免竞争行为对现有商业格局的完全破坏。于是，在数百年的发展中，美国商业始终面临着特有的尴尬，一言以蔽之，"分蛋糕可以，按规则抢蛋糕也行，但不能抢板凳、霸桌子"。无数企业家在改写规则和维系规则的两大需求的夹缝中成长，努力维持着微妙的力量平衡。经过数百年的发展，美国商业形成了稳定的规则，这些规则不仅归功于政府单方面制定，也源自那些在竞争中幸存、生长并发展壮大后的巨型企业以行业标准、政治游说等方式参与制定。谁能在竞技场上留到最后，谁就能拥有一席之地，参与到解释、建立甚至改写规则的过程中。这既能激发后来人参与商业竞争的积极性，也确保了商业规则在一定时期内的稳定。

看重竞争，但胜者为王，这是美国重要的商业传统，也是我们了解美国商业史的认知起点。

美国商业史四大阶段：以竞相创新为标志

1607 年，詹姆斯敦[①]（Jamestown）得名，商业的种子在北美大地上破土萌芽，随后一路成长壮大，在 400 余年间，形成了今天的庞大版图。其主要过程与创新密不可分。

美国的创新精神最早来自第一次工业革命之后的英国。彼时，科学研究的探索精神深入英国的经济、文化、教育等领域，英国整个国家对技术发明的支持无所不在，这些特点随着殖民地的建设迅速转移到了美国。此后，对科学的尊重、对技术的应用始终表现为美国社会文明的重要特点。无论是对蒸汽船技术加以改进、将其商业化的罗伯特·富尔顿（Robert Fulton），还是以小学学历踏上发明创造历程的托马斯·爱迪生，以及后来的硅谷英才们，虽然有着不同的时代背景、教育经历乃至商业成就，但保持着始终如一的科学研究精神，并积极将研究成果付诸商业实践。这种主动创新以增强竞争力的商业精神，从最初的手工业开始，直到今天的人工智能产业，始终不曾断绝。每一代成功的企业家都自觉地对之加以实践运用，才取得应有的商业成果。

以创业精神具体的表现形式划分，美国的商业历史进程可分为如下阶段。

第一阶段，从 1606 年到 1845 年，属于创新萌芽期。美国商业主要围绕对外贸易、城镇化进程等基本发展需求而开展创新。

1607 年，英国的弗吉尼亚公司获得了英王詹姆斯一世（James Ⅰ，1566—1625 年）授予的北美洲土地，并组织了 144 名移民分乘 3 艘商

---

① 詹姆斯敦，位于弗吉尼亚东南部，得名于詹姆斯一世。1603 年，英国女王伊丽莎白一世在指定詹姆斯为其继承人后驾崩。詹姆斯即位为英格兰国王，自封为大不列颠王国国王，称詹姆斯一世。

船前往美洲。这些移民为了开疆拓土而来，很快就在当地开始了自己的生活。1620 年 9 月，又有 100 人乘坐"五月花号"轮船前往美国，在普利茅斯（Plymouth）定居。这些移民不仅是弗吉尼亚公司的股东，还是美国最早的企业家和经营者。他们中的一些人从事烟草种植和毛皮贸易等，到 1775 年独立战争爆发前，殖民地人均财富水平已经超过了宗主国。值得一提的是，占总人口 10% 的白人富商和地主拥有全社会 65% 的财富。这些早期移民的努力奠定了美国资本主义制度发展的基础。美国建国之后，在从事商业经营的社会精英阶层中，许多人都兼具发明家和企业家双重属性，对个人发明成果积极进行商业化，让创新行动在换来了真金白银的同时，也推动了美国的近代工业化、城镇化发展，奠定了该国商界进一步创新的物质和精神基础。

第二阶段，从 1846 年到 1914 年，属于创新发扬期。美国商业界群星闪耀，围绕交通运输、能源开发、金融行业等领域开展创新。康内留斯·范德比尔特（Cornelius Vanderbilt）、卡内基和洛克菲勒被誉为 19 世纪末到 20 世纪初美国的"大王"，他们的财富和地位不仅影响了当时的美国，也在全球范围内产生了深远的影响。范德比尔特以"铁路大王"的威望，经营着庞大的铁路帝国；而后起之秀卡内基则在钢铁行业崭露头角，成为亿万富豪；石油的发现和开采则造就了"石油大王"洛克菲勒的财富。这三人的成功，不仅源于他们对于行业的准确判断和正确决策，更建立在对工业化和市场化发展趋势的敏锐洞察力之上。

铁路、钢铁和石油是该阶段美国经济发展的三大支柱。铁路带动了国家交通格局和贸易体系的变革，使得商品和人口能够更加迅速地从一个地方到达另一个地方。铁路建设需要大量的钢材，推动了钢铁工业的发展。同时，石油成为工业时代的重要能源。这三者相互作用，推动了美国工业的飞速发展，也为美国社会带来了巨大的变革。随着亨利·福特（Henry Ford）对 T 型车的流水线生产方式的推广，美国进入了"汽车时代"，这也标志着美国工业的管理革命的开始。

第三阶段，从 1915 年到 1970 年，属于创新深入期。商业冒险家和资本家之间的紧密合作推动了美国经济的快速增长。冒险家们在各个领域进行大胆尝试，而资本家则为他们提供了资金支持。他们共同创造出前所未有的财富浪潮。这个时期由此被称为"美国资本主义的黄金时代"，为美国商业的未来奠定了坚实的基础。皮尔庞特·摩根（Pierpont Morgan）成为资本家的杰出代表，在摆脱大萧条中发挥了重要作用。1929 年，华尔街股市崩盘，导致整个美国经济陷入了严重的衰退，倒闭潮来袭，失业率飙升。皮尔庞特通过投放源源不断的现金为美国经济注入了新的活力，他不仅挽救了许多企业和个人，也为美国经济的复苏提供了强劲动力。

与此同时，美国商业力量利用摆脱经济危机和两次世界大战的机会，在制造业、服务业等领域不断精耕细作，划分出更多垂直领域，不断开展创新，催生了许多后人耳熟能详的品牌，例如宝洁、可口可乐、柯达、福特、通用、波音、希尔顿、迪士尼、麦当劳、雅诗兰黛、肯德基、芭比、沃尔玛等。更重要的是，在该阶段的尾声，信息行业吹响了创新的号角，唤醒了人类攀登信息领域商业高峰的意识，其中，以 IBM 和惠普为代表的老牌计算机企业开始登场，为美国乃至全世界描绘信息经济时代的蓝图。

第四阶段，从 1971 年至今，属于信息化创新期。无论是盖茨创建的微软帝国、拉里·埃里森创建的甲骨文、"老店新开"的英特尔、独创门派的戴尔，还是在 20 世纪 80 年代和 90 年代兴起的苹果、高通、谷歌、亚马逊、脸书，甚至近年来大热的特斯拉，其崛起本质上靠的都是对信息化生产和服务手段的创新。这些 IT 企业的齐头并进、自由竞争，进一步催生了其他行业经营理念乃至社会消费心态的更新，出现了联邦快递、星巴克、家得宝、强生这样敢于颠覆原有行业规则的创新者。

回望 400 余年的美国商业史，在不同时代、不同环境下的成功企业，尽管不乏争议，但其成功的经验都与创新意识、创新能力和创新行动密切相关。无论国内经济是否景气，国外战争是否残酷，美国企业从未放弃创新的愿望，并且坚定地将之付诸实践，表现出"虽千万人吾往矣"的英雄气概。正是这种"你可以消灭我，但不能打败我"的群体意识，造就了世界第一强国的辉煌商业历史，也形成了美国企业家精神的力量。

创新精神的力量

美国管理学大师彼得·德鲁克通过实践观察，用寥寥数语对企业家进行了定义。他说，企业家通常不会自己引发变化，但他们总是能将变化转为机会。这个定义深刻地揭示了美国企业家精神的核心——将变化转化为机会。而将变化转为机会的能力，正是创新的能力。

美国成功企业家中不乏善于开拓创新之人，凭借这一特殊的群体素质，企业家阶层才能在美国得以崛起，企业家的精神才得以弘扬，并帮助美国成为经济大国。其创新精神的来源在于，北美大陆最早期的移民绝大多数是从"老欧洲"出走的小生产者、清教徒、债务人甚至是罪犯，他们无法忍受任何形式的固定束缚，而新大陆犹如一张白纸，自由的环境加上艰苦荒蛮的生活环境，促使他们生出不断进取、开拓创新、热爱自由的民族精神。虽然以西进运动、淘金运动为标志的拓疆运动早已结束，但由此造就的民族精神依然遗存在商业实践中，代代相传，左右着美国企业的气运。

当然，有如此源头的美国企业家精神也产生过诸多负面影响，诸如官商勾结、巧取豪夺、操弄舆论、破坏环境乃至草菅人命的行径，在美国商业历史里不胜枚举，但其正面影响依旧是主流，集中表现为：企业家敢于提出新的商业构想，并不惜将全部身家性命投入其中；在初步成功后，进一步运用各种有限资源来进行合理匹配、大胆创新，将构想持续变成现实。

企业家不断推陈出新，让美国商界能在绝大多数时间内保持勃勃生机，推进了国民经济的创新，改善了国民生活。其中，许多人都将技术创新与制度创新同时进行，合二为一。例如，亨利·福特既是现代汽车的发明人之一，也是现代制造业生产方式的创新者；约翰·洛克菲勒、皮尔庞特·摩根、皮埃尔·杜邦的公司里既诞生了大量先进专利技术，也诞生了以行业联合为特征的资本运作创新方式；托马斯·爱迪生的名字既和电灯等产品联系在一起，也同科技产品商业化模式的创新紧密联系……

美国企业家精神还表现为不拘一格的创新。他们中的许多人并不盲目追求宏大而惊人的创新，可一旦认为必要且合理，哪怕并无外界督促，他们也会主动进行内部创新，即便只是最小的管理细节。很多企业家也并不会过多思辨"活下去"和"创新"谁更重要这一问题，他们很可能在发展初期就着手创新，或者直接将其他企业的创新点融会贯通、为我所用。

惠普很早就废除了考勤制度，实行弹性工作制，并且在内部进行走动式管理，实行"开放实验室"制度等。实行这些貌似离经叛道的创新措施，并不是为了满足某个项目的短期需要，也不是为了塑造某种社会形象，更不是追求能在现实中直接提升多少利润率，而是为了最大限度地激活人才的自主创新潜能。苹果的创新引领了行业潮流，推出了一系列颠覆性的产品，如 iPhone、iPad 和 Apple Watch 等。这些产品不仅在设计上极具吸引力，而且在技术上也非常先进，赢得了全球消费者的青睐。谷歌在搜索引擎领域的创新被认为是业内最佳，其开发的算法和技术一直处于领先地位。同时，谷歌还积极探索人工智能、自动驾驶和虚拟现实等领域，为未来的科技发展提供强有力的支持。

在美国经济的演变历程中，财富分配与经济发展、公司进化的逻辑紧密相连，体现出平等竞争胜利的天平始终朝向创新者的规律。自然，也有企业家曾试图挑战这一规律，挖掘屏蔽创新精神的鸿沟，但终究挡不住时代洪流的冲击涤荡。

历史不断证明，谁能更深刻地理解企业家精神，谁就能留在竞技场中。那些拒绝接受创新的老牌大亨，注定会被淘汰出局。只有那些敢于顺应时代潮流、不断突破陈旧思维的挑战者，才能够在商界立足并获得长久的成功。因此，积极拥抱变革、勇于创新是当今世界商业领域中必不可少的品质。

第1章
前进，冒险之心（1606—1783年） / 1

北美大陆星光洒落 / 3

南北鸿沟发源 / 7

财富家族初现 / 11

茶税点燃殖民地硝烟 / 15

纸币与一个国家的诞生 / 19

第2章

听，新机器轰鸣（1784—1845年） / 25

让南方进入冰镇时代 / 27

惠特尼的轧棉机创业路 / 31

富尔顿圆梦蒸汽船 / 35

纺织厂走出第一代女工 / 39

莫尔斯创造电码奇迹 / 43

第3章

向左科学，向右实业（1846—1914年）（上） / 49

左轮让人人平等 / 51

铁路工程师的大陆雄心 / 55

汗水浇灌的灵感之花 / 60

运输大亨的悲情奋斗 / 64

洛克菲勒的垄断之路 / 70

"钢铁大王"的英雄情怀 / 75

第4章

金融肆意，汽车疾驰（1846—1914年）（下） / 81

手眼通天的金融巨鳄 / 83

世上"最"有钱的人 / 88

向穷人贷款的贾尼尼 / 93

T型车传奇缔造者 / 97

通用汽车的崛起之路 / 101

第5章

涅槃，胜者为王（1915—1932年） / 107

更好的飞机横空出世 / 109

从炸药到丝袜 / 113

为消费者定制广告 / 117

宝洁的新生 / 120

开启相机新时代 / 123

第6章

再见，萧条与战争（1933—1943年） / 127

希尔顿用微笑打动顾客 / 129

将军急电可口可乐 / 133

博彩业的春天 / 137

迪士尼迎来命运的转折 / 141

从车库走出的惠普 / 145

第7章

复活，理想主义（1944—1954年） / 149

IBM的父子总裁 / 151

雅诗兰黛的赠品策略 / 155

"天天低价"沃尔玛 / 159

强生的信条 / 163

全世界的芭比 / 166

第8章

起舞，时代的弄潮儿（1955—1970年） / 171

麦当劳之父 / 173

肯德基上校故事 / 177

不走寻常路的"股神" / 180

穿越铁幕的百事可乐 / 184

VISA打造支付卡新秩序　/ 187

量子基金磨刀霍霍　/ 192

第9章
寻路，新商业模式（1971—1996年）（上）　/ 197

联邦快递不过夜　/ 199

家得宝教顾客DIY　/ 203

星巴克别样的咖啡香　/ 207

高通手握移动入场券　/ 210

第10章
燃火，硅谷在闪烁（1971—1996年）（下）　/ 215

盖茨的微软帝国　/ 217

数据库大玩家埃里森　/ 221

狂人拯救英特尔　/ 225

路由器之恋　/ 229

戴尔这样卖电脑　/ 233

第11章

疯狂而理智，新世纪颠覆者（1997—2011年） / 237

万能网店亚马逊 / 239

险些夭折的搜索引擎 / 243

盛大的脸书创业 / 247

再见，乔布斯 / 251

"科技狂人"马斯克 / 255

第12章

挑战，迎接未来的命运（2012—2023年） / 259

库克接过苹果权杖 / 261

最年轻的亿元"富一代" / 265

盖茨的新抉择 / 269

"硅谷钢铁侠"布局"星链" / 273

贝佐斯剑指太空旅游 / 277

致谢 / 281

第1章

前进，冒险之心（1606—1783年）

从 1606 年到 1783 年，北美从殖民地走向独立，商业活动在这段历史的变迁中发挥了重要的推动作用。

当以约翰·史密斯（John Smith）为首的冒险殖民者踏上这片蛮荒大陆后，渔业、农业和皮毛贸易成为殖民地经济的重要支柱，以烟草贸易为代表的出口活动促进了与欧洲的贸易往来，推动了殖民地经济的发展。随后，原料、商品和奴隶开始跨越大西洋，在欧洲、美洲、非洲进行频繁交换。这种三角贸易带来了丰厚的商业利润、充足的劳动人口，开辟了广袤的海外市场。

在奴隶们源源不断的血汗滋养下，北美商业人士的勤奋与才智获得了最大的价值回报。南方种植园经济走向成熟，波士顿、纽约和费城等著名的港口城市日新月异。与此同时，反对英国经济控制的需求日渐迫切。殖民地居民意识到英国对他们的商业和经济活动的限制，自主独立的呼声震耳欲聋。以乔治·华盛顿（George Washington）、约翰·汉考克（John Hancock）、罗伯特·莫里斯（Robert Morris）等为代表的商业领袖涉足政治，他们将独立战争看成经济发展的重要机会，目的在于让殖民地彻底摆脱英国控制，开始真正的自主发展。

北美大陆星光洒落

1606 年 12 月，一支由三艘船组成的小舰队从英格兰出发，向西驶往北美大陆。其中有位船长名为约翰·史密斯，此人肤色古铜，蓄着土耳其式胡须，目光炯炯有神，精通商业，喜欢冒险。

小舰队的投资者是英国伦敦的弗吉尼亚公司。半年前，这家公司不声不响地成立，目的是在北美大陆建立殖民定居点，宣扬英王的无上荣光，赚取源源不断的真金白银。约翰·史密斯和其他 100 多人共同登船远行。

船队艰苦航行 5 个月，39 条性命被北大西洋的狂风巨浪带走。到 1607 年 5 月 14 日，史密斯的双脚终于踏上切萨皮克湾畔。在这里的第一夜，他眺望着北美大陆上的寂寥星光，感喟上帝庇佑和君王恩典。他建议，将这个永久定居点命名为"詹姆斯敦"。

詹姆斯敦成了财富梦乡。但这批外来者很快发现，在进行商业活动之前，必须先保住性命。他们不得不安营扎寨，建立工事，预防印第安人的袭击。同时，他们也没忘记到处探寻传说中的金矿，这反而更加激化了和印第安人的矛盾。当冬天到来，疟疾横行，詹姆斯敦缺乏药品和补给，越来越多的人死去，到 1608 年春时，这批外来者只剩下不到 40 人。

金矿没有着落，北美大陆的星光从熠熠生辉变成了恶魔眨眼，人人心头笼罩着恐惧。史密斯果断接过领导权，开展改革。他实行军事化管理，要求人人必须劳动。他写信给弗吉尼亚公司伦敦总部，请求派遣各类技术人员，包括农夫、渔夫、伐木工，还有石匠、木匠。他还亲自深入印第安部落，主动提出用金币换取食物和草药。他发起的这次贸易，成了北美大陆历史上第一次外来移民和原住民之间的商业行为。史密斯之所以做这些，是因为他不只想扮演冒险家角色，还想成为开创新时代的移民领袖。他凭借非凡的勇敢和智慧，挽救了詹姆斯敦，也将更多的商业意识灌输给了定居者们。

1609 年冬，史密斯在制作火药过程中遭遇事故受伤，返回英国治疗。詹姆斯敦随即群龙无首，人们中断了和印第安人的食品贸易，饥荒随即暴发，将这里变成远离人类文明的真实地狱。

幸运的是，弗吉尼亚公司伦敦总部源源不断地将新的移民送上船只运往这里。新移民团带来食物，恢复了詹姆斯敦的秩序。到 1612 年，约翰·罗尔夫（John Rolfe）来到这里，他发现当地的烟草似乎不错。经过种植、采集和加工后，烟草开始被运往伦敦市场销售，这是北美大陆第一次将产品销往欧洲。

遗憾的是，首批烟草制品在伦敦遭遇冷眼。烟民们好奇地将这种弗吉尼亚鼻烟沾在虎口上，凑近虎口轻嗅品尝，随后失望地摇摇头，放下手中的鼻烟壶。大家都说，这种烟草苦味厚重，恐怕只有那些茹毛饮血的印第安人才能享受，而真正的英国绅士们只会选择从西印度群岛进口的纯种西班牙烟草。

作为弗吉尼亚公司的合伙人，罗尔夫不会轻言放弃。他认为这种烟草之所以味苦，是由于当地采用的烘烤方法有问题。他在詹姆斯敦反复实验，最终找到了最佳烘烤方法，让弗吉尼亚烟草的味道非常接近古巴烟草，充满了怡人芳香。

这一次，弗吉尼亚的烟草在伦敦市场大获成功。詹姆斯敦的烟草种植园犹如雨后春笋。一箱箱烟草从作坊里运出，再被装上货船，运往大西洋对岸，换回的则是一袋袋金币。

劳动力很快陷入短缺。1619 年，詹姆斯敦的港口又迎来了几内亚海岸开航的船只，从船上下来的是一支支黑奴队伍。随着人手增多，无论是废弃的花园，还是荒芜的田地，都被重新开垦，用来种植这种获利丰厚的"仙草"。从此，烟草贸易成为北美的支柱产业。在 1618 年，烟草出口量为 25 万磅（1 磅约合 0.45 千克），而在 1630 年则飙升到 33 万磅。烟草产业拯救了一度陷入破产困局的移民计划，让殖民地获得了稳固发展的输血源头。

趁此机会，弗吉尼亚公司开始不断鼓励英国人移民。为鼓励移民，他们主动免费运送移民前来，再给予其中大多数人股份，并向每个自由人分配 100 英亩（1 英亩约合 4046.86 平方米）土地。最初，弗吉尼亚公司向移民们承诺，他们只是前来此地"工作"7 年，但 7 年的劳动，根本无法满足当地的发展需要。为长远计，弗吉尼亚公司又吸引了 100 名女性前来詹姆斯敦，劝说她们嫁给殖民者，让"老婆孩子热炕头"成为这里最吸引劳动者的优势。

弗吉尼亚公司挖空心思，想出了种种优惠政策，不仅让詹姆斯敦日渐兴盛，也让北美大陆声名远播，由此引出了"五月花号"的故事。

1620 年，50 多名英国清教徒再也忍受不了东躲西藏的生活，他们登上了"五月花号"，开始漫长的逃亡之旅。这艘船原本只是普通的欧洲交易商船，并不适合横渡大西洋，但似乎冥冥中自有天意，它平安抵达了北美大陆，甚至上下船时的人数都相同——有 1 人死亡，有 1 人出生。

"五月花号"原本想要抵达弗吉尼亚，那里的烟草生意已小有名气。但航路受天气影响向北偏移，导致他们抵达了荒无人烟的新英格兰地区。1620 年 12 月 16 日，他们踏上了新大陆，并用英国港口的名字，将这里称为"普利茅斯"。

冬季严寒和给养不足，让其中一半人迅速丧生。恐惧开始蔓延，秩序岌岌可危，人们再次陷入当初詹姆斯敦的困境。

熬到春天，拯救者到来了。他们并非来自遥远的伦敦，而是从定居点旁边的山脉中骑马赶来。当地友好的印第安部落派来使节，在小心翼翼地观察后放下戒心，教会了这些白人耕种、捕鱼、狩猎、饲养。

1621 年，新英格兰地区风调雨顺，迎来丰收。为了感激上帝，移民们大庆三天，用饲养的火鸡、种植的南瓜相互款待，这就是西方历史上第一次感恩节。

人若没有吃饱，就只有一个目标；但人吃饱后，就会有成百上千个目标。移民们的生存获得了保障，随即迅速发展起各类产业。此时，文明之间的差距得以体现，原始大陆面对着更先进的生产能力，呈现出丰厚诱人的财富底蕴。

移民们忙于砍伐茂密的森林，获取优质木材，再用木材造出渔船，到丰饶的海面捕捞肥美的鳕鱼和鲭鱼。最后，再利用先进的储存方式，将鱼干出口到欧洲。不久之后，普利茅斯开始成为欧洲渔业的有力竞争者。直到一个半世纪后，普利茅斯渔业的出口贸易额达到该地对欧洲出口贸易额的 90% 以上。同时，木材也成为该地第四大出口商品。当年那些不名一文的清教徒，凭借精于算计的商业头脑、坚韧不拔的族群基因、艰苦卓绝的奋斗精神，在北美大陆扎实立足，并迎来源源不断的财富洪流。

至此，南有詹姆斯敦，北有普利茅斯，老殖民地不断壮大，新殖民地陆续兴起。地图上的黄金色调，在无数双手臂的辛勤调制下，正不断渲染、扩大，最终将交织出壮美的图景。到那时，北美大陆的崭新星光，将开启商业文明在新世界上绽放的新纪元。

南北鸿沟发源

1659 年，深夜的伦敦城褪去了白天的喧嚣，大街上行人寥寥，偶尔传来几声犬吠。海军舰队司令威廉·佩恩（William Penn）的府邸内，烛光摇动，老威廉正略显焦躁地等着晚归的儿子。

老威廉前半生戎马传奇。他先后在两次英荷战争中击败了强悍的对手，为王国立下赫赫功勋。五年前，他又率领英勇的海军从西班牙手中夺取牙买加，为英国海外殖民地增添了一块重要的拼图。英王查理二世（Charles Ⅱ）对他青眼有加，将他视为肱股之臣。

但老威廉的后半生烦恼颇多，烦恼的根源在他那同名同姓的儿子。

与人们的期望迥异，15 岁的小威廉并不热心军事，他是伦敦最年轻的社会活动家。此时，他刚进入牛津大学，就对宗教改革事务显示出超越年龄的热忱，想方设法接触异议人士，经常交游到深夜。

种种非议传到老威廉耳中，使他忧心忡忡。今晚，他决定好好教导儿子一番。

直到将近午夜，马车停下的声音才从大门外传来，随后就是儿子熟悉的脚步声回响在走廊。

老威廉盯着门前神采奕奕的儿子，沉重地叹了口气，刚想开口说什么，小威廉却一反常态，他并未鞠躬请安，甚至连帽子都不摘，就走到父亲面前大喇喇说道："朋友，我真为你健康的身体感到高兴。"

老威廉隐忍了半夜的怒气，彻底因儿子的狂悖而爆发，他忍不住大骂："滚！上帝作证，滚出我的家！"

小威廉耸耸肩，掉头而去，只留下颓然瘫倒在书桌前的父亲。

全家上下，吓得面面相觑。

谁也没有料到，这次的父子争吵居然埋下了日后北美独立的伏笔，为无数激动人心的商业传奇构造出绝妙的历史舞台。

摆脱父亲的约束后，小威廉开始彻底放飞自我。他言论叛逆，行为惊世骇俗。18 岁那年，他公开表示拒绝接受英国国教教规，为此不惜被牛津大学开除。23 岁时，他皈依了贵格会（Quakers）。

贵格会是当时英国最激进的教派，主张教会纯洁、社会公正，藐视传统权威，提倡人人平等和睦。教派要求成员无须对任何人下跪、鞠躬，甚至不需要在语言上用尊称，因此被社会主流看成异端。由于热衷于教派活动，小威廉四次被投送到伦敦塔监狱，又凭显赫家世而被保释。

直到 1670 年，老威廉最后一次将儿子保释出狱，在失望至极中走向生命终点。尽管如此，儿子还是获得了全部的遗产，其中不仅有大笔财产，还有英国王室拖欠其家族的 1.6 万英镑债权（后世学者曾加以计算，这笔钱约等于 2008 年时的 210 万英镑）。

从此之后，小威廉摇身一变，从反对国教的异端，变成拿捏王室的债主。欧洲王室重视金融信用的传统规矩，让查理二世对他只能听之任之。

查理二世很想忘记小威廉，小威廉却不会忘记讨债。他和教友们开始紧锣密鼓地策划一件大事。此时，贵格会经过了数十年发展，在英国城市工商业者中形成了广泛影响力，不仅有中产阶级加入，甚至一些富裕的大工商业者也投身其中。羽翼丰满后的贵格会希望抓住时代机会，参与到美洲移民活动中，这样就能摆脱在英国的窘境，也能获得更大的财富。

1674 年，小威廉带着一批贵格会成员跨越大西洋，买下后来新泽西西部的一块地皮，并将之命名为"西泽西"，作为教会发展的落脚点和未来理想的实现地。

很快，西泽西已经容不下越来越多的贵格会移民，小威廉希望得到更多土地。于是他回到英国，开始向王室讨债。此时的王室根本无力偿还如此天价的债务，最终只能做出"背弃祖宗的决定"——送地。

王室决定，将整个宾夕法尼亚赠送给小威廉，以此换取债务一笔勾销。小威廉又惊又喜，转瞬成为世界上最大的私人土地拥有者。当然，查理二世也长出了一口气，在他看来，债务免除了，贵格会滚蛋了，伦敦重新回到了太平盛世。

从此，小威廉得以在北美大陆建立自己的理想国。他要求摒弃宗教成见，推行自由规则。当然，只有思想包容不足以支撑宾夕法尼亚的发展，小威廉非常明白鼓励工商业的重要性。他先是推行"代役租"政策，移民们只需一次性付清费用，就能租种土地，之后不需要承担任何费用和义务。这种类似于土地改革的政策，超越了整个时代，让当地的商业环境得以迅速改善。在短短 20 年间，这里的人口大量增长，追随者不只有欧洲移民，也有相当数量的印第安人。由于人口增加，有更多的人前往城镇，这些劳动力成了工匠和技工，让宾夕法尼亚茁壮发展，丰富了产业的类型。

正当北方社会发展蒸蒸日上时，南方的商业环境却出现了迥异的图景。而这幅图景，显然并不是小威廉和贵格会所愿意看到的。

此时，烟草种植园正不断扩大，成为南方殖民地对外贸易的支柱。由于蒸汽机尚未出现，劳动力成为种植园最短缺的资源。于是，种植园主将贪婪的目光投向非洲。一艘艘来自那里的运奴船，满载着"资源"，来到北美洲的东南部海岸。这些"资源"强壮而廉价，是殖民者从非洲掠夺来的黑奴。无论从当时的法律、宗教还是从道德视角评判，黑奴都不算人。他们忍受了漫长的海上颠簸，侥幸存活者被成群结队驱赶下船，随后带到市场上拍卖给不同的种植园主。从此之后，主人拥有他们的一切，包括生命权。

在遍布南方的种植园内，这些黑奴每天工作 18 个小时。如此重压，让他们的平均工作年限只有 7 年，绝大多数人摆脱工作的原因是死亡。

黑奴在种植园主眼中是生产原料，而对奴隶贩子来说则是流动的商品。奴隶贩子们总是从欧洲出发，带着廉价的生活用品来到非洲，和当地的奴隶贩子们谈好价格，买下被绑架的黑人。为了获取更多利益，黑奴的人均船舱空间被压缩到无法忍受的狭小，空气污浊不堪，饮食恶劣无比。一旦生病，黑奴就会被无情地抛入大海，葬身鱼腹。

等奴隶贩子在南方港口清空船舱，他们就会用手上的现金购买金银、原料、烟草等商品带回欧洲，开始下一轮"商业"操作。在很长时间内，这种"商业"模式构成了南方经济和社会发展的基石，并获得了三角贸易的"美名"。

尽管有识之士痛斥三角贸易，但南部经济发展从一开始就已经被种植园产业绑架，缺乏劳动力会让好不容易形成的商业氛围土崩瓦解。因此，连殖民地政府也明里暗里鼓励奴隶贸易。在 17 世纪中叶，南卡罗来纳当地政府就宣布，只要购买 1 名男奴就能得到 20 英亩土地，购买 1 名女奴的奖励则为 10 英亩土地。类似的政策刺激着当地经济发展，也助长了奴隶买卖的罪恶。

从 1674 年开始，北美大陆的北部和南部之间，出现了一条巨大的鸿沟。这条鸿沟以气候差异为起始，不同气候的地区形成了不同的经济发展模式，造就了不同的商业模式，最终形成了社会文化的巨大差异。在温暖的南方地区，形成了规模庞大的种植园农业经济模式；而北方由于气候较为寒冷，形成了典型的城镇工商业经济模式。由此，北方的资本主义工商业经济体和南方的种植园奴隶制经济体渐行渐远。当南北经济发展不断加速后，这条鸿沟不断延展，持续加深。

财富家族初现

1969 年的波士顿后湾，一栋高达 241 米的大厦拔地而起。其外墙全部是浅蓝色的镜面玻璃，从远处的海面眺望，宛如巨大的明镜，静静反射着城市风光。这座大厦是波士顿最高的建筑，名为"约翰·汉考克大楼"（John Hancock Tower）。

无独有偶，在美国，当人们需要填写单据文书时，地道的美国人经常会说："请写下你的'约翰·汉考克'！"

约翰·汉考克究竟是谁？一切都要从 1764 年那场葬礼说起。

1764 年，一场盛大的葬礼在波士顿郊外公墓举行，来宾簇拥着年轻的约翰，环绕在大理石材质的墓碑前。约翰眼含热泪，望向阴沉沉的天空，耳边响起牧师对逝者的追思悼词："让我们永远铭记托马斯·汉考克，愿他在上帝的怀中得以安息，阿门！"

约翰低下头，和众人共同默哀，脑海中浮现出托马斯的一生。

1703 年，托马斯出生在波士顿的平民家庭。此时，距离最初的殖民者到来已过去近百年，北美本土的城市商业文化正迅速发展。托马斯很小就成为书商学徒，在短短七年间就学会了和图书有关的所有技能，从印刷、装订到销售，他样样精通。

21 岁时，托马斯开始拓展他的生意版图。当时，蜡烛的技术改革让鲸蜡需求量大增，鲸油、鲸骨的价格也一路猛涨。于是托马斯做起了与捕鲸有关的生意，将相关产品转售到国外赢利，很快就积累了许多的财富。托马斯又用财富反哺老本行，他在波士顿开了多家商店，货架上不仅有装帧精美的书籍，还有各式各样的必需品，从纽扣到成衣，从小刀到长剑，从航行图到指南针，从海盐到黑胡椒，这些商品总是能吸引各个阶层的顾客。

与后来那些成功的互联网电商大佬类似，托马斯之所以能成为日后的北美首富，关键在于对支付手段的创新。他开始推广本商号的汇票——这是北美首次有人使用汇票，这种汇票也改写了这里的商业历史。

当时，北美大陆的普通商人并不富有，贵金属货币稀缺，这让很多企业难免面临支付时效的压力，由赊欠构筑出的蜘蛛网般的三角债比比皆是，严重阻碍商业发展。托马斯的公司率先使用汇票，让寄售、易货等交易变得更为简单。通过汇票，商人们也能更高效地进行异地资金的支付，能在欧洲、北美洲、非洲殖民地范围内进行商品买卖。因此，越来越多的人愿意采用托马斯的汇票，波士顿的商圈交易额逐年上升，为他的家族带来巨额财产，托马斯最终成为北美首富。

约翰又回忆起自己是如何来到波士顿的。

那时，他刚刚 7 岁，父亲就英年早逝，他被家族送到叔叔托马斯这里，接受了最好的教育。从哈佛大学毕业后，约翰就进入家族公司，负责对伦敦的交易事务。叔叔的健康每况愈下，1761 年，他回到波士顿，听取叔叔最后的教诲。而现在，终身并无子嗣的托马斯将所有财产留给了他，这意味着他一夜之间就成为北美殖民地最富有的人。

从此以后，约翰·汉考克的名字就紧密地同波士顿这座商业城市联系起来，直到几百年后的今天。他的硕大签名也在不久之后第一个出现在《独立宣言》上，从此"约翰·汉考克"被美国人作为"亲笔签名"的代名词。当然，这些都将是未来的故事了。此时此刻，约翰脑子里想着的，是如何更好地利用这笔丰厚的遗产，去创造不一样的世界。

那些年，诸如此类的场景在北美大陆不断上演，构成了最初的财富传承脉络，缔造了一个又一个停留在历史记录中的豪门姓氏。在南方，大片的烟草种植园缔造了类似的情形。

1664 年时，弗吉尼亚和马里兰的烟草年产量是 750 万磅，而到 1763 年时，这个数字达到了 2 亿磅。如此巨大的财富汇聚到少数大种植园家族，并且代代相传，而威廉·伯德（William Byrd）就是大种植园主的代表。

1705 年，伯德从去世的父亲手中接过 1040 公顷种植园，种植园里有成片的烟草，有数百名黑奴。豪宅内有万贯家财时，伯德并没有像些种植园主后代那样纵情声色，反而更为辛勤地经营。他知道，维系家族财富源泉的重任在肩，他必须关心农作物如何生长，了解土壤是否肥沃，还要搞清楚每个奴隶的健康状况以便及时"更新换代"。在伯德和友人交流的书信中，他经常提到这些繁杂事务，除了烟草，他还记录玉米、小麦、蔬菜、水果的生长情况，同样关注林业和畜牧业。

即便作物丰收，伯德也不能休息，必须和那些狡猾的代理商讨价还价，这些事情都不可能委托他人去办，在没有职业代理人和服务机构的年代，所有的南方种植园主都要亲自做好这些事，否则就会有破产风险。

伯德颇有文化教养和绅士风度，被看成当时南方种植园主中代表文明和荣誉的楷模人物。童年时，他被送到英国接受精英教育；回国后，他又先后成为皇家学院和律师学院的成员……这些都让他摆脱了初代种植园主的"土地主"形象，成为真正的上流社会人物。

在经营种植园之余，伯德最大的爱好是学习和写作。他经常凌晨 3 点起床，或者阅读希伯来语、希腊语或者是拉丁文的典籍，或者笔耕不辍，为后人留下记录当时社会情形的手稿。通过这些手稿，我们看到南方种植园主闲散安逸的享乐生活，他们在灯红酒绿的宴会中流连，在豪华奢侈的别墅中度假，在高大的橡树下，才子佳人们身着精美华贵的英国贵族服饰翩翩起舞、放声吟唱。相比之下，伯德如此勤于经营，能成为弗吉尼亚首富也就理所应当了。

伯德还有着为时人所赞颂的仁慈，尽管这种仁慈在今天看来颇有点讽刺意味。他曾在日记中将虐待黑奴的种植园主痛斥为"畜生"，而他自己，只有在"忍无可忍"的情形下才会亲自惩罚黑奴。例如，他曾发现有一个胆大包天的黑奴居然在白天点蜡烛，这让他失去了理智，他不得已狠狠地踹了黑奴一脚。如果有黑奴敢欺骗"高尚的"伯德主人，那引发的怒火就会更加炽热。其日记记载，庄园里曾有位黑奴想靠装病来逃避工作，伯德心生一计，他将滚烫的烙铁放到黑奴说疼的地方，结果药到病除，黑奴的病情立刻好转，立即乖乖地跑去田里了。

之所以说这些都是"仁慈的"举动，是因为当时每个种植园主的手段都比伯德更为冷酷。在他们的宅邸中，都有专门用来关押犯错的黑奴的地牢，曾经有种植园主亲自用板斧将黑奴剁成了肉酱。

睿智、勤劳和"仁慈"，威廉·伯德的一生堪称完美，他将父辈留下的财产扩大了 7 倍，拥有 10 个大种植园，总面积多达 7160 公顷。1744 年，在他死后，他又将这些财富传给了儿子。

南北方的商业家族，就这样一代代进行着效率惊人的资本积累，任何个人在经营方面的努力创新，都获得了自由市场给予的奖励，并让交易环境变得更加公平。但他们不可能立刻脱离英国政府的管控，由于英国自身财政的不景气，英国政府希望提高对殖民地的税收，达成"堤内损失堤外补"的效果。当查理二世将税率不断调高时，他最终会发现，自己同时也点燃了导火索，这根导火索的末端将是一场浩大的独立战争。

茶税点燃殖民地硝烟

18 世纪中下叶的英国人可能设想过北美殖民地发生混乱情形的各种原因，但唯独没有想到，国王查理二世本人才是最大的原因。

1651 年，这块庞大的海外殖民地在查理二世眼中，已如同一夜春雨后的韭菜，他示意议会通过《航海条例》①法案。《航海条例》设计精妙，其出发点一方面是抑制老对手荷兰的海上贸易，另一方面则是加快收割殖民地，用增加税收和限制贸易的方式来攫取利益。尤其在赢得对荷战争后，查理二世更是将矛头指向殖民地。对殖民地货物的运输限制加重了北美大陆新生工商业的负担，而税额从 18 世纪 20 年代到 18 世纪 50 年代足足提升了 13 倍，越来越多的殖民地商人变成了走私者和偷税者。

约翰·汉考克就是其中的代表人物。过去，所有来自英国本土以外的糖类、甜酒、奢侈品等，只要进入北美，就都要支付高额关税。为此，约翰每年都要花 2000 英镑"搞定"税收官。直到

---

① 《航海条例》是 1651 年，英吉利共和国政府针对当时英国海上贸易的主要竞争对手荷兰颁布的航海条例规定。凡从欧洲大陆运往英国的货物，必须由英国船只或商品生产国的船只运送；凡从亚洲、非洲、美洲运往英国、爱尔兰及英国各殖民地的货物，必须由英国船只或英属殖民地的船只运送；英国各港口进出口的渔业货物，以及英国国境沿海贸易的货物，要完全由英国船只运送。这些规定削弱了荷兰在国际贸易中的作用，危及荷兰的海上利益，导致 1652 年的第一次英荷战争的爆发。

1764 年，《糖税法》①出台。他惊讶地发现，自己以后每年将要缴 4 万英镑税款。

4 万英镑在今天可能并不算多，但那时 4 万英镑值得所有人违法。约翰只能铤而走险，继续走私。1765 年，英国政府发现这种人越来越多，他们干脆颁布了《印花税法案》，规定对所有印刷品征税。这下，就连走私也得缴税了，因为货单、合同、票据都是印刷物，都在纳税范围内。

全殖民地民众群情激奋，因为连领取学校毕业证书都要缴税。约翰看准机会，和朋友塞缪尔·亚当斯（Samuel Adams，美国第二任总统约翰·亚当斯的哥哥）到处煽风点火，激发民愤。波士顿的商人和市民们纷纷上街游行示威，整个城市秩序几乎瘫痪。很快，英国政府宣布取消《印花税法案》，但碍于国王的面子，他们很快又撂下狠话——一个新的公告出台：殖民地是为英国服务的，英国有权在这里施行任何法律。这样的公告并无积极意义，只能让更多人看不到未来。

然而，约翰却从公告看到了未来。公告让他有更多机会在波士顿推波助澜，扩大抗税运动。

1770 年 3 月 5 日晚的波士顿港，负责维持秩序的英军军官和一名当地年轻工人发生口角后打斗。工人吃亏后叫来更多同伴，他们远远地向英军投掷石块和雪球。

约翰一直控制着报社。数小时后，消息就从这里传遍全城。民众手持武器走上街头，向英军抗议。在英王街海关附近，矛盾

---

① 《糖税法》由时任英国首相乔治·格伦维尔（George Grenville）及内阁牵头起草，调整了以蜜糖为代表的传统殖民地进口货物的进口关税，主要是为了加强对殖民地走私贸易的管束，增加国库收入，结果遭到了殖民地人的抵制。如果《糖税法》得到有效执行，殖民地的经济将会遭到极大打击，加之战后经济萧条，这些都迫使殖民地人通过各种途径抵制《糖税法》。

被迅速激化，英军士兵慌乱开枪，市民当场死亡 3 人，6 人受伤且其中 2 人于次日死去。

约翰对此加以渲染，将其形容成"波士顿惨案"。随后的葬礼变成隆重的公共事件，聚集民众人数多达 5 万。其他殖民地纷纷表态支持。紧接着，约翰代表当地民意，和英国总督举行谈判。总督最初表示只能撤离一个团，但约翰提醒他说，这座城市有 4000 人随时能拿起武器。在民意的高压下，总督选择让步。

既然到此为止约翰并没有获得什么好处，那么他又何必冒险蹚这浑水？其实，约翰的目标不是抗税，而是让北美殖民地永久性地从英国独立出来。只有一个独立而强大的国家，才能保护像他这样的大商人，并使他获得更多利益。

约翰反复炒作波士顿的相关话题，直接推动了更伟大的人站在了前方，那就是乔治·华盛顿。

华盛顿年轻时曾做过 3 年土地测量员，后来加入殖民地的英军部队，参与对法作战。退伍后，他娶了位富有的寡妇，瞬间坐拥 10 万美元的财富、1 座农场庄园和 300 个奴隶。华盛顿将全部心思放在了经营上，到《印花税法案》推出后，华盛顿已然是弗吉尼亚大种植园主代表。他认同波士顿市民的反抗，认为殖民地应自行决定税率。他并非为种植园主争取权利，而是想要维护一个即将诞生的国家。当然，此时他的认同也仅仅是思想和言论上的认同而已。

1773 年，波士顿再次发生了以税收为导火索的群体性事件，华盛顿也将开始进一步行动。

当时，英国政府颁布了《茶叶法案》（Tea Act），以确保英国东印度公司在北美的茶叶生意长期赢利。但《茶叶法案》显然会影响北美各大茶叶商的既有市场利益，他们开始纷纷抗议这一新的税收法案。对殖民地而言，民众反对的并不一定是高额税率，

而是任何来自英国本土的直接干预经济的行动。更何况，约翰还
反复提醒这座城市的每个人：既然我们在英国议会里没有法定名
额，我们为什么要向这样的国家政府缴税？

这年 12 月，来自东印度公司的商船抵达波士顿港，准备卸货。
但波士顿市民代表聚集起来，阻止卸货。总督要求立即卸货，否
则就按叛国罪处理。正当船长无计可施时，事态迅速失控了。12
月 15 日晚上，约翰掌控的自由之子① 社团成员们化装成印第安人，
爬上了这艘商船，从船舱内搬出了 300 多箱茶叶，并将其全部扔
进了大海。

波士顿的税收问题，终于演变成了"波士顿倾茶事件"。英
国政府这次不再忍耐，重拳出击。议会通过了《波士顿港口法案》，
军队再次进驻城市，总督也被换成了军事将领。

当镇压的乌云笼罩在波士顿时，华盛顿再也没有沉默。1774年，
在第一次大陆会议上，他发表了自己对殖民地将如何发展的看法。
在他的鼓舞下，大会一致认为英国政府的做法侵犯了殖民地利益，
并且认为殖民地民众享有生存、自由、财产及一切应有的权利。

就这样，英国政府和殖民地人的矛盾愈演愈烈。无论是乔治·华
盛顿、约翰·汉考克，还是英国国王查理二世及其议会，都已经
深刻意识到由"波士顿之税"引发的矛盾已突破了商业本身的界
限，幻化为横亘在大西洋上的巨大政治分歧。一段新的国家历史，
即将在人类面前徐徐展开。

---

① 自由之子：1767 年开始在英属北美殖民地形成的激进民主主义协会，其主要成
员为工人、手工业者和城市小资产阶级。

纸币与一个国家的诞生

1775 年 4 月 18 日，英国皇家总督兼驻军总司令托马斯·盖奇（Thomas Gage）发布了一道秘密命令：立即派部队前往康科德，搜查反英民兵的军火仓库，并逮捕约翰·汉考克和塞缪尔·亚当斯。

命令发布的同时，出身殖民地的总督夫人玛格丽特就将之全部传递给了自由之子。当天晚上，这个组织在距离波士顿不到 30 公里的列克星敦村设下埋伏，数十名武装村民拦住了 800 名英国轻步兵。经过激战，来势汹汹的英军占领了这里，但激烈的枪声唤起周围所有人的警觉。

次日凌晨，当英军费尽力气抵达康科德的时候，落入了更大的包围圈，在付出 247 人伤亡、26 人失踪的代价后，他们总算逃回了波士顿城。

一切都不是意外，这一切的背后，是约翰强有力的资本之手。他凭借着雄厚的财力，影响着波士顿的人心走向，并不断聚集经济和政治力量来改变北美形势。现在，以"钞能力"为引线，独立战争的炸药终于被彻底点燃。

1776 年 7 月 4 日，约翰在费城参加第二届大陆会议，并首先在《独立宣言》正文下方签下了硕大无比的名字。此时，他无须再隐藏自己是幕后组织者的角色，因为战争的号角响彻世界，殖民地独立的武装力量"大陆军"已经成立，华盛顿被任命为总司令。约翰相信，自己要做的不是去打仗，而是继续赚钱，为独立战争注入更多资金来换取未来的稳定地位和持续利润。

虽然约翰的想法很乐观，但北美殖民地面临的经济环境每况愈下。战争爆发后，英国政府异常愤怒，宣布对叛国者加以最高级别的经济封锁。这导致北美殖民地普通人的日子更为艰难，通货膨胀和经济停滞带来的物价上涨、原材料短缺等问题开始涌现。一批殖民地商人的投机行为，更是让经济雪上加霜。

新生的美国根本没有央行，也缺乏统一的经济政策。为了应对问题，各州只能选择同样的方法，即大量增发纸币。这些纸币被称为"大陆币"，其发行实质上没有可供自由兑换的贵金属作为信用后盾。在随后的 5 年内，大陆会议总共发行了 2.26 亿美元的大陆币，而每次发行都导致其价值下跌。

纸币越发越多，导致物价持续上涨，市民们的日子越过越难，大陆军士兵拿到手的军饷也越来越少，甚至因此发生了兵变。幸好，华盛顿凭借个人的机敏和威信，还能控制住局面。然而，再好的指挥者也打不赢没有粮草的战争，各州都意识到危险步步逼近。如果再不进行币制改革，提振经济信心，独立战争势必失败，到时候不用说继续赚钱，连保住性命可能都有问题。恰逢此时，有人走进了位于费城的国会大门，他就是罗伯特·莫里斯。

1781 年，在《邦联条例》^①正式生效后，美国才算真正成为"合众国"。国会拥有行政权力后，立即找到了罗伯特·莫里斯。他原本就是宾夕法尼亚的首富，同时也作为州代表在《独立宣言》上签署名字。现在，国会将任命他担任金融部门主管，希望他来拯救经济于水火。从后世来看，莫里斯就是美国首任财政部部长。

莫里斯没有让历史失望。战争爆发以来，他的企业由于经济恶化蒙受了巨大损失，早在接到国会邀请之前，他就花费了无数个夜晚，想好了控制问题的方法。莫里斯认为，最大的问题并不在于战争和投机，因为这两件事几乎从未在历史上消失过，而货币价值却可以从动荡不安转向得到控制。

---

① 《邦联条例》是 1777 年 11 月 19 日第二届大陆会议上通过的宪法性文件，但直到 1781 年，《邦联条例》才获得 13 个州政府的正式批准通过并生效。

华盛顿或许能控制大陆军，甚至因此控制战争的走向，但谁才能控制货币价值？莫里斯让所有人接受了他的答案：银行。

1782 年，美国历史上第一家接受了国家颁布特许状的商业银行在费城诞生，即北美银行。这家银行在原宾夕法尼亚银行的基础上成立，其开门大吉后的第一件事，就是发行由国家信用背书的纸币。在莫里斯的方案下，该银行不仅要保证纸币在市场上能充分流通，还需要有充分保值的空间。因此，北美银行开始提供用金币银币赎回纸币的服务。这样一来，纸币迅速在北美大陆获得了信誉。

莫里斯自己也没有闲着，他本人和合作者就是北美银行的大股东。现在，经营这家银行既关系到生意，也关系到革命。于是他一方面积极和法国展开贸易，一方面又向法国工商资产业界拉募捐以支持革命。这一募捐行动是相当惊人的，大约有 250 万里弗的银币被运上船只，由托马斯·佩恩（Thomas Penn）护送跨越大西洋，存放到北美银行里，作为纸币的发行信用金。

当然，银行的资金不可能只进不出，银行只有发放贷款，才能获利，才能吸引更多资本的投入。北美银行积极向企业发放短期贷款，再将收取的利息分发给股东们。后来，股东们每年能收获 14% 的分红收益，这让北美银行声名远播。有了更多资金进入和流出，北美银行形成了健康的货币循环。

华盛顿最关心的还是军费问题。一直以来，华盛顿眼中的大陆军随时都可能变成散兵游勇，当所有人都指望他来凝聚军心的时候，他也只能指望金钱的力量。然而，政府的财政收入只能来自税收，而税收政策绝不能轻易改变，因为大家都不会忘记革命的导火索就是税收。

莫里斯深谙华盛顿的想法。他干脆抛开一切，自己掏钱投入革命这个巨大的项目。在约克敦战役 ①（Battle of Yorktown）中，莫里斯筹集了 140 万美元充作军费。当战役结束、军队解散时，他又豪气地掏出了 80 万美元，这部分经费超过了其他州的遣散费总和。

谁也不敢相信莫里斯靠一己之力就能掏出如此天文数字的金钱，但后来当有人问到时，他只是轻松一笑："不赔不赚吧！"其实，莫里斯企业和银行的生意只是放在明面上的，他更多的利润来自走私。由于战争开始后，英国政府在北美的海关形同虚设，美国的海关又没有建立，走私变得更加容易了。很多美国商人直接武装渔船，将之改造成为大队的走私船，甚至是专门用来抢劫的私掠船。而各州政府则利用这些海上武装来突破英国皇家海军的封锁，破坏英国陆军的供给。莫里斯显然也没有错过这样的"生意"。

莫里斯赚得盆满钵满，大陆军终于能吃饱肚子了，而平民的生活也有了保障。从更宏观的角度来看，由于纸币体系站稳脚跟，产业开始进一步发展。军工产品、衣服、食品、帐篷、马具的产量和交易量大大增加，城市资本的实力更为雄厚了。当我们从这个角度去观察美国的诞生历史，就会发现《独立宣言》纸面上那些高贵而华丽的说法只是 A 面；在 B 面，这场战争与资本密切相关，完全可以被看成约翰·汉考克、罗伯特·莫里斯们苦心孤诣推动和投资的一场创业活动。当历史需要他们从商人习惯的领域走出来，面向政治领域时，他们用最直接、最果敢的方式来为手中资本创造新的环境，甚至为此建立一个新的国家。他们将就此成为这个国家的"原始股东"。

1783 年 9 月，英美双方签订合约，美国正式独立。至此，战

---

① 约克敦战役：从 1781 年 8 月到 1781 年 10 月在约克敦地区进行的重要战役，是美国独立战争的决定性战役。

争结束了，资本家和种植园主们代替伦敦的国王，掌握了民众的
命运。一切看起来都是崭新的，一切看起来似乎又没有什么改变，
美利坚合众国的成长路径应如何顺着时间的大河继续向前，未来
还将有人不断为此用毕生作答。

1784

第2章

听，新机器轰鸣（1784—1845年）

1845

随着美利坚合众国的建立，从1784年到1844年，美国商业在变革中迅速发展，从传统的农业经济全面转向工业化和市场经济，打响了美国朝世界经济强国位置冲刺的发令枪。

凭借新机器不断涌现，制造技术的创新进步，制造业企业兴起，纺织、交通、通信等行业飞速发展。其中典型人物有伊莱·惠特尼（Eli Whitney），他发明的轧棉机大大提高了棉花的处理速度，促进了南方棉花种植业的发展，推动了工业化的进程；弗朗西斯·洛厄尔（Francis Lowell）则将英国纺织工厂的管理经验充分应用于美国，推动了纺织工业的发展；罗伯特·富尔顿成功地开发出第一艘从事商业活动的蒸汽船，极大地改变了水上交通和运输方式，促进了贸易和经济的发展……在这个特殊的时间段内，发明者出身的企业家争先恐后地涌现，他们的创新能力对美国工业化发展发挥了重要作用，其企业家精神则为美国经济快速增长奠定了基础。

让南方进入冰镇时代

"如何把冰卖给因纽特人？"这是 20 世纪八九十年代美国商业营销界的经典问题，提问者是著名销售导师汤姆·霍普金斯（Tom Hopkins）。

当把时间轮盘的指针拨到 1784 年，弗雷德里克·图德（Frederic Tudor）却只专注于思考更加务实的问题，即"如何把冰卖给热带居民"。在遥远的 200 多年前，这位后来被称为"寒冰之子"的美国早期企业家，终将凭借对这一思考结果的执着践行而书写不朽传奇。

1784 年，一个新英格兰地区北部的殷实律师家庭，诞生了第四个儿子，他就是图德。图德从小就对学习书本知识毫无兴趣。尽管公认优秀的父母，培养出了 3 个毕业于哈佛大学的哥哥，但图德还是决定在 13 岁那年就退学从商。相比由赚钱赢利带来的那份吸引力，不管是工业技术还是法律医学，在他看来都"枯燥乏味"。

最初，图德来到父亲朋友开的杂货店做学徒，负责店里的糖果、茶叶、蜡烛、调味品和纺织品买卖。虽然工作辛苦，但他乐在其中。当时，有些调味品需要冷藏再外运，图德正是从一句无心戏言开始，发现其中蕴藏的巨大商机。

1805 年的冬天，北方气候严寒，屋内壁炉里的火熊熊燃烧，图德一家正出席波士顿当地富豪的晚宴。精制的餐桌上燃起蜡烛，照耀着冷藏保鲜的樱桃蛋糕、可口的牛排，人们纵情享用着，间或品上一口加冰的白兰地，简直心旷神怡。

一位兄长举杯祝酒说："感谢上帝，赐给北方冰块，才保藏如许的美味。"

另一位兄长笑着说道:"是啊,不如把这些冰块卖给南方人,那样肯定赚大钱!"

大家带着对南方人的轻微蔑视,把这些话当成下酒段子,一笑而过。只有图德盯住晃动的烛光凝神思考,他的思绪如同迁徙的候鸟,飞向了遥远的南方。

图德决定做笔大生意。1805 年 12 月,他写信给亲戚,谈到未来的目标。"我打算把冰卖到热带去。"他又说,"英国人占领特立尼达岛时,也将冰淇淋装进坛子,再塞满沙子,从欧洲运到特立尼达岛。"显然,从那次饭后,图德就围绕冰块贩运的生意进行积极的调查和行动。图德甚至还估算了包括冰块在内的所有成本,他认为一趟运输起码需要花费 6000 ～ 7000 美元。

亲戚对图德的想法不置可否。后来,他又将计划分享给家人。所有人的表情都是难以置信,像极了后来南方人看到冰块的样子。图德干脆不再与任何人商量,而是着手写日志,日志的名字叫"冰库日记"。他说:"在一个回合后就不敢再挥动拳头的人,做什么都将失败。"此时,图德已经明确成功的关键,那就是如何给冰块隔热。

功夫不负有心人。第二年,图德就找到了更好的冷藏技术,他拿出全部积蓄再加上筹款总共 1 万美元,将 130 吨天然冰块送到法国在加勒比海上的马提尼克岛。消息传出时,波士顿的商人们对此举效果将信将疑,就连马提尼克岛市场也传来怀疑声。大酒吧"蒂芙尼花园"老板特意警告图德:"老兄,我们这里可做不出来冰淇淋,冰块还没到这里,就会化成水的!"

图德没有回答,告诉他准备好奶酪就行了。

不久之后,冰块被安然无恙地运到了这里,蒂芙尼花园的厨师立即开工,第一天就销售了 300 美元的冰淇淋。老板的嘴巴张大成了字母"O"，他宣布自己成为图德在马提尼克岛的头号粉丝。

虽然有了初步成功，但图德还是没有料到马提尼克岛自身的问题。这里有 99% 的人几乎从生到死都未见过冰块，更谈不上储藏设备。于是，大量的冰块还没来得及做成冰淇淋就融化了，图德的第一次生意损失了 4000 美元巨款。

消息一传出，投资人陆续登门要债。到 1807 年，图德面临个人破产甚至入狱的风险。此时，托马斯·杰斐逊（Thomas Jefferson）总统签署了禁运令，以确保美国在欧洲战争局势面前保持中立，全国海外贸易宣告停止，外贸公司一家接一家倒闭，讨债者很快就忙不过来。图德躲回了自家乡下农场，在这里舔舐伤口、思索对策。

第二年，由于国内商业界反对，白宫宣布了新的法案，放松了海外贸易。除了不准许和英、法交易，其他贸易得到了重新开展。图德听闻消息，决定再次出山，他将冰块卖到了古巴，并获得了不错的成绩。

1812 年，第二次美英战争结束。美国商业界获得更多对外贸易的机会。图德开始加大投资，他不仅将冰块卖到加勒比海，还将之推广到南部各州。他深知，自己销售的并不只是固态的水，更是一种生活方式。于是他通过报纸媒体，向医生宣传如何用冰袋来减轻病患痛苦，又向普通人宣传冷饮的妙处。为此，他还投入资金，让销售商保持冷饮与热饮售价相同。他定下了宏大的市场目标：为每个引人注目的酒吧老板都准备一个坛子，坛子里面是常年供应的冰块。

10 年开拓，图德以坚韧意志，打开了南方市场的冰块需求。当这场破冰之战走向 19 世纪 20 年代后，每年开始有 3000 吨冰从波士顿运出，其中 2/3 都是他的货。

但图德没有沾沾自喜，他看到了隐患。在北方，冰块唾手可得。

一旦庞大的固定的市场需求形成，就会涌现一波又一波的竞争者，单纯贩运和销售将变成产业链底端，无利可图。

除非垄断，否则图德将无法安眠。他开始深入研究相关技术。在哈瓦那，他做了大量实验让冰库隔热，就像后来的爱迪生一样。实验材料千奇百怪，包括羊皮、稻草、木屑、金属碎屑，凡是图德觉得有可能的材料，都被他用来检测隔热效果。图德甚至还制作了几只"冰箱"，而此时距离现代意义上的电冰箱诞生，还有将近 100 年。

除了储藏技术，图德还积极收购破冰技术。他从发明家纳撒尼尔·韦思那里买到先进破冰器的专有权，并委任韦思担任旗下公司经理。

周密的准备、不懈的努力，让图德梦想成真。竞争者一个接一个出现，但谁也无法撼动图德建立的价格优势，凡是在他涉足的市场，冰块的价格都被降低到每磅 1 便士。冰块市场很快变成了胜负天平完全倾斜的牌局：对手如果跟上降价，就会被不断的亏损击垮；如果选择不跟随降价，也无异于举手投降。

很快，竞争者们狼狈地退出了冰块行业，图德成了名副其实的"寒冰之子"。是冰刃般锋利的眼光，让他最初把握机会；又是坚韧的意志力，让他把这个机会不断放大，变成个人专属的美味蛋糕。

1833 年，图德迎来了事业的巅峰。9 月份，他的商船跨越太平洋，抵达印度加尔各答。消息早已被放了出去，人们奔走相告，说这艘美国货船会带来地球那一边的神奇事物。很快，港口被围得水泄不通，谁也想不到里面有什么宝贝。

当搬运工开始卸货的时候，港口爆发了一场小小的骚动。许多赤裸上半身的印度男性双手扶额，他们不敢相信自己的眼睛，那是冰块，而且是一箱一箱的冰块！

加尔各答的热带季风气候特征，决定了冰块在这里备受推崇。尤其在夏季，这座城市湿热沉闷，每个人都渴望有清凉解暑的饮料来提神醒脑。过去，只有少数特权人士才能享受到从遥远的喜马拉雅山麓运送来的冰块；而现在，一个叫作图德的陌生美国人，用很低的价格，将它们整船运送过来，惠及加尔各答的千万贫民，这是多么仁慈的奇迹！

后来，图德又将冰卖到了菲律宾、澳大利亚、波斯和中国，他终于从一句玩笑话起步，将美国新英格兰地区的冰块卖到了全世界。

惠特尼的轧棉机创业路

1776 年，独立战争正酣，英国政府开始封锁北美大陆的进出口贸易，新生的美国物价飙升。这一年，在马萨诸塞的一个农场里，一个叫伊莱·惠特尼的少年刚满 15 岁。这个少年灵光乍现，展示了远超常人的商业才华。

让惠特尼在历史上留名的并非高科技产品，而是最简单的工业用零部件——钉子。这种产品曾非常依赖进口，此时货源的中断让其价格飙升。惠特尼发现自家小冶炼作坊就能生产钉子，他迅速雇来帮手并投入生产。随着钉子销售额的提升，惠特尼从战争中捞到了第一桶金。不过，他并未打算在行业内大展宏图，因为战争结束了，英国工业品报复性地涌入了美国，钉子价格迅速下跌，惠特尼按照原先计划转向其他领域。

惠特尼是明智的，他及时调整战略，从而避免了损失。当原先的竞争对手想方设法避免更大损失时，他已经找到新的生财之道。惠特尼发现，美国女性越来越惯于用别针来固定软帽，这成了时尚流行趋势。于是他将冶炼厂的主要产品改为别针，而他生产的别针后来几乎垄断了整个州的市场。

或许是善于观察时尚界，惠特尼又开始生产男士手杖。但这次尝试没有取得之前的成就。他逐渐发现，时尚潮流变化太快，自己并不擅长持续把握。在刚满 19 岁的年龄，惠特尼已从成功中看到自己的不足。

惠特尼想要去继续完成学业，但那时的大学并非普通生意人能上得起的。他从莱斯特学院考入了耶鲁大学后，开始边打工边求学，做过代课教师，也当过机械维修师。在持之以恒的努力下，到 27 岁时，他终于拿到了法律学位。遗憾的是，法律学位并没有给他带来更加光明的事业前景。面临毕业即失业的境遇，惠特尼来到一个南方种植园做家庭教师。

南方自然环境优美，风景气候宜人，惠特尼的工作也很轻松，他有足够的时间和精力去投入机械设计制造，这是他一直以来的个人爱好。种植园主夫人凯瑟琳·格林（Catherine Greene）经常鼓励他搞研究，惠特尼也利用空闲时间帮助女主人制作了一台绣花架。

不久之后，惠特尼发现，种植园棉花的收割速度太慢了。他跃跃欲试地想要发明一台机器。不到 10 天，世界上第一台轧棉机模型诞生。当成品被制作出来，并被马车拉到田地里时，黑奴们全都惊讶地抬头注目，甚至忘记了擦汗。迎着众人难以置信的目光，这台机器开始高速收割棉花，其效率达到了原先黑奴收割棉花的50 倍。

消息很快传遍周围，其他种植园主纷纷前来观摩。有人表示，希望能用 100 几尼金币①的价格购买。这个出价提醒了惠特尼，他立刻向费城的联邦政府申请专利证书。

1794 年 3 月 14 日，在财政部部长奥利弗·沃尔科特（Oliver Wolcott）的引荐下，华盛顿签署了专利。但好事似乎注定要多磨，轧棉机的投产之路非常艰辛。生产工厂刚建造完毕，就因为瘟疫流行而无法开工。随后，一场大火彻底将工厂化为灰烬。在绝望中沉寂了 7 个月后，惠特尼从头建厂，终于生产出第一批轧棉机，仅有 26 台。

轧棉机销售一空，买主中甚至还有托马斯·杰斐逊，但惠特尼并未从中获得多少收益。南方的种植园主开始大肆侵犯惠特尼的发明专利，制造"山寨"轧棉机。惠特尼诉诸法律，进行了长达 10 年的诉讼。到 1807 年时，他才赢得了诉讼，但此时轧棉机早已遍地皆是。

如果是普通人，早已在这样的沉重打击下选择了放弃，但惠特尼不愿停下脚步。他仔细反思之前的问题，认为还是应集中精力发明新机器，然后只将产品卖给政府，从而保护知识产权。

1798 年 6 月，惠特尼终于摆脱失败的诅咒。他再也不用邀请种植园主投资，再也不用通过到处打官司来保护知识产权。令人难以置信的是，他只用一封写给财政部部长的信就拿到了这一切。

惠特尼在信中建议，政府应该用水力来推动制造枪械的机器，这能极大地减少劳动力，同时也能迅速提升制造速度。凡是之前人力能做到的，机器都能完美胜任。

财政部部长沃尔科特对惠特尼印象很好，这个屡败屡战的发明家总能让他感受到不一样的信心。更何况作为财政部部长，他

---

① 1 几尼金币相当于 1 英镑 1 先令，即 21 先令（1 英镑＝20 先令），此时 1 英镑等于 7.33 克黄金。

当然会对节省人力的项目感兴趣。在一片质疑声中，美国联邦政府和惠特尼签下价值 13.4 万美元的生产合同，从他那里购买 1 万支步枪。

从拿到合同以后，惠特尼就沉寂了下来。半年过去了，没有人看到他在信中提出的水力来源，也没有人看到任何制枪机器。到 1801 年 1 月，合同上的截止日期已经过了四个月，惠特尼还是拿不出任何一支步枪。

政府官员们搞不懂惠特尼在做什么，但其他生产商也没有按时交货，有些甚至因熬不下去而选择破产。因此，惠特尼并没有受到什么处罚，他只是被叫到白宫做解释。

这天上午，惠特尼提着皮箱、衣着光鲜地走入白宫。他神态自若，一点也不像是来接受质询的。在大厅，他从皮箱里拿出不同形状的零件，在联邦政府高官群的注视下，淡定地开始拼装。几分钟后，一把崭新的火枪出现在人们眼中。惠特尼娴熟地拉动枪栓，装上几个内部关键零件，这次表演大功告成。

在今天，这样的枪械组装或许很平淡，但在那时，标准化的枪械构造只存于人们的理念世界。在现实当中，即便是同一时间、同一流水线、同一个师傅制造的武器零件，也无法通用。而惠特尼的表演证明，他做到了。

在场的杰斐逊总统感叹说："我看到了机械时代的曙光。"他很快下令，拨付惠特尼一大笔资金，用来进一步研发枪械的标准化生产。

有了充足的资金来支付厂房和研发费用，惠特尼的事业步入正轨。他坚持沿着可替换零件的道路，通往标准化生产的目标。到 1812 年，他顺利向联邦政府交出 1 万支步枪，将自己所有的构想落到实处。后来，几乎全美的制造企业都朝标准化方向迈进，并由此影响了整个世界。

故事的全部可能并非如此。在今天的纽黑文枪支博物馆里，依然展示着惠特尼最早带入白宫的火枪零件，所有的游客都能看见那上面清晰标注着罗马数字。博物馆工作人员解释说，如果那时他就已经实现了标准化生产，也就无须标记零件了。

好奇的人不得不接受事实：惠特尼耍了小把戏，向联邦政府展示了他关于标准化制造的理念。无论这一行为在当时是否合乎道德，都开启了美国制造业机械化时代的大门。更何况，在这个小把戏中，演出者并不只是惠特尼自己。在他走进白宫的前一天晚上，杰斐逊总统曾邀请他共进晚餐，表示了对其理念的充分支持。

富尔顿圆梦蒸汽船

1807 年 8 月 18 日，一个寻常的夏日上午，哈德逊河码头上挤满了人，他们的目光齐刷刷投向河中。那里有艘从未出现过的"怪船"，正缓慢地向下游移动着。这艘船有一根突兀而可笑的黑色高烟囱，看起来就像是从某个房顶上拆下来硬装上去的，它无奈地朝天空喷出黑烟，发出令人烦躁的怪声。

"看啊，那条船丑得像坨狗屎！"有个粗鲁的码头工人喷着酒气，大声说道。

有人应和说："谁在乎？反正那就是富尔顿的蠢东西。"

富尔顿是谁？此时，他正站在船头驾驶室里操纵着船只，暗自得意地扬起了嘴角。驾驶室窗外，无论是码头上乱窜的人群，还是河面上纷纷闪避的木船，在他看来，都是旧时代的象征。唯独眼前的这艘蒸汽船，才代表着历史前进的正确方向。

富尔顿不由得想到自己的过去……

1765 年，罗伯特·富尔顿出生在宾夕法尼亚的兰开斯特，父亲是普通的农民。富尔顿幼年顽皮，和许多男孩子一样，他喜欢游泳、爬树、钻山洞等各种各样的游戏。他真正的特长是绘画，连对他头疼不已的教师都不得不承认，他能在画布上创造精美的小世界。

富尔顿 9 岁丧父，他因此无法在学校待更长时间。从 14 岁开始，他进入当地珠宝商店当学徒，17 岁到了费城学绘画，并在机械制造厂担任制图员。在这段时间内，他逐渐成名，画了许多不错的肖像作品，其中也包括著名的本杰明·富兰克林（Benjamin Franklin）的肖像。

1787 年，由于富兰克林的欣赏和帮助，富尔顿得以前往英国学习绘画。此时，正碰上改进蒸汽机的发明家詹姆斯·瓦特过五十大寿，富尔顿被介绍前往为他画肖像。瓦特热情地接待了他，并且将蒸汽机的原理和作用分享给这位好学的青年。

从此以后，富尔顿决定不再当画家了，他意识到哪怕用一辈子的时间去画肖像，也无法迎接未来的世界。与其如此，不如通过自学和实践成为优秀的工程师。很快，他学习了高等数学、化学、物理学和透视图，还学习了法文、德文、意大利文。

转眼间，富尔顿在英国已居留 10 年。其间，他发明并制造了潜艇"鹦鹉螺号"，但英国皇家海军对此不屑一顾。他决定去法国碰运气，尝试将之卖给风头正劲的拿破仑。但在巴黎，法国海军对他的"玩具"也没有产生太大兴趣。

一时间，富尔顿的 10 年努力眼看要付诸东流。

天无绝人之路，改变历史的契机很可能蕴藏在一段小小的文字里、一节简短的代码里，对富尔顿来说，它来自一次偶然的相遇。

1802 年，他在巴黎漫无目的地游走时，遇到了美国驻法公使罗伯特·利文斯顿 [1]（Robert Livingston）。利文斯顿家境富裕，对轮船的发明改造抱有强烈兴趣。当他知道富尔顿的发明经历后，便将一份轮船设计图分享给他。这份设计图来自约翰·菲奇 [2]（John Fitch），这位美国工程师在 1788 年造出了世界上第一艘蒸汽船，直到 1796 年，他的蒸汽船几经迭代更新。但由于该船船体采用了螺旋桨推进器，运行效率较低，蒸汽船革新进展始终不大。1798 年，菲奇带着遗憾离开人世，利文斯顿多方辗转，才收购到他的设计图纸。

　　巧的是，富尔顿也始终对蒸汽船的发明改进很有兴趣。利文斯顿兴奋地询问富尔顿，能否在菲奇的基础上，对蒸汽船加以革新。富尔顿信心十足地接受了挑战。

　　在今人看来，一个投资人，一个发明家，两颗抱有同样梦想的心灵相互撞击，二人携手走上创业之路，这是多么充满英雄主义色彩的画面。但在当时的人看来，这简直是两个傻瓜在用梦话交谈。因为除了菲奇，英国人威廉·赛明顿 [3]（William Symington）此前也在改进蒸汽船的征途上倒下。越来越多的人，都对蒸汽船的商用可能性产生怀疑，甚至连瓦特本人也从来不敢断言蒸汽机可以被用到航海上。

　　可想而知，富尔顿的研发之路注定不平坦。他陆续研究了各国的蒸汽机，总结了前人失败的教训，发现了需要重点解决的技术问题。1803 年年初，他设计出草图，并开始在巴黎进行模型实验。

---

[1]　罗伯特·利文斯顿（1746—1813 年），《独立宣言》和《邦联条例》的起草人，曾任美国外交部部长、驻法公使。

[2]　约翰·菲奇（1743—1798 年），美国发明家，建造出蒸汽船模型，后造出实际船只。其发明的船只推进系统使用蒸汽机带动船桨划水，效率极低。

[3]　威廉·赛明顿（1763—1831 年），英国工程师，曾制造出"夏洛特·邓达斯号"蒸汽拖船，后出于客观原因，项目终止。

5 年过去了,富尔顿几乎每天都在思考和研究蒸汽船。他对每次实验都做了详细记录,然后加以比较和调整。最终,他制造出了属于自己的第一艘轮船。这艘船长 70 英尺(1 英尺约合 0.30 米),宽 8 英尺,吃水 3 英尺,装有 8 马力(1 马力约合 0.74 千瓦)的蒸汽机。然而,在巴黎塞纳河的试航宣告成功后,停泊在港口的船只当晚就被狂风摧毁。富尔顿很快又造出一艘,试航同样获得成功。富尔顿信心十足地向拿破仑提出建议,发展新式海军,但出生于法国科西嘉岛的皇帝并不同意。于是,富尔顿和利文斯顿决定返回祖国,正式将轮船产业化。

在纽约东河附近,两人建造了工厂,招收了工人,又运回了英国的蒸汽机,决定大干一场。富尔顿很快带领团队,造出了 150 吨重的轮船,他将之命名为"克莱蒙特号"。这艘船长 40 米,宽只有 3.9 米,高 2.1 米,装着烟囱和桨轮。单从外表上看,这艘船过于细长,显得非常奇怪……

富尔顿的回忆,突然被轮船发出的奇怪声音打断了,整艘船毫无预兆地停了下来,蒸汽锅炉就像被人摁住喉咙的小兽,努力地原地挣扎,却毫无动静。

岸上传来了一片嘲笑。有人说:"快看,富尔顿的蠢东西停下来了!"

富尔顿根本没有听见这些,他立即钻进了锅炉房解决问题。片刻之后,"克莱蒙特号"又开动起来。这一次,烟囱冒出滚滚浓烟,航速不断加快,河上的帆船全都被它远远甩在身后。很快,码头上的人眼中就只有它那模糊的背影了。

31 个小时之后,这艘船带着 40 名甘于做志愿者的上流社会乘客,驶入了 240 公里之外的奥尔巴尼港,其平均时速达到 5.6 公里。在当时,这已经是很了不起的成就了。

不久后,富尔顿又陆续制造出第二艘、第三艘蒸汽船。随后,他和利文斯顿开办了轮船航运公司，开始大量运送旅客。这很快就成为他们独占的新兴产业，公司的利润让所有人都艳羡不已。到 19 世纪中叶，富尔顿创办的造船厂已经发展为拥有上千名工人的大厂，船队拥有的船只数量也不断增加。1838 年，其中的"天狼星号"和"大西洋号"两艘轮船，只花费了 16 天就横渡大西洋，开启了人类缩短地球旅程的新时代。

纺织厂走出第一代女工

今天，洛厄尔家族在不断异化的美国社会中，早已变得默默无闻，但在 200 年前，这个家族与卡波特家族一样，是波士顿城市上流社会的重要组成部分。他们不仅拥有闪闪发光的财富，更有颇具分量的权力，而这些都来自从殖民地早期到独立战争再到建国初期的积累。

弗朗西斯·洛厄尔，就是这两大家族相互融合的象征性人物，他的名字串联起了古老家族的历史，也总会让人回忆起波士顿乃至美国最初的黄金年代。

1639 年，洛厄尔家族的祖先从英国移居北美。到 18 世纪下半叶，家族中走出了约翰·洛厄尔（John Lowell），他毕业自哈佛大学，后来成为马萨诸塞巡回法院的首席法官。约翰有三个儿子，弗朗西斯·洛厄尔是第二个，他出生于 1775 年。

弗朗西斯也在哈佛大学读过书。但他在校园内点燃篝火的行径触犯校规，最终被学校除名。弗朗西斯并不喜欢宗教、哲学，但拥有良好的数学和科学天赋，这为他在离开校园后进入商界打下了基础。凭借家族的资本和地位，1798 年，离校刚满 5 年的弗朗西斯已然成为波士顿对外贸易界的新秀，他的生意越做越大，那时他刚满 23 岁。

如果在南方，弗朗西斯有可能会选择享受慵懒，在美酒和音乐中，沉醉于冬日的午后之梦。但波士顿是北方，气候寒冷，农作物产量大幅降低，只有工业才是当地经济发展的唯一希望。于是，弗朗西斯开始蜕变成为美国工业革命的希望。

由于《禁运法案》的出台，从 1808 年开始，弗朗西斯的海外贸易遭受沉重打击。他的商船整月停在波士顿港口，根本没有机会出海。1810 年，弗朗西斯开始谋求转型，他创立了一家朗姆酒厂，但相对于过去风生水起的外贸生意，这种小生意反而让他更加烦躁。由于情绪低落，身体状况欠佳，弗朗西斯最终听从亲友劝说，决定去欧洲疗养一段时间。

1812 年，弗朗西斯第一次踏上英格兰的土地，他感慨这里才有真正的工业。伦敦的城市天际线被无数耸立的烟囱装点，机器高速转动的噪声从早到晚响彻耳边，忙碌的工人有条不紊地操作着……弗朗西斯受到了强烈的内心冲击，他不禁自问：在我国，何时能看到这一切？

弗朗西斯尤其看好纺织行业，他认为纺织产品迟早会卖向全世界。因为只要是有女人的地方，就会产生对这类产品的需求。弗朗西斯希望能学到纺织技术，但英国早已设置了技术屏障，政府不仅禁止对外展示水力纺织机，而且对任何想要携带图纸和技工出国的人予以严惩。

此时，弗朗西斯曾经被时局所压制的理工科天赋，终于再次被唤醒。他仅仅找到机会观看了纺织机的外形，就信心满满地停止度假，回到波士顿。弗朗西斯立即找来机械师保罗·穆迪（Paul Moody），把自己和他一起关在书房整整三天。弗朗西斯根据记忆，描述水力纺织机，而穆迪则负责将它的结构设想画出来，再由弗朗西斯提出修改意见。

很快，美国版的水力纺织机就这样被制造出来了。弗朗西斯大喜过望，联合妻弟共同成立了波士顿制造公司。消息传出后，很多投资者争先恐后地带来资金，大家都想看看弗朗西斯少爷会如何在全新领域实现新的梦想。这些投资人全力投入，将企业重组为大型公司，并且不断增发和出售股份，继续吸引投资。

在技术层面，穆迪进一步改造了纺织机，他利用水力同时带动齿轮和滑轮，以便不同的纺织工序能同时进行。这大大解放了工人们的双手，让他们只需按部就班做好各自的岗位工作，就能实现不间断生产。

1814 年，美国历史上第一座标准化的纺织工厂成立，名为"沃尔瑟姆工厂"。由于采用了全新的生产方式，工厂很快赚得盆满钵满。

后世的眼光更多关注弗朗西斯如何将水力纺织机带回了美国，但沃尔瑟姆工厂之所以取得成功远并非只有这一个原因。在那里，一种新的工人管理体系被创立了。

当时，绝大多数美国人从事农产品生产和销售。根据 1810 年的统计数字，在全国总共 230 万名劳动力中，有 200 万人从事农业。虽然全美有上万名纺织业工人，但家庭佣人的数量多达纺织业工人数量的 7 倍，甚至连矿工都比纺织工多。在波士顿，所有能干的年轻人，或者做农场主，或者当渔民、船员，或者开杂货铺做小生意，却没有人想要进厂打工。因为在沃尔瑟姆工厂诞生之前，这里并没有大型工厂，即便有些面粉厂，也大多是家庭作坊。弗朗西斯因此必须创立新的雇佣方式，组建员工队伍。

这一切难不倒弗朗西斯。在英国，他了解到苏格兰的纺织工厂雇用男童和少数成年男子。但在美国，他认为可以招募乡下姑娘来工作。弗朗西斯了解波士顿附近的风俗，大多数农家姑娘都会在婚前努力工作一段时间。

当工厂快要建成时,弗朗西斯亲自到波士顿附近的农场挨家挨户游说。他询问当地农户,是否愿意让女儿去工厂做工。面对疑惑的眼神,弗朗西斯解释说,女孩们将会集体住在宽敞的屋子,再由年长的女管家保护和照料。他邀请那些怀疑的父母跟着自己上马车,去沃尔瑟姆工厂看看,那里的工作环境是健康、安全、道德的。弗朗西斯是说到做到的,他工厂的环境确实让农家父母们安心。渐渐地,有女孩前来应聘工作。

不过,这也有社会背景的因素。当时,许多年轻农家女孩认为自己是家庭的负担,她们希望能有机会通过这种新工厂自食其力,而且可以帮助家人,甚至能积累一份嫁妆。

1817 年 5 月,沃尔瑟姆工厂有 125 名员工,其中大部分人 1 个小时的报酬只有 5 美分,考虑到住宿和膳食费用很低,一个普通女工每周就能攒上 2 美元,几年后就能积累出一笔嫁妆。大部分女工从十五六岁进厂,到 20 岁出头离开,而此时,新的女工又从工厂大门鱼贯而入。弗朗西斯就靠这样的"廉价劳动力",打造出波士顿的纺织基业。10 年后,弗朗西斯工厂所生产的棉布的市场占有率一度达到全美国的 1/5,其标准化、流水线的生产制度,也吹响了美国工业化的号角。

可惜的是,弗朗西斯的身体状况已经不允许他目睹这一切变化。1817 年,他积劳成疾,撒手人寰。在离开人世之前,他留下遗嘱,要求后继者必须给予大部分女工良好的工作和生活条件。

当时,这些纺织女工有一个令人羡慕的昵称,她们叫"洛厄尔女孩"。

莫尔斯创造电码奇迹

1997 年，法国海军突然向全世界发出一句诀别的话语："注意！这是我们永远沉寂前的最后一声呐喊。"

当然，法国海军还存在着。消失者是上一个时代的通信工具的代表，那就是莫尔斯电码（也称"莫尔斯密码"）。

莫尔斯电码曾经风靡世界，比今天的微信、QQ 影响更大。它是一种利用"点"和"划"排序的无线电通信语言，既能用声音传递，也能用光线表达。在没有电话的时代里，它曾统治了全世界的远程沟通渠道。即便到今天，依然有无数艺术作品在怀念这个代码，依然有无数爱好者在使用它。

莫尔斯电码的发明者，是美国人塞缪尔·莫尔斯（Samuel Morse）。这个发明起源于他在轮船上的一次谈话。

1832 年，夜幕笼罩了无边无际的海面，从法国返航美国的轮船上层甲板依然灯火通明。衣冠楚楚的男女宾客正坐在餐桌旁，面对洁白桌布上的精美食品畅快聊天。

画家莫尔斯就是其中一位。此时，他正聆听着邻座年轻人的话语。他叫查尔斯（Charles），是一位对电学感兴趣的化学家。

查尔斯说："各位，事实就是这样，导线的长度并不会影响电流的传输速度。"

其他人纷纷点头称赞，无论是否真的听懂了。

但莫尔斯想到的不只是附和。他内心的另一个想法瞬间被点燃了：如果真的是这样，那就意味着可以用电流传输某种信号，而且不论距离多远，这些信号都能在瞬间传达。

人们的话题很快转移了，但莫尔斯将自己的想法告诉了查尔斯。查尔斯说，这个想法不算新鲜。早在 9 年前，英国的彼得·巴洛（Peter Barlow）就发现，针式电报机不适用，当传输距离超过200 英尺时，电报机的磁铁就会变得不稳定，传输偏差就会变大。

晚宴结束后，所有人都回到了房间。没人把查尔斯的话当回事——除了莫尔斯。他在黑夜中盯着天花板，耳旁传来窗外海浪拍打船体的声音，一长一短、一长一短，他的思绪再也离不开电报机。

莫尔斯曾经对科学发明有浓厚的兴趣。1805 年，他进入耶鲁大学就读，在这里开始接触电学方面的实验研究。1817 年，莫尔斯和哥哥共同发明了一种消防车活塞泵，并取得专利。与此同时，他也单独发明了独特的大理石切割机。

毕业之后，莫尔斯放下兴趣，选择从事艺术。但他的新道路并不顺利，妻子和父母的相继去世，让他决定远赴欧洲探寻新的可能。在法国，他被卢浮宫的艺术作品吸引住了，他不断想象有朝一日自己的作品也能被这里收藏。于是，他不断磨炼绘画技巧，不断认识新朋友。

正是在巴黎，莫尔斯体会到了欧洲人低下的工作效率，他发现这里的信件投递速度很慢。他在聚会上向朋友抱怨这一点，然后感慨说："或许只有闪电能帮助我们了。"大家都觉得这只是一句玩笑，但莫尔斯不久之后真的开始思考其可能性。他相信，一定有办法让信息被电承载和传输。

莫尔斯这次回国，是想要接下国会大厦壁画项目。他自信地认为，这次欧洲的艺术之旅使他完全有资格成为合适人选，等拿到丰厚的薪酬，他就立刻完成发明新型电报机的工作。他对这一切笃信不疑，甚至在下船那天，对着船长夸口："我亲爱的船长，这些天您听到了我关于电报机的谈论。请记住，这将是新世界的奇迹，而这一切都将发生在您的船上。"

然而，现实马上就给莫尔斯的脸上来了一记重拳。国会大厦壁画项目组根本没有看上他，这意味着他彻底失业，只能靠给别人画像来维持生计。1835 年，他经人介绍成为纽约大学艺术设计专业的老师，这份工作的薪酬很低，甚至连支付房租费用都成问题。

　　在困苦的生活条件下，莫尔斯依旧没有忘记对电报机的发明研究。属于他的电报机已如同子宫内的胎儿，正在日趋萌动。在同事纳尔·戈尔的参与下，他走到了电报机研究的最前沿，即如何利用中继系统 ① 来推动电磁波的长距离运输。这是当时欧洲学者绞尽脑汁也无法明确回答的问题。

　　1837 年，莫尔斯向业界学者们展示了自己的研究成果。他表示，自己能利用新系统，将信号完整传输到 1700 英尺之外。很多学者都对此感到震撼，但真正伸出援手的是一个年轻毕业生，他叫阿尔弗雷德·维尔（Alfred Vail）。

　　维尔只有 29 岁。凭借年轻而冲动的直觉，他意识到莫尔斯的电报机很可能是打开通信世界新大门的密码。第二天，他和父亲带着一张横跨全美国的电报线路图、2000 美元的投资，敲响了莫尔斯狭窄公寓的大门。

　　"您好，莫尔斯先生。我希望做您的助手，我的父亲愿意为这次合伙投资。"

　　对莫尔斯来说，这句话宛如天使送来的福音。他立即笑脸相迎，并将未来事业 25% 的股份划给了维尔父子。

　　有了人和钱，电报机的研究进度加快了。1838 年 1 月 24 日，纽约大学里架设了 2 根 5 英里（1 英里约合 1.61 公里）的电线。它们完美无缺地传递了电报信号。莫尔斯将这些设备送到了费城富兰克林学院，接受科学委员会的检验，随后又将其送到华盛顿，赢得了总统和政府高官的一片喝彩。

---

① 中继系统：在电磁波传输网络内用于传送信号的中间通过设备。

但此时的喝彩只代表他们个人，政府没有打算拿出真金白银。虽然众议院有人提议，应该拨付 3 万美元架设电报线，但更多议员认为，经济萧条，这并不是重点。结果，莫尔斯的事业没有任何改变。助手维尔拿不到一分钱报酬，戈尔教授也只能另谋生计，51 岁的莫尔斯有时候甚至连饭都吃不上。但只要一搞到钱，他就会立即将之投入电报研究中。1842 年，他用沥青、柏油和橡胶包裹电线，将之沉入从纽约市区到总督岛之间的水域，尝试是否能收发信号。他发现实验结果一切正常。这说明，跨越大洋的电报线路完全可能实现。

莫尔斯是幸运的，他的坚持不懈终于等来了事业的黎明。随着美国经济走出低谷，国会重新讨论电报机议案。莫尔斯再次带上机器走进国会山，用更加完美的电报机说服了许多原来心存疑虑的国会议员。1843 年 3 月 3 日，国会以 89：83 的票数通过了提案，3 万美元财政拨款随即到位。

1844 年 5 月 24 日，从华盛顿到巴尔的摩，一条历史上从未有过的电报线路开工了，这让年过半百的莫尔斯兴奋不已。当线路建成后，在国会大厦最高法院的会议厅里，面对诸多议员和学者，莫尔斯冷静地用电码向远在 64 公里以外的巴尔的摩火车站发出信号。

很快，对面回复了信号，莫尔斯迅速翻译出来，全场随即发出热烈的掌声和欢呼。人类历史上第一次长距离电报通信完成了，它的内容是："上帝创造了何等奇迹！"

一个新的时代开始了。电报成为当时最快的信息传输工具。莫尔斯承认，自己热衷于科技研究，在商业上则并非好手。1845 年，他和美国邮政部前部长阿莫斯·肯德尔（Amos Kendall）组建了电磁电报公司，接手从华盛顿到巴尔的摩的电报线路。此后不久，从纽约到费城的电报线路正式开通。

从此之后，莫尔斯明智地退居幕后，委托肯德尔经营并扩大电报网络的规模，自己则在荣耀和富有中安享晚年。数十年后，当塞缪尔·莫尔斯驾鹤西去时，他发明的电报机早已改变了全世界。

第3章

向左科学，向右实业（1846—1914年）（上）

从1845年到1891年，美国经历着"西部开拓时代"。在一系列领土扩张政策（如得克萨斯独立、墨西哥战争和路易斯安那购地）之下，美国获得了更多的领土。其过程中的血与火，直接带来了军火制造实业的发展良机，塞缪尔·柯尔特（Samuel Colt）由此获得了巨大成功。

随之而来的大规模移民和资源开发需要，无疑促进了铁路运输业的发展。铁路建设成为该时期最重要的商业发展成就之一。无论是太平洋铁路的设计者西奥多·朱达，还是铁路大亨康内留斯·范德比尔特，都为铁路事业的发展贡献了自己的一生。

大规模的铁路网络建设极大地改善了运输和贸易条件，促进了商品的流通和市场的扩大。许多新兴行业随之涌现，如钢铁、石油、化学和机械制造等，这让工厂的规模不断扩大，生产效率显著提高，资本集中的大戏也愈演愈烈。站在时代造就的事业巅峰上，安德鲁·卡内基和约翰·洛克菲勒荣获了"钢铁大王"和"石油大王"的历史美誉。

左轮让人人平等

伊莱·惠特尼去世于 1825 年，他的儿子小惠特尼秉承父业，接管工厂。21 年后，即 1846 年的深秋，有位年轻人走进了惠特尼枪械工厂的办公室。

"您好，惠特尼先生。我很荣幸前来拜访，想请您看看这个是否可以安排生产。"

此人将一个木盒轻轻放到桌上，宾主双方的目光集中在打开的木盒中，那里有一把木制的转轮手枪模型。

这正是塞缪尔·柯尔特走入历史的瞬间。

柯尔特于 1814 年出生在康涅狄格的哈特福德——这里正是惠特尼枪械工厂的所在地。柯尔特的父亲是织布工，和制造业有紧密的联系，柯尔特从小就对火药、电池、机器设备感兴趣，喜欢拆卸机械。15 岁那年，他跟随全家搬到了马萨诸塞的维亚镇。

他在新家附近的池塘里安装了火药，想用引爆产生的气体的力量来顶起木筏。为了吸引人来观看，他贴出告示宣布：7 月 4 日这天，塞缪尔·柯尔特将会炸飞一只木筏。

告示很快打破了小镇的平静。当天，远近慕名而来的好事者围满了池塘。他们只看见那只倒霉的木筏，却根本看不到柯尔特本人。

正当所有人摸不着头脑时，一声轰鸣从水下传来，木筏果然被掀翻了，但飞起来更多的是泥浆。这些前来看热闹的观众被溅了一身泥水，才明白这是个恶作剧。他们很快从水下拉出了柯尔特，叫喊着要给这个胆大妄为的小子一点颜色看看。好在同厂的技工埃利沙·鲁特（Elisha Root）帮了他，让他免于被群殴。

当人群散去时，鲁特感兴趣地询问，引线是如何在水中布设的，柯尔特狡黠一笑："很简单，用柏油裹紧就可以了。"

柯尔特这样的天才总会干一些离谱的事。第二年，他用自制的烟花点燃了小镇多年如一日的夜幕，当校长惊喜地戴起单片眼镜，观赏窗外绚烂的色彩时，校工狂奔的脚步声也逐渐传进他的耳膜，紧接着是惊恐叫喊："校长先生，柯尔特的烟火把学校给烧啦！"

这次没有人能救得了他，柯尔特选择了跑路。他带着母亲留给他的小手枪，跑到波士顿港口，应招成为一艘船上的见习工，长期往返于美国波士顿与印度加尔各答。百无聊赖的航海征途，与人类传统社会的道德和法律秩序距离甚远，他的发明创造基因摆脱了原有束缚，变得格外张扬。上船后，他就痴迷于轮船的舵轮，认为这种利用离合器交替旋转的机械原理，可以被用在对枪械的改良上。仅仅在两年后，他就发明了转轮手枪。

其实，早在 1818 年，以利沙·科利尔（Elisha Collier）就发明了燧发转轮枪，这种枪将"击发"和"转轮"结合，成为枪械爱好者竞相研究的对象。在浩瀚的大洋上，柯尔特发明的是火帽击发式转轮手枪。虽然只是将燧发变成火帽，但二者的意义完全不同。柯尔特的转轮手枪包括弹仓、闭锁管脚和击锤，它能够接二连三地高速射出多发子弹。此外，弹仓的旋转结构也决定了即便某颗子弹哑火，也不会影响下一颗子弹的正常击发。这些都是历史上其他枪械从未具备的功能。借助这一改变，转轮手枪将变成迅猛、突然、低故障的代名词。

有了这套模型，柯尔特再也不想去航海了。他背着父母来到了华盛顿，第一步就是去申请专利。他找到了父亲的朋友亨利·埃尔斯沃斯（Henry Ellsworth），在后者的推荐下，他的专利申请一帆风顺，技术专家和政治家对此给出了很高的评价。埃尔斯沃斯明智地为这项发明投下了 300 美元，并帮助柯尔特提交了专利申请。

但问题依然很多，柯尔特手中的东西毕竟只是木头模型，他迫切需要专业的军械生产技师制造出一把真正的转轮手枪。1834 年，柯尔特来到巴尔的摩，找到了军械师约翰·皮尔森（John Pearson），他将 300 美元全部用在聘用和研发上，很快两手空空。为了维持试制，他搞出一个"笑气体验室"，向无聊的市民们兜售笑气，只要 50 美分就可以吸一次。这个游走在道德边界的生意，让柯尔特每天能赚 10 美元继续转轮手枪的研发实验。可即便如此，他其实依然没有能力支付所有账单。

1826 年 2 月 25 日，好消息终于传来了。转轮手枪批量生产的条件成熟，而且华盛顿也批复了专利。柯尔特向父亲借了 1000 美元，又鼓动 33 个投资人总共出了 23 万美元，建立枪械工厂。到此时，皮尔森终于爆发了，他认为自己才是真正的发明家，柯尔特无权署名。于是，两人就此分道扬镳，柯尔特只能重新修改图纸，这让股东们感到忧心忡忡。

股东们的担心很快被证实。1837 年，西点军校举办武器竞赛，各路军火商纷纷投入，柯尔特也到处打点军官们，希望能获得好名次，但结果是惨淡的。一支长枪当场爆炸，让测试者命丧黄泉。西点军校的人最后只能说，好吧，这些武器只有在特殊场合才能发挥作用。

柯尔特暴跳如雷，他没想到结果会如此不堪。但这并不奇怪，因为他的工厂里没有任何人懂标准化生产方式，甚至他自己也不甚了了。到了 1842 年，他的工厂宣布破产。他只能另辟生路，转向生产防水弹药、水雷，再将其销售给军队，他还和这些产品的发明者塞缪尔·莫尔斯——后来正是他发明了电报机——签署了合作协议。

1846 年，远离枪械四年的柯尔特，再次等来了战争的号角，美国对墨西哥的战争开始了。

柯尔特听说，新成立的游骑兵部队正在采购武器，他随即想到了老客户塞缪尔·沃克（Samuel Walker）也在其中任职。当年，沃克曾经在第二骑兵团服役，并向柯尔特采购过来复枪。柯尔特立即写信，询问当时枪械的使用感受，沃克上尉回信说，那些武器给了他们迎战数量 4 倍于己方之敌的信心。

柯尔特大喜过望，因为这是他第一次听说产品在实际应用中的表现，这大大增强了他的信心。柯尔特开始和沃克合作，研究最符合游骑兵需要的武器。不久后，0.44 英寸（1 英寸约合 2.54 厘米）口径 6 发左轮手枪诞生了，后来它将被命名为柯尔特 – 沃克左轮手枪。

柯尔特拿到了沃克带来的 1000 把左轮手枪合同。由于手上连一把成品都没有，他干脆带上模型去拜访惠特尼枪械工厂。这次，他发誓要借助对方的力量扭转局势。

小惠特尼也是行家，他立即开始着手安排生产。这种新型枪械需要新的专用机床、模具和夹具，当小惠特尼生产出这些机器并利用这些机器成功生产出成品之后，柯尔特知道自己来对了。在 1000 把左轮手枪成功交付之后，他果断将机器全部买了下来。

1847 年年底，柯尔特再次建立工厂，开始大规模生产左轮手枪。

两年后，他的工厂聘用了一名管理人员，此人正是当年在池塘火药爆炸实验中帮了他的鲁特。鲁特按照柯尔特的指示，对整个工厂进行了标准化生产的改造。这下，再也没有什么能挡住柯尔特获得成功了。订单像雪片那样飞来，一笔笔回款涌入柯尔特的账户。他不断改良产品，研究最新的制造技术。柯尔特高傲地说："我不需要再纠结一群自称董事的白痴在想什么了。"没错，可能他真的有理由这么说，因为他是枪械天才——塞缪尔·柯尔特。

柯尔特的过人之处不只在技术研发领域，还在市场营销。为了宣传柯尔特-沃克左轮手枪，他不断邀请画家绘制那些用左轮手枪战斗的英雄场面，又专门制作各种镶嵌金银宝石的精美手枪，向各国王室赠送。此外，他还编造出亡命徒们用左轮手枪赌命的传说，这就是俄罗斯轮盘最初的来历。

1862 年，在美国独立战争中，柯尔特工厂研发的武器再次大放异彩。人们说："亚伯拉罕·林肯（Abraham Lincoln）解放了所有人，而柯尔特让他们平等。"越来越多的美国中下阶层认同，是柯尔特的武器让自己不仅获得自由，还获得维护尊严的能力。但柯尔特本人已经无法再聆听这些话语，47 岁的他英年早逝，留下的是一家世界上最优秀的枪械制造企业。

铁路工程师的大陆雄心

19 世纪 50 年代，在广袤的美国西部大陆，无数探险家的雄心壮志在燃烧。在他们中，有人想得到便宜而肥沃的土地，有人想淘到闪耀的金沙，也有人想逃离喧嚣的东部城市。其中有一位倔强的男子，经常骑马奔跑在最偏僻、最艰苦的地方，无论那里是险峻的山峰还是危险的沙漠，都拦不住他探寻未知的步伐。他叫西奥多·朱达，他的梦想只有一个，那就是修建铁路。

1854 年，朱达只有 28 岁，他背上行囊，来到遥远的加利福尼亚。他此行只有一个目的，建设落基山脉以西的第一条铁路。

消息传出后，当地人感到兴奋和自豪。铁路修到哪里，意味着现代化的脚步就走到哪里，意味着那里的民众会有更多就业机会、更多工作收入。但朱达的目标远非如此，他构想的计划更为宏大，那就是跨州铁路。

在此时的美国，火车已不算什么新鲜事物，全国已经修建了 1.8 万英里的铁路。但这些铁路主要集中在东部，至于西部，则很少有人问津。这是因为修建长距离铁路不仅意味着要冒高成本风险，还意味着要克服技术难关，在缺少政府支持的情况下，谁也不想贸然踏出这一步。

事实上，美国从东海岸到西海岸加利福尼亚的陆地距离超过 4500 公里，两地之间有崇山峻岭、浩瀚沙漠和无边无际的大平原，没有任何便利的交通方式。此时，巴拿马运河尚未开通，美国人想要从纽约到旧金山，需要坐船绕行到南美洲的合恩角，最短也要半年左右。这导致美国事实上不仅存在着南北差距，也有着东西分离的倾向。西部有着广阔肥沃的土地，各式各样的矿藏，但无法引入东部的劳动力，也难以开拓东部的市场。

朱达对此深有感触，他决定挑战天命，破解难题。过去、现在和将来，他都注定是这样的勇敢者。

26 岁那年，朱达作为铁路设计师出道不久，就主持考察和设计了尼亚加拉峡谷铁路。这条铁路位于陡峭的悬崖之上，下方就是咆哮的河水。然而，如此恶劣的环境根本没有吓倒朱达，在他的主持下，铁路工程完美结束，他自己也一战成名。

在西部，朱达的第一件功绩是将铁路铺到 7000 英尺高的内华达的谢拉岭。从完成这项工程开始，没人再私下喊他工程师——人们叫他"疯子"；但当他出现时，所有人都对他毕恭毕敬。朱达那饱经风霜的脸上，没有任何年轻人的张扬与稚嫩，反而彰显着沉稳、勇敢和敏锐的工程师模样。

1857 年新年，朱达终于换上崭新的双排扣礼服，来到华盛顿宣传自己的终极目标。他将之命名为《太平洋铁路实施方案》。

在这份非常专业的技术文件里，朱达详细列举了如何建设横穿美国大陆的铁路线。他认为线路应该从加利福尼亚的萨克拉门托开始，向东延伸，直到接入目前的主流铁路网。他甚至对铁路上应配置怎样的火车提出了想法。他说，在时速 100 英里的特快专列上，应建有餐车、吸烟室和阅览室，还应有宽敞的隔断卧铺，这些都会让乘客感到满意。

朱达的方案并未引起积极回应。几乎所有专业人士对此都不置可否，还有人认为这些都只是他的一厢情愿。面对他们，朱达像面对西部荒野那样坚韧。他逐个去拜访那些公开批评自己的科学家，向他们介绍机械模型，展示 90 吨重的机车的驱动力量。朱达说服了越来越多的人，国会开始出现提倡建跨州铁路的声音。

方案进入国会，并不意味着会顺利通过。来自不同州的代表一改之前的态度，积极要求这条漫长的铁路经过更多本州的土地。但朱达严谨地告诉他们，没有经过实地勘察，自己无法拿出具体的方案，诸如挖掘多少土石方、建造用料的来源、如何消除河流与暗渠的阻隔、如何解决雪山与严寒带来的困扰乃至如何面对印第安人的威胁等问题，随时都可能干扰方案的规划和执行。

朱达有着工程师的严谨，但国会议员们只有政治家的执念。随着时间推移，这个话题被越炒越热，越来越多的眼睛开始关注这条铁路。朱达也有了自己的办公室，他和年迈的副总统、议员们成为"邻居"，房间里堆满了地图、报告、文件和工程样品。

然而，南北战争的阴云此时已经笼罩在每个美国人头上，本来就复杂的线路此时就更难以确定。朱达逐渐看清了事实：如果让国会的那帮人讨论下去，就永远不会有一条线路能被所有人接受，因为他们关注的可能并不是线路整体，而是自身利益。

朱达就此立下宏愿，要靠自己的力量，开发真正的铁路。他转身回到了萨克拉门托，再度骑上马，越过塔霍湖上几个最危险的关隘。他夜以继日地在山脊和深谷中勘测，有一个峰顶，他翻越了足足 23 次，其中最危险的一次，是他在面对即将到来的雪崩时，用刀划破帐篷，仓皇逃生。

朱达最终得到了回报。经过他的勘测和演算，他认为现有的铁路工程技术完全能够穿越谢拉岭的山峰。为此，他画出了铁路线的侧视图，标出了隧道的精确位置。他甚至草拟了一份公司章程，章程属于未来即将成立的"中央太平洋铁路公司"。朱达决定摆脱政治力量的束缚，依靠自己去开辟新的铁路路线。

然而，没有了政治力量的参与，资金从哪里来呢？当时加利福尼亚的法律规定，朱达如果想组建铁路公司，需要先筹集 1.15 万美元，这正是其计划投资额的 1/10。

朱达虽是杰出的铁路工程设计师，但并不是优秀的创业者。起初，他试图通过向大众游说宣传来募集资金，但普通人根本不了解铁路建设。于是，朱达只能转向商界，他争取到的投资人名叫科利斯·亨廷顿[1]（Collis Huntington）和马克·霍普金斯（Mark Hopkins）。当然，他们可不会为了情怀买单，他们需要看到朱达的能力。

为了证明铁路建设赢利的可能性，朱达修建了一条穿越达奇弗拉特隘口的马车道，道路连接了内华达平原上的一个小镇，将那里的特产运输出来，帮助小镇民众发家致富，朱达自己也赚了不少钱。这让投资人开心不已，他们随即又拉来了另外两位朋友——利兰·斯坦福（Leland Stanford）、查尔斯·克罗克（Charles Crocker）。这四个人总共凑了几千美元，投资了朱达的铁路建设计划。

在这四个人中，科利斯·亨廷顿是最厉害的角色。从进入企

---

[1] 科利斯·亨廷顿（1821—1900 年），美国中央太平洋铁路公司创始人。

业开始，他就展现出控制者的雄心。他对每件事都要过问，甚至对朱达的测量结果都要亲自验证。他同样倔强地爬上朱达曾经爬过的山峰，走朱达曾经跋涉的道路，只是为了验证设计图上的数据。

对此，朱达不以为意。在他看来，任何人都有理由为了铁路事业这么做。现在，他沉浸在对未来收益的计算中。他认为，建成后的太平洋铁路将成为美国东西部交流的主干道，创造将近 200 万美元的年收入。这个庞大的数字让他目眩神迷，随后他还打算进一步在铁路沿线种植树木，创造更多收益。

当朱达再次带着《太平洋铁路实施方案》回到华盛顿时，他已不再是央求政客的工程师，而是中央太平洋铁路公司的全权代理人。这一次，他打动的是亚伯拉罕·林肯总统。1862 年，尽管北军在南北战争中节节败退，但林肯还是签字下达了政府贷款补助，要求推动该铁路项目的建设。

朱达激动不已，他本以为自己的事业刚刚开始，但不知此时它已近尾声。

铁路建设方案获得政府承认，意味着早期投资即将得到回报，投资四人组开始对企业运营方向指手画脚。他们的最终目标是占据公司的主导权，然后将资金投向更快获得短期收益的马车道项目。

由于四人组占据了公司大部分股权，朱达没有任何办法和理由阻止他们的行动。亨廷顿只给了他两个选择：或者自己将股票出售，或者由四人组来收购他的股票。朱达悲愤地将手头的 500 股股票打包成为价值 10 万美元的中央太平洋铁路公司债券，希望借助大亨康内留斯·范德比尔特的力量，收购四人组手中的股权，拿回自己创建的公司。

然而，没等范德比尔特回话，朱达就因感染黄热病而撒手人寰。他没能倒毙在漫天黄沙中，没能葬身于皑皑白雪里，却死在了公司股权治理的陷阱中。最终，他还是获得了身为工程师所应得的荣誉：1863年，太平洋铁路在加利福尼亚首府萨克拉门托破土动工，大批来自中国广东的工人承担了修筑铁路的重任。在他们无畏的牺牲下，仅用了7年时间，这条全长4500公里的铁路线就正式贯通。

从某种意义上而言，这条铁路线对美国的重要性不亚于南北战争，它让这个国家获得社会、经济、文化的又一次统一。至今，人们依然没有忘记计划的开端，没有忘记那个叫西奥多·朱达的工程师。

汗水浇灌的灵感之花

托马斯·爱迪生并非历史上最聪明的人，但他绝对是最勤奋、最努力的人。用辛勤汗水浇灌出的灵感之花，是这位科学家、商人得以攀登科学和商业巅峰的重要因素。

从 1855 年开始，8 岁的爱迪生就展现出与众不同之处。他上学刚 3 个月，就因为提出各式各样的奇特问题，被校方冠上了"低能儿"的称呼。在教师们看来，爱迪生提问题就是为了找机会破坏应有的教学秩序，所以他们不得不把这匹"害群之马"请出学校。

只有母亲南希知道，爱迪生并不是在捣乱，他的求知欲真的如同黑洞那样，可以吞噬周围一切信息。于是，南希在谋生之余，开始肩负起对孩子的陪伴和教育的责任。爱迪生也如饥似渴地阅读母亲能弄来的一切书籍，不管是课本、习题，还是小说、故事。

转眼间，爱迪生就到了谋生的年纪。在父亲的担保下，爱迪生获准登上铁路卖报纸。他每天跟着火车到达底特律，在那里的书店看一天书，晚上再乘车回去。

除了积累知识，他的商业头脑也很快展现出来。经常出行的乘客们发现，这趟车的卖报小哥还能顺便带来水果、三明治和小零食。不久他们又发现，卖报小哥从一个变成了三个。负责这个小团队的正是爱迪生，现在他已经有了两名"员工"，帮助他赚钱养家。

等到稍有结余，爱迪生灵机一动，办起了自己的报纸。这份小报名为《每周使者》，其内容几乎全部来源于《底特律自由通讯》等大报，负责"搬运"文章的自然是爱迪生本人。他还专门为此买了台二手印刷机，在自己的阁楼上印刷《每周使者》。

或许是因为"搬运工"选中的都是精华，《每周使者》的影响力越来越大。爱迪生开始琢磨下一步该怎么做，他知道，抄袭只能起家，却不能成功，只有得到第一手资讯，才能成为媒体业的强者。恰好，此时有一则战争新闻通过电报传来，消息说夏洛伊之战造成双方 6 万人（实际上为 2.4 万人）死亡。尽管爱迪生无法判断这个数字的真实性，手中的现金也只够 300 份加印量，但他还是决定以担保方式加印 1000 份报纸刊登该消息。

爱迪生赌对了。当这份报纸传递的消息映入人们眼中，所有人的心都提到嗓子眼，这种群体性心态造成了消费心态的改变，人们争相购买，他的报纸价格随着火车的前进而被不断抬高。

这次，一趟车下来，爱迪生赚了 150 美元。事后，他想的不是如何进一步做大报纸，他发现，电报行业比报纸行业更有前景。

仿佛是命中注定的，就在此时，爱迪生将一个差点命丧火车车轮的小男孩救了出来。男孩的父亲在一家电报公司工作，他决定回报爱迪生。过了半年不到，爱迪生成为电报公司的话务员。在这里，他和其他所有同事都不一样。当别人下班后聚集赌博、酗酒、嫖妓时，他躲在简陋的公寓里读书和做实验。不久之后，他就将一台原始电报机和现有的信号接收器连上，从而实现了自动接收和翻译电报信号。但爱迪生的这个尝试遭遇了迎头痛击，全公司并没有人希望提高工作效率，因为提高工作效率意味着很快就要开除员工了。他的第一个发明就这样被束之高阁。

不久之后，他的第二个发明也胎死腹中。当他为军队的电报站工作时，他想尝试用一根电报线同时传递两个电报。但管理电报的军官把他痛骂一通，告诉他这里可不是给蠢材做实验的地方。爱迪生很快又被解雇了。

人们不断无视爱迪生的努力，与其说这是社会尚未认识到爱迪生的价值，还不如说是普通人对天才不恭。

1868 年，爱迪生来到波士顿，在这个尊重学术的城市继续研究发明。他发明了中继器和二重电报机，前者是在连接原始电报机的基础上工作的，后者可以同时收发两个电报。此时，这些新机器终于找到了应用场景，爱迪生借助它们提供股票信息服务服务。他爬上屋顶，用电报线连接了 30 多个客户，然后将自己的办公室变成股票信息中枢。这一刻，他成了此地的信息网络之王。

在这座小小的网络宫殿里，爱迪生不断提升机器的实用性。最终，他的装置能让客户家里的报价机同步交易中心的价格，这无疑是当时重要的技术突破。西部联合电报公司的董事们找到他，询问要出多少钱才能买下技术专利。爱迪生的心理价位是 3000 美元，但他不愿主动开口。

"先生们，你们想买，就开价吧！"爱迪生不经意地说道。

董事们相互看了看，领头者说："我们出 4 万美元。"

爱迪生压抑住内心的狂喜，签下合同。这笔订单的资金如此丰厚，足够他从独立发明者变成制造商企业家。但西部联合电报公司提出的条件也很苛刻，他们需要爱迪生用中继器和二重电报机的技术，组装出 1200 台快速自动报价机、私人电报机。为了让机器实现他们想要的性能，爱迪生必须继续发明实验。他就此脱离了正常人的生活，在婚礼当天，在女儿的出生日，他都回到了工厂的实验室。很多次，他穿着衣服在实验室冰冷的大理石地面睡着了。

这段疯狂岁月最终以四重电报机的发明而宣告结束。这一发明堪称电报发展历史上的划时代之作，同时也成为爱迪生和西部联合电报公司的"分手"之作。由于对方提出了知识产权问题，爱迪生选择离开，而不是继续在无穷无尽的听证会中浪费生命。

1876 年，他用自己赚到的钱，在新泽西牧场的门罗公园修建了房子，这里成为爱迪生进行独立发明的实验室，在这里工作的每个人，都是爱迪生的团队成员。事实上，这套体系成为美国发明家集体研究的开端，爱迪生负责寻找和组织专门人才，然后分派给他们不同任务，以共同致力于系统、复杂而品类繁多的科学研发工作。

从此以后，爱迪生的名字不再只代表某个人，而是整个门罗公园团队的品牌。爱迪生本人实际上承担了所有项目的总负责人的职责，他每天都要听取不同分支项目的进度报告，然后与项目组的人讨论，最终做出指示。这让他越来越像一个指挥者，而非单纯的技术研发专家。

这套体系行之有效。在随后的 10 年内，各种新发明从门罗公园走出，其中最著名的包括留声机、电灯和电话送话器，这些发明将改变千万个美国普通家庭的生活，也会改变世界。当然，最先改变的是爱迪生，他再也不是当年那个火车报童，而是美国通用电气公司的重要股东。他的公司在并入通用电气公司之后，其手头股票一路猛涨，到 1899 年已价值 425 万美元。

科学天才的角色离爱迪生越来越远，他越来越像同时具备科学知识技术和财富的企业家。即便他本人经营企业的能力远不如他搞科研创造的能力，但与同时代其他科学家相比，他堪称商业第一人。但这也使他遭到了诟病，其最大的污点或许来自对另一个天才尼古拉·特斯拉（Nikola Tesla）的负面影响。

特斯拉曾经是爱迪生团队的成员，他对交流电研发和应用的坚决态度，严重威胁了爱迪生依靠直流电的商业体系，这导致了双方的分裂。随后，功成名就的爱迪生开始动用各种社会舆论工具，打压和抹黑年轻对手，并取得了一段时间内的成功。

然而，历史的最终进程证明，拒绝交流电是爱迪生一辈子所犯下的最大错误。这或许证明，与商业捆绑太久之后，即使是天才，也会触碰人性的边界线，压制原本应更为闪耀的智慧火光。

当然，那已经是另一个故事了。

运输大亨的悲情奋斗

向来以气势恢宏著称于世的纽约中央火车站，从 1913 年建成后，就被称为"美国门户"。

在车站入口处，康内留斯·范德比尔特的铜像已经矗立了 200 多年。这位铁路大亨披着一件毛领大氅，左手食指抬起，自带几分不容置疑的威严。尽管今天匆忙穿梭的路人，已经很少向这尊历尽沧桑的雕塑投去敬仰追怀的目光，甚至很多人根本不清楚他是谁，但无论如何，他依然是美国商业历史上最显赫的人物。

1794 年，范德比尔特出生于纽约斯坦顿岛。他的祖先从荷兰来到美国后，依然选择务农。由于子孙繁衍生息，原本看来广袤的农庄土地，此时已经被庞大家族瓜分得支离破碎，每个小家庭的生活都不尽如人意。

范德比尔特的父亲是水手,他体魄强健但胸无大志,终其一生,除了跑船、带客和修理船只，他没有尝试任何其他事业。母亲虽然接受过良好教育，举止端庄，勤俭持家，但日子过得依然窘迫。

在这样的生活环境里，骑马、驾船成为范德比尔特童年的最大爱好。6 岁时，他就敢参加无马鞍赛马，差点遭遇事故。相比之下，范德比尔特操纵船只的天赋和能力都要更强，他身材高大结实，划船时姿态坚实优美，力道恰到好处，简直继承了父亲身上全部的老水手基因。

11 岁那年，因为哥哥亡故，范德比尔特辍学回家，承担长子责任，到父亲船上帮忙运输。他很快熟悉了各类帆船型号，了解了长期来往于泽西和斯坦顿岛之间的所有船只。有时候，父亲带着他和船上的另一名男孩去"抢救"海滩上搁浅船只的货物，按照当时的法律，任何抢救者都可以合法地将这样的财物据为己有。

这样的日子过了 5 年，范德比尔特日渐成熟。他感觉自己越来越不像父亲的儿子，而更像他的赚钱工具。在长夜里辗转反侧时，他从家庭关系想到生意，又想到整个人类社会的商业规律，从中参悟了两条足以指导终身的哲理：

第一，新情况永远会出现，从而改变原来的复杂局面；

第二，改变永远都不会晚。

范德比尔特决定自立门户。但根据当时的法律，未满 21 岁者不允许开公司，于是他只能坚持到 1810 年早春。当生日即将到来时，他正式向父母提出借款 100 美元，用于购买一艘驳船出海。他还许诺说，自己一定会按时还债。父母慷慨地答应了这个请求，但告诉范德比尔特，他必须先把家里的 1 英亩荒地开垦出来，而且到了播种季节，家里还要等他来种玉米。

就这样，范德比尔特成了一艘驳船的主人。60 年后，当他富可敌国时，他回忆说，自己在纽约和哈德逊河铁路股票大战中赚取了数百万美元，但他从中获得的满足感远不如在这个明媚的 5

月清晨,他站到刚买的驳船船头,升起属于自己的帆,摸到属于自己的舵时所获得的满足感。

范德比尔特从此独立。他拥有水手的强悍体格,也拥有商人的勤勉坚韧。他每天都在码头上揽生意,将农产品从斯坦顿岛上运出去,再将货物从纽约的码头拉回来。有时候,他还会带上一些去城市闯荡的年轻人。他对这些人并不客气,因为在他眼中,自己拉的都是货物,什么赚钱就拉什么。因此他很少和人沟通,也听不进什么话,只要有人打断他,他就再也不会开口。

范德比尔特对成功有着异乎寻常的热情。他发现自己的驳船吃水太浅,无法适应纽约港复杂的水情。1813 年夏天,他用赚到的钱新造了一艘单桅帆船"敏捷号",它长 65 英尺,船梁宽大,带有转向板。范德比尔特仅靠自己已经无法操纵它,于是雇了两名船员,让船往返于斯坦顿岛和曼哈顿岛之间。两年后,他又用赚到的钱买来从海军退役的平底纵帆船,并将其命名为"夏洛特号"。他不仅用这艘船运货,还在弗吉尼亚切萨皮克湾捕捞牡蛎,只需要在 5 天后将牡蛎运到纽约,就能赚到 1500 美元。

范德比尔特的船越来越多。他将"夏洛特号"委托给姐夫,自己到其他船上轮流工作,每周工作 7 天。随着他的足迹遍布纽约城,他成了远近闻名的船主,引得很多富有经验的水手和船长前来投奔。于是,他很快就有了一支小型船队。1817 年,他已经拥有了接近 9000 美元的财富,在当时这已经是不小的个人财富。

即便财富日渐增多,范德比尔特也秉性难改。除了工作时间,他和水手们一样,喜欢在码头上的酒吧寻欢作乐,搂着粗野放荡的女人醉生梦死。直到成为巨富后,他的"社交品位"也没有太多变化。他不是什么谦谦君子,也没有多少绅士风度,但他能准确拿捏生意场上的人性。他会向皮革厂、采石场和农场的主人们开出较低的运输价格,吸引他们签订合同。一旦白纸黑字落实,他就会努力兑现合同。更重要的是，他从不和同行合谋定价，反而会不断主动发起价格战，即便偶尔亏损，也要让竞争者疲于奔命。

这种兼具德行和野性的生意风格，终于让范德比尔特被船运大鳄托马斯·吉本斯（Thomas Gibbons）发现了。吉本斯经营着一家名为联合交通公司的蒸汽船航运企业，他先后两次从报上读到了范德比尔特的故事：一次是他冒险在风浪中救出了失事客船上的十几名乘客；另一次是他抢救了价值数十万美元的货物。吉本斯约见了范德比尔特，两个人很快成为同路人。

毫无疑问，这两个人的作风非常接近。吉本斯对人态度冷漠，从不会对穷人伸出援手，也不会像其他上流社会人物那样学着读书、看歌剧、收集油画。除了赚钱，他最喜欢的就是赌马和赌拳赛，对获胜有种动物本能般的渴望。后来的范德比尔特几乎就是现在的吉本斯。

在这次交换意见后，范德比尔特做出了惊人的决定——将所有驳船卖掉，只保留最早的那一艘。这一举动换来的是加入吉本斯的船队，担任一艘蒸汽船的船长。很多人难以理解他的决定，因为吉本斯只给他 3000 美元的年薪。但历史将证明范德比尔特的明智：蒸汽船时代已经到来了，他必须抓住吉本斯递过来的船票。

从 1819 年开始，范德比尔特努力为吉本斯工作。大多数时候他干老本行，有时候则会违反行规，跑到其他航运公司的地盘偷偷拉货带客。竞争对手愤怒不已，多次将他告上法庭，但范德比尔特花钱招募的律师早就安排了证据、打通了关节，让对手有口难辩。不得已，他们开出 5000 美元年薪想要挖墙脚，但吉本斯提高了范德比尔特的年薪，而且还暗示他即将有权入股公司。

范德比尔特等待多年，到 1826 年吉本斯去世之后，他才发现希望完全落空——这个残酷的老板将公司的所有股权都留给了儿子威廉·吉本斯（William Gibbons），而威廉又很快低价将公司卖出。

这件事深深刺痛了范德比尔特，他意识到再次独立的时机到来了。

1829 年，范德比尔特买下两艘蒸汽船，加上此前原有的船只，他组建了速遣交通公司，开始与买下联合交通公司的斯蒂文斯家族[①] 激烈交锋。他决定开战后的第一件事就是降价，把从费城到纽约的客运价格降到 10 年来最低的 1 美元。在这场价格战中，两家公司共同亏本了一年，对手扛不住了，提出支付 1 万美元作为补偿，而且每年额外缴纳授权经营费。

初战告捷后，范德比尔特将目光投向铁路线。他发现，航运的收益正在被铁路资本的巨手攫取。火车比航运更快捷，也更安全，越来越多的乘客喜欢上了这种出行方式。1835 年，他加入了长岛铁路公司董事会，开始瞄准铁路市场。

与此同时，他将航运生意扩大到南美洲。在尼加拉瓜，他和总统签订了秘密协议，未来将开辟一条穿越尼加拉瓜的新航线。为此，他一次性支付了 3 万美元给该国政府，此后每年还将支付 1 万美元。在航线开通后，他每年都要上缴 20% 的利润。合同期限是 85 年。但他从中获利丰厚，因为 1850 年航线开始运营后，他每年都能从这个项目中获取上百万美元的利润。

按照这种模式，范德比尔特的航运版图又扩大到中美洲和欧洲。1861 年南北战争爆发时，他身价有 2000 万美元，名下有上百艘蒸汽船。利用丰厚资金，他进一步加快发展铁路生意。他不喜欢按部就班地勘探、建设，而是直接利用资本力量，并购那些经营成熟的铁路公司，再改善其管理水平。他先投资了丹顿铁路、长岛铁路、哈特福德新港口铁路、哈林铁路、中央铁路等纽约附近的铁路，后来又将特拉华铁路、莱克瓦希铁路、西部铁路、密

---

① 斯蒂文斯家族：位于新泽西霍博肯市的美国商业家族，家族初代领袖约翰·斯蒂文斯（1749—1838 年）终身致力于蒸汽船建造和铁路建造。

歇根中央铁路、湖滨铁路、加拿大南方铁路等十几条铁路收入囊中，
成为名副其实的"铁路大王"。在此基础上，他再将铁路线与自
己所掌控的航线连接，打通水陆两路交通枢纽。

　　在此过程中，范德比尔特展现了强大的资本运作水平。只要
他想拥有某条线路，就会先安排旗下已有的平行线路降价，逼迫
对方进入价格战。当对方公司亏损，股价就会下跌。于是，入股
控制公司的良机就会像奶油蛋糕上的樱桃那样，被他轻而易举地
用刀叉攫取到面前的盘子里。

　　这种恶意收购行为并非永远都能成功。1868 年，面对后起之
秀杰伊·古尔德（Jay Gould），范德比尔特的所有努力都失败了。
他使出不同招数，但还是拿不到对方公司的控股权，反而被对方
控制的法院整得够呛。1869 年，当他向几家即将倒闭的公司输血
数百万美元时，古尔德却利用收购黄金来打压他的努力。为了反击，
范德比尔特不惜大力发行本公司的股票，终于在这年 9 月 25 日遭
受了金融打击。这次打击让他晚年的事业受到了重创，也让他从
此蒙上了一层悲情色彩。

　　1877 年 1 月 4 日，范德比尔特在纽约别墅去世。他留下的巨
额遗产并未让子孙获得多大的幸福感，反而让他们反目成仇，他
的两个儿子因此经历了漫长的法庭审判。审判中，儿子们将父亲
生前所有丑闻公之于众，让他原本不佳的个人声誉进一步受损。

　　无论如何，范德比尔特对美国交通运输事业的贡献已被载入
了史册，这是谁都无法否认的成功。即便他泉下有知，或许也只
会对此感兴趣，而对其他任何事都付之一笑吧！

洛克菲勒的垄断之路

约翰·洛克菲勒的一生充满矛盾。

他组建了标准石油公司这样的庞然巨兽，成为美国历史上第一位坐拥 10 亿美元的巨富。但当他去世时，他只留下了 2600 万美元的个人遗产。

他不断吞并中小企业，有人因此破产自杀，社会舆论对此多加指责。而他却笃信上帝，认为自己的使命就是经营和管理这些财富。

他虽是全美最富裕的人之一，却从不举办豪华宴会，家人过生日也只有玫瑰、蛋糕、领带……

要认识如此矛盾的一个人，就要追溯至他的少年时代。1839年，纽约里奇福德镇上，江湖医生威廉·洛克菲勒（William Rockefeller）添了个儿子，取名约翰·洛克菲勒。威廉抱了抱儿子，第二天就骑马出去继续"卖药"生涯，留下妻子伊莱扎·戴维森（Eliza Davison）独自抚养六个孩子。这样的家庭结构影响了洛克菲勒的一生，他继承了母亲坚韧勤俭、善良稳重的优良品质，也吸取了父亲敢于冒险开拓的进取精神。

父亲确实是洛克菲勒不太愿意提起的人。只要这个男人走出家门，嘴里就一句实话也没有，他不仅会吹嘘假药，还会小偷小摸。但当 1858 年洛克菲勒创业时，他慷慨地拿出了 1000 美元给儿子，并说了两句话。

第一句话是："原本每个孩子年满 21 岁都应拿到这笔钱，但现在我提前给你。"

第二句话是："亲爱的，10% 的年利息。"

不用怀疑，10% 远高于当时的市场利率，而这只是父亲的第一招。当洛克菲勒缺钱时，他反而提前开始要债。这位"狼爸"用这样的方式告诉洛克菲勒：生意场上没有父子，只有利益。

洛克菲勒在接受这种教育的同时，也受到来自教会的影响。母亲鼓励他每周日都去主日学校上课，学习浸信会（基督教新教宗派之一）的清教观念。在那里，一位老年牧师在布道时说道："公正地挣钱，明智地花钱！"于是他默默将之记在本子上。

后来，他果然"公正"地兼并了所有竞争对手。在标准石油公司的全国兼并行动中，他发现弟弟弗兰克·洛克菲勒（Frank Rockefeller）的公司想要抵抗自己，于是他不顾兄弟之情威胁说："如果你不将产业卖出，一夜之间，你的产业就会变成水。"一意孤行的弟弟最终破产失败，他从此对洛克菲勒恨之入骨，并将自己和儿子的墓地迁出家族墓地，至死远离这位"石油大王"。

弗兰克可能忘了，他的哥哥生来如此。他这种理性到近乎残忍的商业理念，在其早期职业生涯中就有所体现。他少年时代下跳棋时，就同对手说过："我想好了自然会走，你不会以为我下棋是为了输吧？"

1855 年 9 月 26 日，洛克菲勒正式获得休伊特－塔特尔公司助理簿记员职位，负责处理各种商业信函、记账和对账单。他还负责帮老板收房租，总是拉着本来就瘦长的脸守在房客房门口，仿佛要站到世界末日。

这样的工作态度，让老板和同事非常欣赏，他的薪资和职位不断上升，而这些正是他梦寐以求的。

也正是从此时开始，他用 25 美分买了一个红色笔记本，题字为"账册 A"。他在上面详细记录了自己的每笔开支和收入，也包括自己的捐赠情况。从工作第一年开始，他就捐出了大约 6% 的工资。

洛克菲勒没有长期打工。1858 年 4 月 1 日，他拿着从父亲那里借到的 1000 美元，和别人合伙开设了商行，主营农产品贸易业务。此后一年内，公司销售纯利润达到 4000 美元。

1859 年，决定洛克菲勒一生的新闻出现了。这年 8 月，克利夫兰的油溪一带钻探出石油，各路商人蜂拥而至，近百家炼油厂拔地而起。洛克菲勒随后将公司总部搬到克利夫兰市郊，全力投入石油炼制业务。这个大胆的举措，让他与合伙人莫里斯·克拉克（Maurice B. Clark）产生了矛盾。1865 年，三个人举行内部拍卖会，约翰·洛克菲勒和塞缪尔·安德鲁斯（Samuel Andrews）是一边，克拉克是另一边，谁出价高，公司的主导权就归谁。价格从 500 美元上升到上万美元，最终克拉克咬牙喊出了 7.2 万美元。

在当时，这已经是如此规模公司的超高估值了。但克拉克没有料到，洛克菲勒一旦认准绝不让步。当他嘶哑着报出 7.25 万美元的时候，克拉克浑身瘫软了，他不再报价，让出了公司。

洛克菲勒在 26 岁时得到了克利夫兰最大炼油厂的经营主导权，这里每天可以处理 100 桶原油，后来还将发展为全世界最大的炼油厂。但在此之前，他必须面对混乱的竞争态势。

此时，绝大多数人都认为石油热和淘金热一样，只会昙花一现，机会很快就会过去，于是人们为了短期利益无所不用其极。这反而导致大约 90% 的炼油厂都在亏损，整个行业面临崩盘风险。唯独洛克菲勒认为，石油是社会进步、技术革命的重要部分，是上帝对他的赏赐，他必须构建强大的垄断企业来稳定行业，并以此作为对上帝和国家的回报。

于是，洛克菲勒着手并购。1870 年 1 月 10 日，他建立了名为标准石油公司的股份制企业，这家企业在诞生之初就拥有全美国 10% 的炼油能力。随后，他不断收购克利夫兰周边的炼油厂。从 1872 年 2 月 17 日到 3 月 28 日，在短短 41 天，他吞并了 22 个竞争对手。其中的 48 个小时，他更是连续买下 6 家炼油厂。论疯狂，此举堪称世界商业历史之最。

　　洛克菲勒并不会先吃那些小鱼小虾，相反，他总是先吃掉那些敢于反抗的企业。他告诉对手，如果拒绝并购，以后的日子绝对不会好过。这种赤裸裸的威胁并没有违法，在洛克菲勒看来，自己是光明正大地劝诫对手要遵循商业规律而行。

　　当然，洛克菲勒也很聪明。他并不会凡事都冲在前面。在进行并购时，他的公开指示是含糊其词的，甚至并不署名。如果有事，他就可以将之推到下属和员工头上，表现出毫不知情的态度。其实，他了解克利夫兰的每家炼油厂，他为那些加入标准石油公司的炼油厂记账员开出每月 25 美元的额外佣金，从而能随时了解每家企业、每桶原油的销售情况。这让他能精确计算公司的运营成本，从而确保以市场最低价格供应原油，排挤竞争者。

　　有这样一个故事体现了洛克菲勒的能力。

　　19 世纪 80 年代初，他视察位于纽约的下属炼油厂，其间仔细观察了封口机封口的过程。技术专家告诉他，为每桶油封口需要 40 滴焊料。而洛克菲勒则表示，应该试试 38 滴焊料。不久后，专家写报告说，38 滴焊料不行，会导致少量漏油，但 39 滴恰好能封口。这个标准从此在全公司得到推广。洛克菲勒得意地宣称，每桶节约 1 滴焊料，每年就能节省 2500 美元，年复一年，就能达到数十万美元。

　　如此在意成本，并不只是出于洛克菲勒作为商人的本能。他自然而然地为此赋予了崇高理由。他之所以大肆并购，就是想要建立由其主导的石油帝国，实现其理想的愿景，"用低廉的价格为人类带来光明"。他还为此公开告诫下属："我们要为穷人炼油，一定要让他们得到物美价廉的煤油。"他的这一理想并不虚伪，因为在少年时代、青年时代，陪伴他的只有摇曳微弱的烛光，煤油灯是难以企及的梦想。

到 1878 年，洛克菲勒的标准石油公司每年能生产 3300 万桶原油，占全美总产量的 90% 以上。他毫不怀疑，自己即将实现梦想。

但洛克菲勒可能忘记了，任何企业都需要面对自由竞争。当屠龙少年变成了龙，迎接他的将是无穷无尽的批判。虽然他百般解释，说自己的公司让高级煤油只卖到每加仑（1 美制加仑约合 3.79 升）0.05 美元，而早年这种灯油要 0.88 美元。但社会舆论更多关注自由竞争的空间是否还存在。

从 1879 年开始，多个州的地方政府和法院开始对洛克菲勒进行漫长的调查，指控包括密谋垄断、向铁路公司勒索折扣、操纵市场价格等。洛克菲勒每年都要出席各种调查听证会，然后和律师商量如何应对。为了避免其他麻烦，他常年躲在自己的山庄。

直到 1911 年 5 月 15 日，洛克菲勒终于远离官司的纠缠。

在此之前，他早已不问企业的具体经营，当儿子从布朗大学毕业后，他正式交班，自己仅保留新泽西标准石油公司总参的头衔。但他还是要面对各种诉讼官司，儿子做的任何决策都要由他承担后果。

这一天，美国联邦最高法院做出了最后裁决，要求标准石油公司在 6 个月后解体。随后，这个庞然巨物被拆分为 37 家地区性石油公司。当然，这些公司 75% 的股票还是操纵在洛克菲勒手中。由于拆分上市加上汽车业发展，他的个人财产一下膨胀到 9 亿美元，反垄断者们通过漫长的指控诉讼，居然将他推上了世界首富的位置。

洛克菲勒并未对此得意忘形。他在 1919 年成立了洛克菲勒基金会，他一生捐赠了 5.3 亿美元，儿子又紧追其后捐赠了 5.3 亿美元，家族另外捐赠了 5.47 亿美元。这些捐赠涉及医疗、教育、科学等各个领域方向，洛克菲勒及其家族甚至资助了中国的协和医学院、周口店北京人的挖掘和考古工作等。

1937 年 5 月 23 日，洛克菲勒溘然长逝。作为一名商人，他功过难言；作为一名企业家，他毁誉参半。但他选择将垄断作为解决混乱竞争的终极方案，并为之奋斗不止，或许为后人提供了新的评价视角：无论如何，他都是一位理想主义者。

"钢铁大王"的英雄情怀

约翰·洛克菲勒对慈善的执着超过无数美国富豪，有句名言对其影响颇深："在巨富中死去，是一种耻辱。"

留下这句话的人也是一位美国富豪，他终于没有为此感到耻辱，他就是美国"钢铁大王"——安德鲁·卡内基。

卡内基出生于苏格兰。在这里，他耳闻了威廉·华莱士、罗伯特·布鲁斯等民族英雄的传说，形成了浓郁的英雄主义情结。他尊重强者、同情弱者，但唯独鄙视所有不愿奋发向上的人。他一生捐赠超过 3.5 亿美元，却从不会向乞丐施舍 1 美分。

1848 年 5 月 17 日，卡内基跟随父母漂洋过海，从英国来到美国。13 岁的少年心境复杂。

这是一趟迫不得已的旅行，起因是蒸汽机普及让坚持从事手工纺织的父亲经营不力，而席卷欧洲的饥荒和经济危机也进一步勒住这个家庭的咽喉。此时，兴起于美国加利福尼亚的淘金热让卡内基的父母变卖仅存的家产，买了三张船票，前往美国匹兹堡投奔亲戚。

尽管情绪有些低沉，但卡内基很快就忘记了家乡。他和船上的年轻水手们玩到了一起，结交了新朋友，还受邀参加星期天的晚餐会。他展现出超越同龄人的社交适应和探索行动能力，两个月的航程对拥挤在狭窄船舱内的成年人来说无比漫长，但对他而言并不枯燥，甚至让他更为期待即将开始的美国生活。

但美国并不是童话世界，卡内基很快就体会到生活的酸楚——全家人住在阿尔勒格尼河畔的贫民窟，他必须辍学工作、贴补家用。因为只有13岁，受教育程度也不高，他找不到稍微像样的工作。姨夫建议母亲说，可以让他用篮子装些小东西出去沿街叫卖，一定能赚不少钱。没有什么文化的母亲，哭着骂走了姨夫，她说："如果让我儿子去做小贩，我宁愿将他扔到河里去。"这一幕，让卡内基此生难忘。他没有去做小贩，而是到一家工厂，获得了一份绕线的工作，每周工资为1美元20美分。后来，他又隐瞒父母，来到另一家线轴制造工厂，负责烧锅炉和操纵蒸汽机，他每周的收入涨到了2美元。后来，老板发现他会写海报，还会计算，于是让他离开了蒸汽机车间，白天负责将线轴成品放到油桶里浸泡，忍受着油桶的刺激性气味，晚上还要整理账簿，到夜校学习复式记账法。

1850年，是卡内基此后所说的"真正迈出人生第一步"的一年。这天晚上，好心的姨夫告诉他，从明天开始，他可以去做大卫电报公司的信差。那里有报纸、钢笔，窗外有阳光，每天都能学到新知识，而且月薪高达25美元。

与之前的工作环境相比，这份工作就像在天堂里当天使。卡内基兴奋不已。他入职后，记住了匹兹堡市区的每一条街道、每一栋房屋，记下了城里的大小商号，还不断熟悉商号的职员，因此他能在路途中将信函直接交给职员，加快了送信速度。

信差每天早晨都要从电报操作室出发，卡内基很快就和电报员熟悉起来，弄懂了电报机的基本操作。每天电报员到达之前，他都会抓紧时间，熟悉电报业务。

有一天，电报员还没到，费城里有人在呼叫，表示需要传递一个紧急消息。卡内基冒险接收了，然后完美地将消息传给了客户。老板知道这件事后，并没有责怪他，反而叮嘱他以后要多学习。不久后，他就成了正式的电报员。

除了学习业务知识，卡内基还很想多读点书。但他还要养家糊口，根本没有余力购买书籍。

有一天，他在报上看见新闻：匹兹堡城的退役上校詹姆斯·安德森（James Anderson）先生愿将家中藏书免费借给好学青年，每逢周六可到其府邸借阅一本书，一周后归还时可再换借一本。

卡内基欣喜若狂，他很快找到上校，借阅书籍。从此之后，他沉浸在崭新的知识海洋。后来，上校眼看借书的少年不断增多，又去纽约购入新书，并向市政府借了一间房，成立了真正的私人图书馆。后来，卡内基事业成功后，为了报答安德森先生，在这间私人图书馆旧址上修建了大会堂、图书馆，并立碑纪念。

1853年2月，卡内基入职宾夕法尼亚铁路公司匹兹堡分公司。他被负责人托马斯·斯科特（Thomas Scott）任命为职员兼电报员，月薪上升为35美元。刚上班不久，斯科特让卡内基去公司总部取当月的工资表、支票。公司总部在阿尔图纳，当时阿尔图纳和匹兹堡之间还没有通铁路。卡内基将工资表和支票揣在怀里，骑马往回赶，快到匹兹堡时发现怀中空空如也。他吓得面如土灰，立即一路返回搜索，终于在河边发现了那个信封。

这次意外，差点颠覆了卡内基的未来。从此之后，他再无阻碍，6年之后就接替斯科特，成为公司在匹兹堡的负责人。当时他才24岁，年薪达到1500美元，这个数字是13岁时梦想薪资的5倍。

卡内基除了工作收入，还不断参与投资。他曾经用抵押房屋获得的贷款购买了10股亚当斯快运公司的股票。后来以200美元的价格买入宾夕法尼亚铁路公司的股份。1861年，他又出资800美元购买菲普斯公司的股票。此后，更是和朋友们一起投资油田。

这些都让他获益颇丰。

19 世纪中后期，美国西部扩张战略蒸蒸日上，铁路迅速发展，无论铁路归谁所有，有一点是不变的，那就是对钢铁的需求。加上 1861 年南北战争爆发，钢铁价格直线上升，价格猛涨到每吨 130 美元，甚至有钱都买不到钢铁。这些仿佛都是催促卡内基创业的号角。

1865 年，卡内基离开宾夕法尼亚铁路公司，主持新组建的铁轨生产厂。1867 年，他与托马斯·米勒（Thomas Millet）合伙成立了联合钢铁公司。在此之前，美国的钢铁厂相当分散，不同企业分别负责从原材料供应到成品运输的各个环节，这导致产品成本居高不下。卡内基之所以要用"联合"两个字来命名钢铁公司，就是希望能彻底打通生产、供应、销售环节，统一运用最先进的生产技术和管理手段来降本增效。

在卡内基的努力下，他不仅挺过了 1873 年的经济危机，还抓住机会扩大企业。他说，只有在这样经济萧条的年代，才能用最便宜的价格购买钢铁原材料，再加上工人工资也相当便宜，竞争对手相继倒闭，这正是千载难逢的好机会。

1881 年，卡内基兄弟公司成立，其钢铁产量占到全美国的 1/37。1892 年，这家公司吞并了另外两家企业，改名为"卡内基钢铁公司"，一座钢铁帝国终于出现在匹兹堡城市边缘的地平线上。当普通人对此惊讶不已时，一个噩耗奔袭而来，卡内基钢铁公司暴力镇压罢工事件发生了！

早在 1889 年，卡内基就任命亨利·弗里克（Henry Frick）担任公司主席，负责日常经营，他自己则在美国、英国各地考察和度假。走马上任的弗里克想要好好表现，为降低成本，他选择了降低单件工资这个最坏的方法。随着劳资双方矛盾加剧，谈判失败，1892 年，工人们选择了罢工，而弗里克则请求警察支援。7 月 6 日，警察和工人发生冲突。10 名工人遇难，60 多人受伤，工会领袖被拘捕，并被指控叛国和谋杀，其他所有参与者都受到了惩处。7 月底，工厂重新开工，弗里克开出了更低的薪资。工人们为了谋生，只能选择复工。

卡内基回到匹兹堡后，对此表示震惊和难过。但几乎所有人都相信，弗里克之所以敢这么做，一定是因为得到了他的默许。有人说，是他在苏格兰遥控了这里发生的所有事。

不久之后，卡内基就抛弃了弗里克。但他无法洗清公司的污点。就在几年之前，他还向所有人表示，自己曾经是工人，自己为此感到自豪。而现在，所有人都觉得这是个笑话。

卡内基个人形象的受损，并不影响他的事业蒸蒸日上。现在，他的钢铁产品不仅出现在布鲁克林大桥、纽约摩天大楼、华盛顿纪念碑，也出现在全世界的战场上。即便在卡内基躺在床上睡觉时，他的财富也在不断增加。

1901 年 2 月，卡内基选择了对这种分裂生活的放弃。他将公司所有股份卖给了皮尔庞特·摩根，价值 4.9 亿美元。在双方签字后，皮尔庞特紧握住他的手说道："卡内基先生，我祝贺你成为世界上最富有的人。"

退出商界，是卡内基成名的开始而非结束。早在 1866 年，他就在笔记上写过："人生应该有目标，而赚钱是最坏的目标。没有任何偶像崇拜要比崇拜财富更坏。"在退休之前，他就开始着手实现新目标。

1886 年，卡内基的弟弟和母亲先后去世，这让他深受打击。1887 年，他打破了终身不婚的誓言，决定和女友路易斯·惠特菲尔德（Louise Whitfield）结婚。他们已经相处了 7 年，而对方比他要小 22 岁。根据协议，路易斯放弃自己对财产的继承权，卡内基也决定将遗产用在慈善和教育事业上。

不久后，路易斯感染伤寒，重病缠身。她发着高烧，依然抱着枕头摇晃，就像那是自己的孩子。医生告诉卡内基，如果她能活下来，最好生个孩子。后来，卡内基在 62 岁时喜得千金。不久后，卡内基发表声明，他将拿出 400 万美元用于救济在工厂遭遇意外事故的工人的家属，用 100 万美元维修工人图书馆和礼堂。毋庸讳言，这样的善行多少带有洗刷暴力镇压罢工事件的动机。

但随后的大规模捐赠行为已经很难用这样浅薄的动机来解释。1902 年，他拿出 1000 万美元成立"华盛顿卡内基协会"，随后用 500 万美元组建"英雄基金会"。前者用来鼓励对人类社会有利的文学、科学、艺术工作；后者用来帮助牺牲的英烈家属。最终，卡内基率先完成人类有史以来最大的捐赠，他拿出 1.25 亿美元成立"卡内基基金会"。到 1919 年去世时，卡内基的捐赠数额已经达到了 3.5 亿美元。

芸芸美国人想不通，卡内基这样做，到底在追求什么。事实上，卡内基早已看穿了财富的本质。他曾在一次公开演讲中说过，人类社会发生重大技术进步时，社会财富必然增加，而进化法则决定财富必然会集中到少数人手中。这些人理应代表社会管理财富，并使其两次造福社会：第一次，是在创富路程中带来就业岗位和廉价商品；第二次，是将财富还给社会。

1919 年 8 月 11 日，卡内基的人生在雷诺克斯市的别墅中落幕。在生命的最后阶段，他经常一言不发地坐几个小时。他是在回顾自己的过去，还是在担心人类的另一场世界大战？或者，他此时已超越了普通人的悲喜观，正在坦然地迎接生命的最终归宿？这一切，我们不得而知，但我们知道，卡内基基金会始终在发挥巨大的慈善标杆作用，直到今天，直到将来。

第4章

金融肆意，汽车疾驰（1846—1914年）（下）

从 1892 年到 1914 年，美国经历了以汽车制造业为代表的工业化加速浪潮，也见证了金融巨头的崛起。前者以亨利·福特为领军人物，后者则以皮尔庞特·摩根为统帅。他们的竞争对手如杰伊·古尔德、阿马迪·贾尼尼和威廉·杜兰特（William Durant）等人，也凭借各自迥异的商业经营理念影响着这个时代。

在资本力量的加持下，科技创新不断推动新产品出现，使美国国际贸易范围不断扩大。尽管在这个时代的尾声，欧洲大陆密布战争的阴云，但美国以此为契机追求资本的海外扩张，加强与其他国家的贸易往来，进一步成为全球贸易的重要参与者。这种强势姿态反哺了国内金融资本，使美国的金融体系得到了进一步发展。在国内，银行业规模扩大，证券市场活跃，投资和融资活动增加，为商业和经济的发展提供了有力的资金支持。

手眼通天的金融巨鳄

1892 年，曾经辉煌一时的金融巨子死去了。无论是生前还是身后，他都如同泥淖中的巨鳄，贪婪、隐蔽而孤独。

他是传奇故事的主人公，即便是沃尔特·司各特（Walter Scott）、查尔斯·狄更斯（Charles Dickens）、亚历山大·仲马（Alexandre Dumas）这样伟大的作家，也从未虚构出与其相似的小说人物。

和洛克菲勒、卡内基的毁誉参半不同：他在世时，就为许多人所唾弃，鲜有人对其表示支持和同情；当他离开后，更多人很快就忘记了他。

他就是杰伊·古尔德，一个把华尔街搅得天翻地覆却能全身而退的人。

1836 年，古尔德出生在纽约特拉华县斯特拉顿瀑布一带。其父亲是约翰·古尔德（John Gould），在当地开了一家杂货店。16 岁时，年轻的古尔德来到距离瀑布不远的治安官家的杂货店担任店员。他白天工作，晚上学习会计，表现得精明且上进。

在这家杂货店，他就证明了自己未来将以不择手段成名。有一天，治安官看中了奥尔巴尼镇的一块地，想要廉价买入获取利润。但他不小心走漏了消息，搞得店里人人皆知。古尔德连夜动身，抢在老板前面买下了土地所有权。

古尔德希望买下所有能带来机会的资产，这会成为他毕生热衷的事业。随后，他参与了土地测量，又和人一起投资制革厂并将其转卖，收益相当丰厚。

1862 年，年轻有为的古尔德来到纽约。他凭借自己的精明，获得一位杂货商人的喜爱，最终成了他的乘龙快婿。有意思的是，古尔德和夫人海伦·米勒（Helen Miller）的婚姻毕生幸福，从没有经历什么不幸和波澜。

这次婚姻带给古尔德事业上的良机。其岳父手头有一条铁路的股份，这在当时是许多商人的投资选择。但这条铁路目前的经营状况很差，岳父希望古尔德能帮他把股票卖出去，避免未来的麻烦。古尔德并未立即行事，他仔细了解了这条铁路，发现其有着不错的潜在价值。于是，他直接以市场价格购买了更多的股份。后来，他又再次收购了该公司更多的股份。最终，他将其全部出售给竞争公司，以获得高额利润。

这是古尔德第一次投资铁路，从此之后，他长期专注于这类投资市场，并最终赚到了巨大的财富。他似乎明白这符合自己的天赋，于是每天不断穿梭在各个交易所，瞅准空子就买入铁路公司的股票，不断在实践中积累交易经验。在此后的几年中，他逐渐成长为老练的股票操盘手，诸如短线交易、组织基金、熊市狙击、诱空诱多等操盘技巧，被他磨炼得犹如剑客手中的长剑那般寒光瑟瑟。其中不少"技巧"，后来被法律明令禁止，但在当时的华尔街是非常常见的竞争手段。大家都可以使用这些方法，谁输了就要承认自己技不如人。

显然，古尔德在这场竞争中排名靠前。到 1866 年，他靠交易铁路股票，不断收割排名靠后的对手们，积累下数十万美元的资产。随着手头财产的膨胀，他的野心也像吸水的海绵那样迅速扩张，并造就了"黑色星期五"[①]这一带来骂名的事件。

1867 年，古尔德通过资本运作，成为伊利铁路公司的董事。

---

① "黑色星期五"：1869 年 9 月 24 日星期五，古尔德对市场的操纵导致美国黄金市场价格崩溃，人们将这一天称为"黑色星期五"。

实际上，他确实具有经营管理铁路公司的经验。早在 1863 年，古尔德就低价收购了从拉特兰到华盛顿的铁路，当时这条铁路的利润连续下跌了三年，市场上没有人想接过这个烂摊子。自从古尔德入驻管理层，他便亲自处理相关工作事宜，有时还不得不学习陌生的铁路知识。他感慨说，自己在这里既是总裁，又是财务主管，还要负责运营。

古尔德虽然并非企业家，但对经营管理很有一套。从拉特兰到华盛顿的铁路情况不断好转，而他的股票收益也水涨船高。

现在这条伊利铁路的状况也不怎么样，但古尔德自有运气。

1864 年，贯通美国东西部的长途铁路建成，伊利铁路成为这条线路的经过点，运输量得到提高，而南北战争也让铁路运输相比其他运输方式更受重视。到 1866 年，伊利铁路公司开始赢利了。

不过，看上伊利铁路的并非只有他一个，还有同样顺风顺水的铁路大亨范德比尔特。范氏老谋深算，希望将铁路基业的触角进一步延伸到中西部，为此长期购买伊利铁路公司的股票。但他触摸到的并非甜美的投资果实，而是古尔德坚硬粗糙的盔甲。

正因如此，范德比尔特的宿敌、伊利铁路公司的董事吉姆·菲斯克（Jim Fisk）主动站出来，拉古尔德进了董事会。从 1868 年开始，他们游走在法律边缘，每天加班加点印刷公司股票，然后抛入市场，导致公司股票价格一路狂跌。范德比尔特不明就里，不断买入，但越买价格反而越低。等他明白过来时，损失已多达上百万美元，而古尔德既由此大发横财，也进一步控制了伊利铁路公司。

范德比尔特从商数十载，还没有吃过这样的亏。他立即向纽约法院发起诉讼，要求法官禁止该公司发行新股，并通缉古尔德和菲斯克。这两个人迅速跑路，到新泽西继续印股票，并将其送往纽约交易。

范德比尔特一面继续吃进股票，一面派人到纽约上下打点，用每人 1.5 万美元的重金买通参议院，用每人 1000 美元的代价收买众议员。但古尔德也毫不手软，他开出了双倍的贿赂价格，并干脆带一箱现金送给纽约法院大法官。

就这样，纽约议会宣布，伊利铁路公司的新股票有效，所有针对该公司高管的逮捕令全部废除。

无论白道黑道，古尔德都完胜了范德比尔特。后者有过许多敌人，而这一天则是他们每个人在家开香槟庆祝的日子。当然，谁都没忘记是古尔德带来了这份喜悦。

"伊利之战"奠定了古尔德的名声，让他在铁路资本界的地位直线上升，而他则有了新的争夺目标。

1868 年冬天，奥萨铁路①开通。虽然这条线路并不长，但古尔德精明地看出其价值所在。一旦自己能拿下它，就可以将之和伊利铁路连接起来，让宾夕法尼亚的煤炭直达新英格兰地区，伊利铁路的收入也会猛涨。

奥萨铁路总裁约瑟夫·拉姆齐（Joseph Ramsey）看穿了古尔德的用心，他坚决抵制古尔德的收购。于是双方再次明争暗斗，古尔德贿赂法官，而拉姆齐则利用同样的手段将内鬼踢出董事会。双方的手段很快从金钱手段转为暴力手段。最终，政府出面调停，让双方回到理性的谈判桌上。但古尔德消失了，真正收获了奥萨铁路控制权的是皮尔庞特·摩根。

媒体陷入一阵狂欢。所有人都觉得这一年真热闹：上半场，看后起之秀古尔德挑战大亨范德比尔特；下半场，又能看到古尔德被他的后起之秀皮尔庞特打败。但实际上，古尔德本人对奥萨铁路的热情已经下降了，他早就将这件事情交给自己的团队去处理，自己则开始了危险的黄金交易。

---

① 奥萨铁路：奥尔巴尼－萨斯奎汉纳铁路（Albany-Susquehanna Railroad）。

在当时，美国的黄金交易机制有着很大风险。交易者只需缴纳少量保证金就能购买数额很大的黄金，这导致黄金交易变成风险和收益翻倍的投机活动。古尔德认为，只要自己投入足够多资金，就能在一定期限内买空市场上的黄金，让价格飙到天上去，到时候再分步骤卖出黄金，大笔财富就到手了。

这个计划唯一的不确定性，在于政府是否会出手干预。一旦政府将储备黄金投入市场以平抑价格，计划就会全面失败。古尔德深谙钱可以通神，他早就通过贿赂手段，让自己人丹尼尔·巴特菲尔德（Daniel Butterfield）成为财政部部长助理。通过这个渠道，他们不断对白宫施加影响，让军人出身的总统乌里塞斯·辛普森·格兰特（Ulysses Simpson Grant）相信政府不应该干预黄金市场。

万事俱备。1869 年 9 月 24 日，星期五，纽约黄金交易所铃声敲响，行动开始了。菲克斯狠狠掐灭雪茄，告诉手下的交易员："先生们，今天只做一件事，就是买光市场上出现的黄金卖单。一份也不许留！"

10 点半，黄金价格升到了 150 美元，比这一周周一开盘时高出了 12.63 美元，这已经是相当大的浮动。更可怕的是，牌子上的交易价格继续向上飞舞，根本没有停下来的意思。绝望的人们开始聚集在黄金交易所大厅，许多人来回奔跑，交流最新的信息。那些想要做空的投机商面如死灰，当交易价格不断暴涨，就意味着他们的亏损规模不断扩大。

在幕后，古尔德开始了他的奇妙操作。他需要同时做两件事：出售黄金获利，同时再保持买进黄金的节奏。这样一来，那些想要出手卖掉黄金的人，就会觉得价格还要上涨，而不会轻易跟风卖出。

正当古尔德本以为收割即将成功时，白宫主人格兰特签署命令，决定抛出国库黄金来稳定市场。原来，就在前几天，古尔德以总统妹夫的名义写了一封信，希望总统不要插手黄金市场，保证经济交易自由云云。格兰特纵然不懂经济，但他懂妹夫，他知道这封信很可能是伪造的。查实后，总统勃然大怒，宣布出售价值 400 万美元的黄金来阻止"黑色星期五"危机的蔓延。

这个周五结束了。许多原本站上天台的投机商又悄悄溜了下来。没有人知道古尔德这次究竟盈亏如何，但他早已臭名昭著。不久后，伊利铁路公司董事会也宣布了他的出局。当然，此时的他坐拥 2500 万美元，没有人可以撼动他在投资界的地位，更不用说否认他的交易天赋。这个被报纸讽刺为恶魔的金融天才继续投资铁路，到 1881 年时已经拥有了美国铁路全线总长的 15%，还获得了西部联合电报公司的控制权。当然，像黑色星期五这样的危险交易，他再也没有碰过。

1892 年，杰伊·古尔德离世，身边只有家人，并无朋友。他一生冷酷无情，专注于交易，仿佛这就是他来到世间的唯一使命。

世上"最"有钱的人

在 19 世纪和 20 世纪交接之时，如果你询问一个普通的美国人，谁是这个国家权力最大的人，他可能会向你投来疑惑的眼神："你的意思是皮尔庞特·摩根？"

1837 年 4 月 17 日，皮尔庞特·摩根出生在康涅狄格一个犹太富商家庭。祖父约瑟夫·摩根（Joseph Morgan）去世时已留下丰厚家底。父亲朱尼厄斯·摩根（Junius Morgan）则青出于蓝，他被波士顿大银行家乔治·皮博迪（George Peabody）看中，在 1854 年 10 月成为其负责伦敦事务的合伙人。

　　皮博迪坐拥 45 万英镑资本，实力仅排在巴林兄弟和罗斯柴尔德家族之后。然而，皮博迪此时已是风烛残年，受困于风湿病，膝下又没有继承人。他坦诚地告诉朱尼厄斯，只要妥善合作，自己就会在 10 年后退休，并将公司的业务和资产都馈赠给朱尼厄斯。

　　或许是从皮博迪的晚年境况中吸取了教训，朱尼厄斯对皮尔庞特的教育要求很严格。他先将儿子送到瑞士和德国留学，并对其学业课程进行严格过问。儿子大学毕业后，他又安排儿子到华尔街的私人银行担任初级会计，可谓用心良苦。

　　在这里，皮尔庞特很快展现出敏锐的商业嗅觉和过人的投资胆魄。他曾被派往新奥尔良海边码头，学习进出口贸易。有一天，他偶遇一位巴西货船船长，船长表示，自己运来了一船咖啡豆，收货方却消失了，他不知道该如何处理。

　　皮尔庞特不动声色地离开了，然后迅速了解咖啡豆行情。当确认这批货值得出手，他便擅自动用公司名义，以即期汇票购买了所有咖啡豆。在第二天听说这件事后，老板恼火不已，表示要处罚皮尔庞特。但几个小时之后，他就接到了皮尔庞特从新奥尔良发来的电报：咖啡豆销售一空，获利丰厚，收到的支票即将被寄回公司。

　　显然，低级职位根本无法体现皮尔庞特的商业思维和操控能力，他是时候走得更远了。朱尼厄斯随即出资为他在纽约证券交易所对面开了一家商行，该商行是皮博迪公司在纽约的分支机构。

　　皮尔庞特尚未扶摇直上，就遭到命运的重击。1862 年，他挚爱的女友阿米莉亚·斯特奇斯（Amelia Sturges）不幸患上肺结核。皮尔庞特带着她四处求医问药，每天祈祷上帝，但于事无补。这年 10 月 7 日，他和拖着沉重病体的女友结婚。婚礼上，阿米莉亚甚至连站都站不稳了，在场所有人都为之心碎。4 个月后，阿米莉亚在地中海旁的旅程中，离开了这个世界，皮尔庞特在 24 岁就成为鳏夫，花了很长时间才走出这份伤痛。

此时，父亲的事业越做越大。1864 年，皮博迪如期退休，父亲接管了公司的业务和资产。1870 年，摩根家族利用普法战争的机会，为落败的法国政府承销重建债券，赚取了 500 多万美元。接二连三的胜利，让摩根家族此时已跃居欧美金融界的前列位置。

但皮尔庞特并没有因此燃起雄心壮志。金钱能给予他的，他都享受到了，而现在他欠缺的是健康。父亲心头五味杂陈，他建议儿子去费城和安东尼·德雷克塞尔① （Anthony Drexel）谈谈，对方也是从金融豪门走出的年轻接班人。

这次面谈最终改变了美国金融史。作为同龄人，德雷克塞尔说服皮尔庞特振作起来，为实现更高目标做一份事业。两家由此联手，在纽约创办了德雷克塞尔 – 摩根公司，双方利润均分。1873 年，日渐壮大的公司开始承销美国联邦政府和州政府的债券，并从中获取高额利润，皮尔庞特逐渐开始脱离父亲为他选择的人生路线，成为美国金融业界的新生力量，破坏旧有格局。

与同时代的很多企业家一样，皮尔庞特将目光投向了铁路。1879 年，范德比尔特在焦虑中找到皮尔庞特。当时，纽约中央铁路公司由他主导，其中 87% 的股份都在其家族手中。这导致了舆论和司法的关注，很多人都认为这是由个人垄断的企业，美国政府也借机提高税率。

皮尔庞特为范德比尔特开出良方，他建议由自己承销，将 15万份公司股票卖给英国投资者，随后再卖 10 万份。这两次交易都是秘密进行的，直到 1879 年 11 月份，交易才宣布完成。整个美

① 安东尼·德雷克塞尔（1826—1893 年）：美国费城金融家和慈善家，在美国南北战争后的现代金融进程中扮演重要角色。他于 1891 年创立的德雷克塞尔大学（现为"费城三大名校"之一）作为艺术、科学和工业研究所，为妇女和各种背景的人提供受教育的机会。

国金融业界都为之震惊。

经此一战，皮尔庞特不仅名声大振，还成为纽约中央铁路公司的董事。在这里，他看到卡内基、洛克菲勒所目睹过的景象，行业长期恶性竞争，不同层级的企业主都肆意妄为，整个美国工业发展毫无规则可言。于是他也想到了同样的方案，那就是要用垄断来整顿行业秩序。

1885 年，皮尔庞特拿下西海岸铁路公司，随后他又利用金融投资手段，陆续吞并重组了宾夕法尼亚、雷丁、巴尔的摩与俄亥俄、切萨皮克与俄亥俄等铁路公司。他每天都带着大量资金奔波在各个城市，很快通过并购控制了美国 70% 的铁路，成为继范德比尔特之后的"铁路大王"。当然，此时的他，还只是欧洲投资者的代理人，但他在此过程中表现出的秩序化倾向，展现出的并不追求个人独裁而是友好协商的风采，成为其日后发展的基础。

1900 年夏天，钢铁行业突起波澜。越来越多的制造业企业家将目光投向行业上游，他们自行生产钢坯，激进者甚至自行开发铁矿，想要摆脱对"钢铁大王"卡内基的依赖。远在苏格兰老家的卡内基愤怒还击，并乘胜扩大战果，向皮尔庞特控制的宾夕法尼亚铁路公司宣战。由于对方提高了运费，卡内基宣称自己要建造一条平行铁路，抢夺对方的市场。

面对这样的对手，皮尔庞特发自内心地尊敬。他通过一切关系和卡内基接触，表示希望能坐下来谈判。这次谈判很快创下收购金额方面的纪录。双方以 4.9 亿美元成交，卡内基将企业所有债券和股票全部卖给皮尔庞特组织的银行团。这个价格超过了外界估值的 1.5 倍，而皮尔庞特并没有讨价还价。一年多后，当两个人在阳光下的游艇上有一句没一句地闲聊时，卡内基笑称后悔，说自己应该再多要 1 个亿。皮尔庞特弹弹雪茄烟灰，认真地说："先生，如果您当时这么出价，我也会照价收购的。"

皮尔庞特就这样成了全美最有权势的金融家，他的巨足站在银行、铁路和钢铁三大板块上，而这些几乎就是当时美国商业界的全部底盘。但皮尔庞特并不满足，他同样关心前沿技术的进步。早在 1882 年，他那位于纽约麦迪逊大道 219 号的府邸，就成为全世界第一座安装了电灯的房子，这些电灯全都是爱迪生亲自带人装上的。皮尔庞特还专门为此在地下室安装了一台发电机，并配备工程师管理。但即便如此，家里还是经常会出现短路断电等故障，其中一次还引发了火灾，烧毁了桌子和地毯。尽管家人抱怨不已，但他不为所动，依然到处劝人购买爱迪生公司的股票，理由是电灯将会照亮下一个世纪的全人类。

当皮尔庞特本人面对 20 世纪时，他已迈向了人生的第七个 10 年。在历史发展变化的关键节点，他展现出迥异的人生热情。一方面，他对艺术品收藏越来越热衷，每年都要花费上百万美元；另一方面，他对商业的热情日渐减弱，已经很少去华尔街 23 号，而是待在位于郊区的自家图书馆内宽敞的西厅接待来宾。如果一切正常，他应该就此走向生命的终点。但一场突如其来的金融风暴，又一次让他成为舆论关注的焦点。

1907 年 10 月，美国经济遭遇了一场高速道路车祸，股市迅速震荡，金融危机迫在眉睫。华尔街每天都有银行要破产的消息传出，所有人都只能将希望放在皮尔庞特身上。他在自己的图书馆召开了一场全美银行代表的会议，镇定自若地请求每个人听他的调遣行事。须臾之间，银行之间相互调剂流动资金的大规模行动展开了，最终他帮助所有人化险为夷，而受益最多的是美国联邦政府。但这个政府并没有给予他多少回报。

1912 年成了皮尔庞特的不幸之年。这一年，摩根财团耗费巨资打造的泰坦尼克号豪华游轮首航即沉，上千条性命被永远封存在冰冷的北大西洋底。皮尔庞特原本应该在船上，但最终改变了行程，种种指责非议如同阴影一般笼罩着他的心。还没缓过神来，美国第二十八任总统大选结果揭晓，激进的改革派候选人伍德罗·威尔逊（Woodrow Wilson）入驻白宫，更激进的威廉·布莱恩（William Bryan）成为国务卿，新一届政府的标志性主张就是财富再分配和粉碎垄断企业，这无疑是对皮尔庞特的重击。

一系列的听证会开始了，美国众议院银行货币委员会的指证是，皮尔庞特·摩根建立的摩根财团，比洛克菲勒的石油帝国更庞大。它控制了美国金融资本的 1/3，达到 200 亿美元。1912 年11 月 27 日，健康状况不佳的皮尔庞特竭力在听证会被告席上坐直身板，详细介绍了那些银行、铁路、钢铁企业和摩根财团的关系，并公开了所有个人存款，全社会通过不同途径聆听这场最后的听证会，却没有发现任何漏洞。

1913 年，皮尔庞特用生命最后的力气实现了到欧洲和北非旅行的愿望，这似乎是一场向当年妻子的辞行，但他实在太累了，无力走向终点，只能半途折回罗马。1913 年 3 月 30 日，皮尔庞特·摩根在睡梦中离开人间。9 个月后，《联邦储备法案》出台，美联储成立，华尔街的调度从此不能由个人进行。美国政府取代了皮尔庞特的角色，这或许是对他生前功业的最大褒奖。

后来，当美国发生金融风暴时，舆论界总会冒出"谁是今日皮尔庞特"的问题。时移世易，华尔街再无王者，金融寡头的时代随他而去，徒留当年的传奇故事。

向穷人贷款的贾尼尼

在属于皮尔庞特·摩根的时代里，他将银行的价值发挥到极致，为无数工商企业主所赞颂。到 20 世纪，庶民时代的号角响起了，更多人渴望从银行那里得到帮助。到 1904 年，阿马迪·贾尼尼站了出来，他发誓要打造"人民的银行"，谱写银行业改革的新篇章。

贾尼尼出生于 1870 年，父亲在旧金山圣塔克拉盆地经营牧场。作为意大利移民家庭，他们正在辛苦而稳定地走向小康。但天有不测风云，父亲由于拒绝借给农夫钱而惨遭枪杀，母亲不得已带着三个孩子改嫁他人。一家人卖掉牧场搬到了城里，开始做农产品经销生意。贾尼尼小学毕业后，就成了家里生意的好帮手。

到 15 岁时，贾尼尼已成为当地的优秀商人。他身高 1.85 米，体重 77 千克，性格平稳，头脑精明。他不愿意重复那些毫无挑战性的生意，而是果断向继父提出购进柳橙和葡萄柚的建议。当时，本地没有任何中间商会去码头外的地方进货，但贾尼尼做到了。多年后，在加利福尼亚原本十分少见的柳橙和葡萄柚却成为旧金山的特产，其起源就是这个少年的奇思妙想。

22 岁时，贾尼尼娶了银行家的女儿。这个银行家家族的男性继承人无一从商，贾尼尼给银行家家族带来了希望，而婚姻则带给贾尼尼终身的事业。10 年后，岳父去世，他继承了哥伦布银行董事的职位。这家银行是由其岳父和他人共同创办的，很多董事根本无法容忍新人入场，更接受不了他提出向农村意大利平民放贷的计划。贾尼尼一怒之下选择另起炉灶，当然，他没有忘记挖走和自己站在同一边的人，包括 5 名董事和银行最好的推销员佩德里尼。

贾尼尼带着这些人，成立了意大利银行。这家银行在当时绝无仅有，在日后也屈指可数：银行的一半股权在贾尼尼等人手中，另一半则来自鱼贩子、菜贩子和农民。没有任何正常的银行家想过向普通老百姓集资，这件事几乎让他们笑掉大牙。

但笑容还没有褪去多久，奇迹就发生了！贾尼尼用带着意大利口音的英语四处登门游说，凭借他的帅气外表和过人口才，说动了很多将金币存在床下的普通老百姓，让他们把资金投入意大利银行。就这样，银行的存款额节节攀升，其数字正逐步逼近哥伦布银行的存款额度。

就在此时，上天又给了贾尼尼一个巨大的良机。1906 年，旧金山发生地震。城市如同废墟，混乱中，贾尼尼赶到自家银行，幸运的是这里受损不大。但城市的大火和犯罪者的暴动，很快就会蔓延到这里。贾尼尼随即行动，他忠诚的助手佩德里尼亦带着两名出纳赶到现场。四个人将金库资金全部转移到马车上，在这些资金上面铺上水果，又将实弹卡宾枪藏在大衣内。就这样，他们抵达了安全区域。

当城市终于平静下来，想要重建家园的居民们惊讶地发现，银行或者屋毁人散，或者大门紧闭。此时，只有贾尼尼站了出来。他宣布了两件事：第一，意大利银行将在露天营业；第二，凡持有其他银行存折或者正当职业证明的人，均可前来贷款。

消息传出后，意大利移民和后裔们率先参加，他们井然有序地排起长队办理手续，更多市民则陆续加入其中。

其他银行家又一次惊呆了。他们原以为贾尼尼只不过是在"蹭热点"，做做形象宣传，过不了几天就会因现金流中断而无法放款。但他们忽视了一件事，那就是长队中的存款者居然多于贷款者！

原来，这次地震深刻地教育了那些没有存款习惯的市民。当大火和劫匪夺去他们藏在家里的现金时，他们才意识到银行的作用。到这一年年底，意大利银行存款额高达 140 万美元，贷款额则达到 150 万美元，意大利银行一跃成为本地大银行。

1907 年过去了，旧金山各大银行纷纷复苏。贾尼尼密切注意着同行们的表现，他发现加拿大银行在这次灾难中也全身而退。经过调查，他发现分行体系起到了很大的作用。于是，贾尼尼也选择了这条道路，那些地方小银行由于经营不善而濒临破产，被他一一收入囊中。到 1920 年时，意大利银行凭借服务大众的先进理念、遍地开花的分行数量，获得了如日中天的发展。贾尼尼此时再也不是一个小银行的老板，而是坐拥 2.17 亿美元的金融巨头。

贾尼尼苦心孤诣建立的意大利银行，成为华尔街体系外的硕果，这不免让摩根财团垂涎三尺。1928 年，当他回到意大利米兰度假时，摩根财团终于发动了偷袭。贾尼尼惊讶地了解到，意大利银行股票的价格突然暴跌了一半。他毫不怀疑，这背后的黑手就是摩根财团，只有他们具备如此实力来操纵金融市场，也只有他们能长出这样庞大的胃口，想要鲸吞他用半生心血营造的金融企业。

果然，摩根财团的"好意"随后就到了。纽约联邦储备银行以意大利银行存在垄断为由，建议贾尼尼出售公司 51% 的股份给他们，同时也发起了证券市场上的恶意收购。

贾尼尼怒上心头，立即返回美国。在路上，他就调集了资金和人员，组建泛美股份有限公司，并以该公司名义大量买入意大利银行股票。此时，泛美股份有限公司的股份还分散在不同小股东手中，贾尼尼几乎凭借个人威望控股了该公司。纵使摩根财团法力通天，面对他如此多的化身也无可奈何。最终，贾尼尼重返银行王座，摩根财团的势力被清除出去。此后，意大利银行在他的率领下不断发展壮大，甚至吞并了美洲银行（2002 年更名为"美国银行"）。

1949 年 6 月，从无败绩的贾尼尼走完了传奇的一生。此时，他的个人资产规模仅为摩根家族、洛克菲勒和卡内基的零头，只有 43.9 万美元。然而，他的银行总资产已然达到 20 亿美元。即便如此，在去世前一年，贾尼尼又捐出了 50 万美元作为医学研究基金和员工子弟奖学金。

　　贾尼尼用自己的一生诠释了美国金融的另一种可能，那就是打破所谓传统规矩，和普罗大众共同创建新的金融规则。

T型车传奇缔造者

　　生活在美国密歇根一个农场里的亨利·福特，对各种农具和机械设备的运作原理有着浓厚的兴趣。青少年时期，他就开始尝试修理和改进这些设备，并在 15 岁时成功造出了一台内燃机。1886 年，世界上第一辆由内燃机驱动的汽车诞生了，10 年后的 1896 年，福特也造出了自己的第一辆汽车，他为它取名"福特四轮车"（Ford Quadricycle）。

　　然而，年轻的福特并没有止步于此。在汽车还是奢侈品的时代，福特一直有一个梦想，希望造一款普通人也能拥有的汽车。1903 年，他与一些合作伙伴一起创立了福特汽车公司，他们的目标就是打造一辆价格低廉、质量可靠的汽车，让普通人也能买得起。这是一个大胆的愿景，但福特坚信这是可能的。

　　1908 年 10 月 1 日，福特汽车公司新款 T 型车的发布会如期举行。然而，人们最初看见它时，心头多少有些遗憾。这辆车看上去有些笨重，通体黑色，车轮硕大，底盘离地较高。为了降低成本，设计师们花了很多心思，车里没有里程表、油量显示器，也没有减震器、水泵和挡风玻璃，在驾驶座那一侧甚至连车门都没有。

　　"那它到底有什么呢？"人们窃窃私语。很快，他们就会知道这辆车的神奇所在。

　　T 型车使用了钒钢合金，这是当时最新的合成材料，其轻便牢固的特点让整辆车都更容易驱动。而且使用了钒钢合金的 T 型车价格也更为便宜，从首批的 825 美元降到后来的 260 美元，这让 T 型车成为普通农民靠积蓄也能买得起的车。

发布会结束后，亨利·福特亲自驾驶着它，在底特律市区的大街上转了一圈又一圈，赚足了好奇的目光。从此之后，T 型车将改变美国人对汽车的认识，进而改变这个国家的运行方式。

福特有两重身份。首先，他是最先发明汽车的美国科学家。其次，他是 20 世纪工业产业变革的推动者，是将一体化管理和流水线生产方式的力量发挥得淋漓尽致的企业家。但在美国人眼中，他还是平民英雄，因为他让普通工人的日收入提高到了 5 美元，还让每个家庭都能买得起汽车。

福特的故事同样从农场开始。1863 年 7 月 30 日，他出生在密歇根迪尔伯恩市郊的农场。家中子女 8 个，母亲在其 13 岁时就撒手人寰。福特回忆说，那时候的家成了"没有发条的钟"，而他的这个比喻，恰好暴露了他童年的爱好，那就是拆钟表。

少年福特对钟表的热爱，终结于他第一次看见"汽车"。实际上那只是一辆装有蒸汽机的马车，被驾驶能力不佳的农夫在马路上开得歪七扭八。但福特的心如同被命运的闪电击中，从此他许下了制造汽车的心愿。16 岁时，福特虽然只会简单算数，能勉强识字，却已经在底特律的机械厂做了 3 年学徒。随后，他回到故乡创办了小型机械厂，用自制蒸汽机和旧割草机底盘制造了一台拖拉机。后来，他重回底特律，在爱迪生照明公司做工程师，依旧醉心于汽车的研制发明。

功夫不负有心人。1893 年，福特制造出第一台内燃机。三年后，他造出了第一辆四轮汽车。那天，两天两夜未曾合眼的福特，终于完成了最后的检查调试。深夜两点，窗外暴雨如注，但他依然端坐在汽车上，聆听着发动机的声音从呜咽转为轰鸣。在妻子听来，这不过是一种噪声变成了另一种噪声，而在筋疲力尽的福特听来，这简直是天使向人间传递的福音。在车前悬挂的那盏煤油灯的指引下，他兴奋地驾车驶出车库，蹒跚地走向山间小道，消失在茫茫雨夜中。

这是福特车向人世间发出的第一声啼哭。不久后，福特卖掉了这辆车，他是为了换来制造第二辆汽车的资金。他手中的雪球越滚越大，到 1903 年时已陆续造出了几辆汽车。

随着名气增长，终于有投资人看上了他。1903 年，在两次创业失败后，福特与合伙人共同创办了福特汽车公司。3 年后，他买下全部股份，开始了独立经营。随后，他终于造出了第一台坚固、简便、廉价的 T 型车，奠定了在美国汽车行业的领袖地位。这一车型在美国畅销近 20 年，销售了 1700 万辆。它让汽车在美国得到了普及，让无数美国人踏上前往大城市的道路。它拉近了空间的距离，促进了美国的城市化进程，让城乡对立的鸿沟不断消弭。可以说，T 型车产生的社会意义，并不亚于其技术意义。虽然福特的最初想法只是造好一辆车，但在无形中成就了美国社会的进步。

由于 T 型车的市场需求越来越大，福特将流水线和标准化生产方式引入了企业。1913 年秋天，装配汽车底盘需要 12 小时 20 分钟，到了次年春天，福特工厂只需要 1 小时 33 分钟就能完成。在效率大大提高的基础上，福特有了底气，他于 1914 年 1 月 5 日宣布："我们将一次性把工时从 9 小时下调到 8 小时，并向每名员工提供利润分成，22 岁及以上员工最低日收入将是 5 美元。"消息传出后，5 美元日薪无形中成为企业品牌的营销广告，从四面八方赶来的求职者将福特汽车公司的大门堵得水泄不通。显然，平民出身的背景，让福特不仅了解潜在客户，也同样了解潜在的员工。他知道客户想要什么，更清楚从乡下来到城里的小伙子渴望什么。或许，让他成功的不仅是对汽车的深入钻研，更是对"美国梦"的体察与认同。

福特不断扩大他的事业。他大力向汽车工业上下游进发，涉足玻璃、钢材等行业。1920 年，福特在底特律建立了卢日工厂，用于确保生产福特汽车所需原材料和零部件的正常供应。但与此同时，全世界陷入经济萧条，汽车市场萎缩，福特汽车选择降价30% 来应对危机。福特已经将总裁的位置交给独生子埃德塞尔·福特（Edsel Ford），但儿子显然必须听父亲的，公司真正的老大还是叫亨利·福特。

随着事业规模不断扩大，福特与生俱来的个人英雄主义气质开始作祟。他开始盲目扩张，购买铁路、医院和报纸，而赢利方式则是对供应商的强行摊派。这种要挟式的合作，最初满足了他追求多元化赢利方式的需求，但后来带来了越来越多的负面影响。

实际上，福特的行事风格既民主又独裁，既鼓励创新又迷恋集权。他朴实而固执，谨慎而狂妄，这种矛盾性格构成了他的商业哲学。

他承认传统的平等理念，也从时代进步中看到民主的必然到来，但这些理念仅被他变成发展产品的原则，而无法成为管理的准绳。他从成功经验出发，不愿舍弃低成本、高效率，虽然企业规模扩大了成百上千倍，但他还是喜欢以个人为中心的那一套管理方式。他以"无头衔管理"为名，在企业中排挤高管，以便独占庞大的商业王国。

显然，在福特身上，到处都体现出美国中西部庄园主的典型特征。这是他成功的起源，也将成为他走向落寞的根源。1936 年，福特汽车公司在美国汽车市场失去了领导地位，其销量被通用和克莱斯勒超越，仅为全美第三大汽车制造商。福特随后经历了丧子之痛，以 80 岁高龄重新出山却无法扭转局面，最后不得不将公司交给初出茅庐的孙子。

27 岁的孙子亨利·福特二世（Henry Ford Ⅱ）一夜间成为世

界上最大家族公司的继承人。他忧心忡忡地发现，这家企业发展前景黯淡，生产线上下毫无斗志，销售管理混乱不堪。他隐忍了两年，直到 1945 年 9 月 20 日，祖父对他的考察结束，宣布他将要担任公司董事长兼总裁。他没有像他父亲那样温顺，他坚决表示需要绝对控制权，这也意味着福特必须完全退休。

在一场激烈的争吵下，孙子的"逼宫"取得胜利，福特将所有权力交给了他。亨利·福特二世终于得以施展，他对企业内存在问题的高管和部门进行了大清洗，整个企业终于活了过来。与此相反，福特本人则走向了生命的终点。1947 年 4 月 7 日晚，他因脑出血而猝然离开人世。

无论后来的管理生涯是否有缺陷，福特都会被载入史册。在他未到人世时，世界还处于马车时代；而当他离开时，这里已遍地都是汽车。这正是为什么在福特入土为安的那一刻，全美国所有汽车企业的装配线都停工一分钟表示哀悼。这样的殊荣，在全球商业历史上前无古人，后无来者。

通用汽车的崛起之路

亨利·福特引导着美国人走进汽车的黄金年代，但这个年代英雄辈出，值得载入历史的并非只有"亨利·福特"这个名字。威廉·杜兰特，正是在历史的天空中同样闪烁的明星。

杜兰特少年得志。1861 年 12 月 8 日，他出生在波士顿市，祖父曾当过马萨诸塞州州长，后来兴办了一家木材厂。杜兰特有着强烈的冒险精神和商业天分，他 17 岁离开学校，加入了家族企业；24 岁时，他已是一家保险公司的合伙人，还做着药品、雪茄和房产生意。但对其未来影响最深远的，是一家马车制造公司。

杜兰特在 1886 年投资了这家公司。此时，德国工程师卡尔·本茨（Karl Benz）刚获得了世界上第一辆汽油动力汽车的发明专利。多年来，他被人们看成怪物，经常饿着肚子工作，妻子为了养活他，只能变卖首饰和嫁妆。相比本茨，杜兰特则春风得意马蹄疾，不断攫取商业财富。到 1900 年时，他的资产从当初的 1500 美元暴涨到 200 万美元。而此时的他对汽车行业并不感冒。

汽车在欧洲国家和美国的发展初期都不顺利。笨重的外形，粗暴的噪声，难闻的气味，危险的驾驶者，让最初投资该行业的"先驱"几乎无一例外地成了"先烈"。即便是福特，也是在第三次创业时才获得胜利，前两次的合伙人和投资者，早已被历史所遗忘。

相比之下，杜兰特是幸运的。他关注汽车的时间点并不太早，也不算迟，这让他对汽车行业的投资相当精准。与其说这是因为他准确预测了汽车行业的发展，"跟对了"福特将要去往的方向，还不如说是因为他前半生沉浸在商业世界中早已形成了独到的眼光。

那时正是 1904 年，别克汽车公司经营惨淡，即将倒闭。投资者只能选择出售公司渡过难关。杜兰特用低价买下了这家公司，随后将当年营销马车的班底用在汽车上。不久之后，订单迅速增加，生产规模持续扩大。1908 年，别克汽车卷土重来，成为美国市场上赫赫有名的品牌。

在这一年，杜兰特瞅准时机，建立了通用汽车公司。而此时，福特恰好生产出第一辆 T 型车。T 型车振动翅膀掀起的风口，让通用汽车公司更轻松地翱翔天际。1909 年，杜兰特兼并了奥克兰汽车公司、凯迪拉克汽车公司。到第二年，他已经连续吞并了 25 家汽车公司。

这种迅速扩张的经营方式，体现出杜兰特与福特之间的不同。

杜兰特是资本专家，但并不是技术专家。他没有福特那样的天赋和时间去耐心地从第一辆车做到第一万辆车。但杜兰特有着别人难以企及的优势，那就是"钞能力"。他可以选择从第一辆车买到第一万辆车，然后将其卖给十几种不同爱好、年龄和收入的人群，而无须拥有"让每个人都能买得起车"的情怀。

杜兰特的激进也惹来了麻烦。在大规模并购后，通用汽车公司打造出不同风格的汽车产品，抢下福特汽车公司 T 型车的风头，但通用汽车公司账户上的资金也几乎被扫荡一空。1910 年，银行抓住时间节点，在最出其不意的情况下发动股权争夺。杜兰特成在"钞能力"，也败在"钞能力"，企业就此全面落入银行家之手。

但杜兰特并不认输。1912 年，他另起炉灶，于是雪佛兰汽车公司的发展历程开始了。在这家公司，杜兰特终于潜心钻研产品本身，并在 1914 年推出新款车。这辆车被称为"490"，无论是性能还是价格，都全面超越了福特汽车公司的 T 型车。雪佛兰汽车公司从此迎来辉煌。

优秀者总是能找到优秀的空间。杜兰特将雪佛兰汽车公司越做越强，无形中压缩了通用汽车公司的发展空间，银行家们面对企业亏损的报表才明白，一家企业做得好不好，主要看的是"王座"上的那个人。他们开始撤退，一个接一个地悄悄卖出股票。而悄悄购买股票的，正是杜兰特自己。

1916 年，像后来回到苹果的乔布斯那样，杜兰特回归通用汽车公司。全社会的喝彩声更加坚定了他的自信。在他眼中，不断扩张的战略要比稳定科学的组织结构更重要。为了避免再次发生之前的事，他也学起了福特，将整个通用汽车公司的大权紧紧握在手中，能咨询的只有两三名私人助理，而大多数分部经理根本无法表达意见。

杜兰特比福特要幸运，因为他的人才团显然更为出色。其中的佼佼者就是阿尔弗雷德·斯隆（Alfred Sloan），他后来被称为"20世纪最伟大的首席执行官"。

斯隆于 1875 年 5 月 2 日出生在康涅狄格黑文市的商人家庭。20 年后，他以优异成绩毕业于麻省理工学院。但那时的理科高材生并不具备就业优势，他只能进入小公司担任绘图员、销售员和助理，月薪只有 50 美元。后来，当他在这里再也学不到什么时，父亲注资 5000 美元帮助他收购了这家企业，他从打工者摇身一变成为老板。

斯隆当然不是靠父亲成功的人。他将这家濒临倒闭的企业越做越强。此后十几年，这家公司始终是福特和通用两家汽车公司共同的零部件供应商，而且总是会出现在优先名单的前列。直到 1916 年，杜兰特在大规模扩张中买下了他的企业，也"买到了"他，并对其委以重任，让他担任通用汽车公司的副总裁。直到现在，人们都没有分清楚，他到底是为了买企业而买下斯隆，还是为了买斯隆而买下企业。

无论如何，在一人之下万人之上的位置上，斯隆拥有了更大的权力，并从创业者转型为职业经理人。他坚持从组织体系建设的角度思考如何运营企业，提出了事业部制，意在充分发挥部门积极性并保持企业整体利益。

此后，杜兰特专攻规模扩张，而斯隆则帮助他理顺内部关系。通用汽车公司的业绩扶摇直上，资本金总额达到了 1 亿美元。到了 1919 年，通用汽车公司的下属企业在全美国已星罗棋布，其中不仅包括汽车产业链所涉及的各个环节，还包括金融服务。通用汽车公司在底特律的新总部大楼开工，它落成后，是当时全世界最大的写字楼，成为整个城市的地标。

然而，突如其来的经济萧条导致通用汽车公司陷入了财务困境，杜兰特肩负的扩张任务戛然而止。1920 年 11 月 20 日，杜兰特被迫提前退休，并将其持有的公司股份全部出售给皮埃尔·杜邦。皮埃尔拥有了 37% 的公司股权，成为公司的新总裁。此后，皮埃尔随即批准斯隆制订的全面组织结构改革计划。

虽然杜兰特发掘了斯隆，但并没有看到其真正的价值，也不愿听从其建议全面改革组织；而皮埃尔则不然，他意识到，斯隆远不只具备军师之才，他是带领通用汽车公司穿越寒冬走向光明和温暖的那个人。

这次漫长的组织改革持续了 5 年之久。斯隆终于打造出"中台 + 运营分部"的组织形式，人们后来用他的名字来命名这种组织结构。通用汽车公司获得了新生，老对手福特汽车公司等已难以望其项背。

1923 年 5 月 10 日，皮埃尔交棒斯隆。斯隆上位后，采取了科学的管理手段，拒绝任何独裁，尊重人才、尊重创新。在斯隆的管理下，通用汽车公司就此领跑美国汽车行业，时间长达大半个世纪。通用汽车公司的故事似乎是福特汽车公司故事的另一个更为美好的版本，它向人们诉说着个人英雄应如何学会打造出更好的集体，如何激活企业内的每个人，让他们都能成为岗位上的英雄。

第5章

涅槃，胜者为王（1915—1932年）

1915 年，一战在欧洲愈演愈烈。大洋彼岸的参战各国迫切需要大量军火和军需商品，美国的制造业迎来了雪片般的订单。同时，本国政府和军队也在为参战积极做准备，这迅速推动了全国工业产能的提升，为波音公司的诞生带去"见面礼"，也为杜邦公司的壮大送上"成人礼"。

一战前后，海外贸易的利润不断回流本国，加之本土远离战火，消费主义开始成为美国社会的主要思潮。随着经济增长和工业化进程不断推进，人们对各种新型消费品的需求量不断增加，商业广告和宣传活动也越发普遍，这进一步推动了消费文化的形成。史丹利·雷梭（Stanley Resor）以智威汤逊广告公司（J.Walter Thompson, JWT）为阵地，建立了人类历史上最早的专业市场营销广告企业。而柯达则凭借小巧实用的相机，在这段商业历史上留下美名。

大潮涌起时，泡沫注定随之泛滥。20 世纪 20 年代初，美国股市经历了一段繁荣时期，股票价格迅速上涨，许多人涌入股市，投资活动日益增多，这段时间被称为"疯狂的 20年代"。1929 年，股市突发崩盘，导致了严重的经济衰退，即"大萧条"。这场危机影响了成千上万个美国家庭，直到1932 年情况才有所缓解。虽然身处历史漩涡，但以宝洁为代表的美国企业并未放弃，它们努力抓住危机中的机会，维系着宝贵的生命线，去迎接明天的阳光……

更好的飞机横空出世

1914 年，一战爆发。狂轰滥炸之下，无数生灵惨遭涂炭，无数家庭毁于战火。这场战争充满了丑恶的经济与政治欲望，西方各国野心家们以"民族大义"为号召，完成了这次以暴力方式演绎的全球分蛋糕游戏。

时隔一个多世纪，只要人们回顾历史，就能轻而易举地发现持刀者不乏平日温文尔雅的美国企业家。他们早已不像当年那样是战争的受害者，而是用巧妙的操作，争夺着战争受益者的位次。或许，这并非出于其个人本意，而是美国乃至西方社会发展赋予他们无可逃避的责任。

威廉·波音（William Boeing）就是这样的企业家。他于 1881 年 10 月出生在底特律的德国新移民家庭。父亲在他 8 岁时猝然病逝，丢下了木材和铁矿石生意。母亲带上家产改嫁给了一名医生，威廉则被送到瑞士的贵族学校就读，后来又考取了耶鲁大学谢菲尔德理学院的机械专业。

威廉的学业成绩很好，一如当年的皮尔庞特·摩根。他们上的是同一所瑞士学校，同样获得师生好评，也同样不屑于将此生交给宁静的书桌。20 世纪初，美国房地产行业火爆，城市变为工地森林。1902 年，威廉随即选择肄业，投身父亲当年的木材生意。刚满 21 岁的他就这样成了木材商人。

当威廉在木材市场迅速成长时，一件他可能不会关注到的新闻事件发生了。1903 年 12 月 17 日，莱特兄弟在北卡罗来纳试驾飞机成功。这次飞行虽然只有 59 秒，飞出了 255 米，却证明了人类战胜地球引力的可能。

直到 7 年之后，威廉才第一次见到飞机。1910 年，洛杉矶南部的乡村农场举办了"美国第一届国际航空展"。乍看起来，农场与航展这两件事风马牛不相及，前者属于工业时代之前的产物，而后者则是工业发达的标志，但在这个历史节点，两者衔接得却如此融洽。在此时的美国人看来，飞机并没有什么商业价值，而在遥远的大西洋彼岸，法国元帅斐迪南·福煦（Ferdinand Foch）一锤定音地说："飞机是一种毫无军事价值的有趣玩具。"

威廉和朋友们最初是带着娱乐心态，到农场里参观飞行器的。但他很快迷上了这种"玩具"，面对长空看入了神。很快，他连续三天用尽一切努力想坐上飞机，但未能如愿。1911 年，他又来到纽约长岛海滩，观看另一场飞行表演，但还是没能坐上心心念念的飞机。

众多企业家的成功生涯都遵循着鲜明而独特的共同法则，那就是他们越关注什么，命运似乎就越会向他们推送什么。1912 年，威廉在西雅图认识了乔治·维斯特维尔特（George Westervelt）。乔治毕业于麻省理工学院，是年轻的美国海军部军官，当时在西雅图造船厂监造潜艇。两人谈到飞机，一拍即合，经常探讨技术话题。有了这层关系，威廉终于在 1915 年 7 月 4 日独立日当天，首次坐上了飞机。在紧张、兴奋而刺激的航空历程后，他走下飞机对乔治说的第一句话，决定了波音公司的未来："我们应该也能做一架飞机，一架更好的飞机！"

威廉随即向洛杉矶的一家飞行学校订购了最新款的水上飞机。学校将零部件运来，同时派来飞行员负责组装、维护和培训。但购买这架飞机，威廉并非单纯地为了学习，他是要通过拆解来仿制。

在属于威廉的一栋红房子里，他和乔治卷起袖子，拿着工具不断鼓捣这架水上飞机，试图弄清其每个零件的用途、每个结构的作用。后来，他们招聘了 20 名技工参与其中，耗费了将近一年的心血，其间无数次推倒重来。纵然那时飞机并不复杂，但想要靠纯手工来仿制也相当困难。

1916 年，他们的第一架水上飞机造好了。它被命名为"蓝凫号"，是一架双座单引擎的水上飞机。威廉决定亲自负责首次试飞，这让乔治吓了一大跳，毕竟在当时的航空技术条件下，机毁人亡的事情屡见不鲜。但这位创始人淡然一笑："我的朋友，祝我成功吧！"

他们成功了！威廉安然无恙地驾机归来，稳稳地停在人们的面前。这一刻，所有人都眼含热泪。

威廉此举并非盲目冒险。当时，一战正酣，英国率先将飞机投入实战。鉴于美国参战的可能性增加，国会已同意向军方拨款 1300 万美元用于购买飞机。而这正是威廉始终迷恋飞机的重要原因：它将会改变传统战争的格局，同时也能为企业高效制造利润。当年 7 月 15 日，他创建了太平洋飞机制造公司，投身飞机制造事业。此时，威廉的积蓄已被飞机制造研发消耗了不少。16 名员工，1 辆大卡车，还有 450 美元，这些组成了最初的波音公司。

1917 年，乔治·维斯特维尔特受限于军职，不得不选择离开。他推荐了麻省理工学院的同学、中国留学生王助接替自己，担负飞机的设计、研发等技术重任。这一年 4 月 18 日，威廉将自己的四架飞机转为公司资产，正式将企业更名为波音公司。

王助在这一年年底就选择回国，后来他为中国培养出数百名航空工程技术人才，其中就有钱学森。在波音公司的短短几个月，王助做成了重要的事情，那就是改良"蓝凫号"。他没有辜负威廉的期待，引入浮筒设计，消除重大缺陷，使飞机起降达到海军的稳定标准。这种改良后的飞机被命名为"B&W-C 型水上飞机"。

波音公司历史上的第一笔订单就这样诞生了。美国海军签下了 57.5 万美元的订单，向波音公司订购了 50 架这种飞机。王助为波音公司带来的技术突破，终于帮助威廉看到了希望。威廉开始加快工厂的生产进度，希望能向军方提供更好的产品。

然而，他的这份热忱很快就随着和平的到来而湮灭了。1918年11月，一战画下句点，而波音公司的所有订单只完成了一半。军方发来一张 A4 纸，告知剩下的生产计划全部取消。而威廉还要继续维持拥有 110 名员工的企业规模。不得已，他只好卖掉手头剩下的所有飞机，包括"蓝凫号"。后来，这家公司甚至捡起了木材生意，变成了一家制造床、五斗柜、梳妆台的家具厂，但产品销路非常差。威廉又想要发行股票募资，但在和平年代，民用航空系统尚未建立，谁会买飞机制造企业的股票呢？此路依旧不通。

直到 1919 年 3 月 3 日，波音公司才看到新的可能。这一天，威廉驾驶一架 C-700 飞机参加了加拿大航空展。作为宣传，他们从那里带回 60 封信件。这次从温哥华到西雅图的飞行，标志着全世界第一条国际航空邮件航线的开辟。从此之后，民用航空领域诞生了，波音公司终于摆脱了战争机器的角色而迎接未来。1927 年，波音公司成立了空运公司，由空运公司负责从旧金山到芝加哥航线的运营，而空运公司所使用的飞机又全部来自波音公司，这是波音公司成功的营销策略。

威廉·波音以服务战争开始他的事业，但他最终明白，和平环境和为民服务，才是一家伟大企业长远发展的基础。为此，他带领团队不断试错和调整，承受蜕变的苦痛，种植创新的果实。他持有着简单而坚定的信念：航空事业的起点是打破"不可能"，而其过程，也注定没有"不可能"。

从炸药到丝袜

　　波音公司拿到了一战这块蛋糕里藏着的钥匙，打开了通向新世界的大门。然而，真正大快朵颐的却另有其人，那就是财大气粗的杜邦公司。杜邦公司攫取财富的方式简单而直接，体现出其经典绰号"军火大王"的特色。

　　军火大王的发家之地，位于美国南部特拉华白兰地河畔。1802 年，在荒凉的原野中，伊雷内·杜邦（Irenee du Pont）走进了一间石屋，扫去里面布满的蜘蛛网。他从这里开始研发火药制品，将威力越来越大的炸药卖给当地矿山企业。

　　到南北战争时期，杜邦公司已经成为颇有名气的火药生产企业。其先后向联邦政府和军队提供了 400 万磅火药，获利超百万美元。战争结束后，淘金热出现，杜邦公司又在金矿、运河、铁路等产业中斩获不断。

　　美国的历史就是对外战争的历史。在随后的美墨战争、美西战争中，杜邦公司的工厂不断扩大规模，并大肆收购和兼并中小火药厂。到 1889 年，全美国有 92.5% 的火药生产都由杜邦公司掌控。

　　一战爆发后，杜邦公司梦寐以求的饕餮盛宴拉开帷幕。这场战争的惨烈和庞大史无前例，对火药的需求量也令人震惊。在开战后的 5 个月内，杜邦公司向协约国销售了 2163 万磅火药。这是欧洲的不幸，但这是杜邦公司的喜讯，从杜邦家族选择了以火药为主要产业的那一天开始，如此巨大的反差就注定被记载到其企业发展史中。成功企业家的性格特征并不全然是刻苦奋斗、积极努力，在必要的情况下，企业家必须贪婪、冷酷甚至无情，这是他们对商业本身最大的尊重。

　　一切还只是刚开始而已。1917 年，美国资本界和企业界终于说服了国会山和白宫，联合组织"国家安全同盟"，投入这场战争。很快，杜邦公司的军火产量就上升到开战前的 54 倍。这场战争让杜邦公司彻底站到了世界竞技舞台的中心。

但皮埃尔·杜邦并未满足，他并不相信企业会长远地从战争中受益。皮埃尔出生于 1870 年，是这个企业家族的第五代领袖。人们用当初带领全家从法国漂洋过海而来的先祖的名字为他命名，似乎预示着他会给家族带来新生。

皮埃尔没有辜负家人的殷切期盼，他自幼聪明好学，以优异的成绩毕业于麻省理工学院。毕业 9 年后，他为家族公司服务，虽然获得了两项无烟火药的专利，但根本拿不到股份。

1902 年，家族公司总裁尤金·杜邦（Eugene du Pont）突然逝世，家族群龙无首，很多人甚至觉得不如卖掉公司分钱最划算。但也有人提出，分到的钱没有多少利息，不如将这些股权抵押给家族中的某个能人，让他付同样的利息。所有人都对这个方案感到很满意，皮埃尔成了最佳人选。为了发展企业，他精心设计了集团式的经营管理体制，一扫过去的陈旧弊端。他的这套管理体制和通用汽车公司的斯隆体制不谋而合，而在通用汽车公司董事会最先重用斯隆的，也正是他本人。

除了打造集团式经营管理体制，皮埃尔也慧眼识英才，从肯塔基乡下请来了麻省理工学院的同学约翰·拉斯科布（John Raskob）。拉斯科布堪称"智多星"，他在此时就嗅到了世界大战的血腥味。为此，他力劝皮埃尔开展收购，将雷博诺化学公司、东方火药公司收入囊中。这些举措为公司成为一战受益最大的美国企业奠定了坚实的基础。

战后，皮埃尔手头有了充足资本，能够完成企业的转型。在一战的炮火声中，所有人都为涌入公司的财富洪流而欣喜，只有他始终冷静如冰。他不断地敲打着家族成员和下属："战争虽然能刺激军火需求，然而到战争结束时，我们现在急速扩大的产能就会成为企业的包袱。"为了避免出现这一情况，战争尾声尚未到来时，他就开始计划杜邦公司的新未来，那就是开展多元经营。

皮埃尔是如何选择多元化方向的呢？在今人看来似乎很容易，但回到那个年代，当局者身处迷雾之中，并不容易做出精准判断。杜邦公司的智囊团意见纷纭：有人认为石油是工业基础，可以涉足其中；有人主张抓住战后复兴消费的机遇，投资汽车产业。但皮埃尔保持着一如既往的冷静，他认为汽车、飞机这些工业产业基本上已被强势企业所瓜分，而最被看轻的化工产业才是一片美丽的蓝海，其竞争强度相对薄弱，机会更大。杜邦公司有着军火生产基础，其设备、原料、研发团队等都和化工产业有共通性。

当然，最主要的原因往往是不能说出口的，皮埃尔的决定也是如此。一战墨迹未干，俄国、德国先后发生革命，欧洲的动荡并未平息。为了在可能随时到来的战争中继续赚到丰厚的利润，杜邦公司还应维持变身为军火制造企业的可能，而跻身化工业无疑是距离原点最近的选择。

从此开始，杜邦公司迈入多元化经营的新阶段。

1922 年，杜邦公司旗下的阿林顿公司生产出杜科快干漆，这是杜邦公司众多化工创新产品的典型代表，产品问世后震动了业界。由于其特殊性能，在八年不到的时间内，福特汽车公司以外的美国所有汽车制造商都选择了杜科快干漆，杜邦公司本身控股的通用汽车公司更是从中获益匪浅。

杜邦公司的其他产品还包括玻璃纸、合成氨、防爆高效汽油、摄影胶片等，其相关技术有的来自收购，有的来自自主研发，但产品的使用范围无一例外都相当广泛。玻璃纸可被用于任何工业和生活产品的包装，合成氨是化工产业的基础原料，汽油是每辆汽车的必备品，摄影胶片则是每台相机的必备品。

最具讽刺意味的则是杜邦公司与丝袜的渊源。

从 16 世纪开始，在以法国宫廷为核心的上流社会中，男男女女都对西班牙长筒丝袜格外追捧，路易十四不仅带头穿丝袜，还命令建立工厂，专门生产丝袜。由于只能使用棉、羊毛和真丝作为原料，丝袜产量少、易磨损，工厂的生产效率也很低，这导致丝袜价格昂贵，无法推向全社会。

时间飞逝数百年。1937 年，法国后裔杜邦家族所创办的公司里，有一位年轻的研究员华莱士·卡罗瑟斯（Wallace Caroters）不小心弄错原材料，将煤焦油、空气和水混合后进行高温熔化。正当他感到一天工夫白费之时，意外收获出现了！他发现这种混合物能拉出一种坚硬、耐磨、纤细而灵活的细丝。在自然界，兼具这些特点的材料几乎并不存在，但现在竟诞生在实验室里！

研究员随即上报了这项"发明"。很快，人们将这种天然丝材料命名为"尼龙"。为了制造需求，杜邦公司规定，公司里所有女秘书每天都要穿丝袜上班。女秘书们迅速吸引了写字楼上下所有男女的目光，利用这种社交传播营销效应，杜邦公司引领了社会风气。1940 年，2 美元一双的尼龙丝袜上市，整整 7.2 万双丝袜在当天被抢购一空。到二战时期，尼龙被列为军需，尼龙丝袜原料受限，一双丝袜的黑市价居然高达三四千美元。那些无法购买到丝袜的女人，只好用眉笔在腿上画出丝袜条纹应急。

从雄性荷尔蒙主导的杀戮战场，到雌性荷尔蒙盛行的丝袜舞台，皮埃尔·杜邦独具慧眼，让整个美国上至白发政客，下到妙龄少女，都离不开他的企业。这一切不只来自他擅长抓住机会的特点，更取决于其领先竞争者的眼光和管控企业组织的能力。

为消费者定制广告

大炮一响，黄金万两。美国企业家们从一战中获得了前所未有的财富，雪花般飞出的政府订单，不仅让他们赚得盆满钵满，也养活了产业链上下游无数的中小企业，更加带动了普通民众的就业和消费。因此当欧洲战火纷飞之时，美国市场却繁荣向上。

有人消费、有人投机，随之而来的就是广告服务需求。在过去不被正视的行业里，终于要诞生新的巨头。

1916 年，史丹利·雷梭开始管理智威汤逊广告公司[①]。从这一年开始，广告行业终于有了自己的法则，广告逐渐衍生成为一门学科。在此之前，全美国没有一所大学开设广告专业，所谓广告人士，就是民众眼中夸夸其谈的"江湖骗子"，类似洛克菲勒童年见惯了的父亲形象。他们并没有多少真才实学，也并不把广告看成服务。

史丹利出生在辛辛那提，优渥的家境，良好的教育，让他一路顺利从耶鲁大学艺术系毕业。1901 年毕业那年，他家道中落，他只能放弃艺术爱好，先后在银行和宝洁做销售。四年之后，他发现卖肥皂无法完全发挥他的销售能力，于是加入了智威汤逊广告公司。这家公司创立于 1868 年，创始人詹姆斯·汤普森（James Thompson）有"美国杂志广告之父"的称号。

很快，史丹利凭借艺术才华崭露头角，他总是能对产品做出精准描述，同时设计出别致的商标。他在公司不断获得提升。1916 年，当汤普森离开公司时，史丹利成为新总裁。

没有人能想到，史丹利坐上总裁位置后的第一件事是直接放

---

① 智威汤逊广告公司创立于 1864 年，是全球第一家广告公司，也是全球第一家开展国际化作业的广告公司。

弃 2/3 的客户。员工们都惊呆了，想到家里的房贷车贷，他们的心就像掉入了北大西洋。史丹利给出忠告，请他们为剩下的优秀客户献出最优秀的产品。

随后，史丹利又打出一套天马行空的组合拳。他砍掉了所有效率不高的部门，将员工队伍简化。他又取消了所有的岗位头衔名称，没有经理和主管，大家都用姓名称呼，都是工作伙伴。

这些改革措施在当时非常激进，在今天也并不多见。这是因为史丹利相信，广告行业和其他行业不同，只靠部分聪明者个人行不通，但只靠集体统一的行动也行不通。

史丹利的这套做法迅速收效。虽然客户减少了，但市场口碑不断变好。每个客户都能拿到自己想要的广告精品，这些广告在宣传客户的同时，也宣传了史丹利，于是更多客户找上门来。3 年内，这家公司的销售额从 300 万美元上升到 900 万美元。

夯实公司的发展根基，史丹利将更多注意力放到客户的客户——消费者身上。他希望收获的不是一批广告精品，而是能找到其中的规律，明确什么是优秀的广告。为此，他必须明白消费者怎么想。

史丹利找来一批心理学家和他们的学生，优化自己的广告团队。心理学家到企业任职，在当时非常少见。史丹利的思维超越了他的同行，也超越了他所在的时代。他任用这些高素质员工，研究消费者的心理，找出广告的奥秘。

早在 1912 年，史丹利自己就曾做过消费者群体调查。这次调查形成的报告被编为一本书，书名是《人口和分布》。书中列举了许多零售公司和城镇的情形，具体包括人口分布、购买力、商品价格、受欢迎程度等。后来，全美有 2300 多家公司使用过这次调查的数据，这本书中的内容也被美国政府的统计文件引用。

当史丹利遇到心理学家，一场广告革命就像财富宝藏的大门那样徐徐开启。心理学家不断对消费者心理进行测试，再给出关键性结论。而史丹利旗下的广告团队则需要根据结论来制作广告。

例如，心理学家研究发现，选择名人代言，其效果会胜过企业的"自卖自夸"。对消费者而言，名人自带光环，他们值得信赖和追随。于是从 1926 年开始，公司陆续安排了社会名流、欧洲皇室、著名牧师、优秀医生等前来为产品代言，开创名人代言广告模式。

史丹利当然知道，名人胃口都很大，他们的代言费绝不会低。然而，他很快发现了对潜在名人进行价值投资的方法。当时，好莱坞刚刚崛起，影星们尚未成为后来的大腕。史丹利找到那些尚未出名的女演员，请她们接受力士香皂的定期馈赠，换取她们有朝一日成名后代言该产品的承诺。这种以小博大的投入，能换取相当大的利润。后来，琼·克劳馥、珍妮·盖诺和克拉拉·鲍等女星，都成为力士香皂光彩照人的代言人，引来消费者对产品的争相购买，也让史丹利获得大笔的广告收益。

史丹利对产品和消费者的分析向来精确，他看人才的那双眼睛也有如鹰眼。

当时，知名广告人大卫·奥格威（David Ogilvy）创建了奥美广告公司，成为业界新秀。但不久后，他的最大客户被史丹利挖走了。奥格威打电话给史丹利，表示祝贺。史丹利并不难堪，反而告诉奥格威，智威汤逊广告公司想要连他也挖过来。奥格威找了个借口，说不想离开自己熟悉的团队，这件事才被暂时搁置下来。

两年后，当奥格威已经忘记了这件事时，史丹利又打来电话。这次他信誓旦旦，表示自己要买下整个奥美广告公司，奥格威不用放弃自己的团队了。奥格威哭笑不得，只能明确表示拒绝。

这桩生意自然没有谈成。如今的奥美广告公司和智威汤逊广告公司，同属于 WPP 公司旗下，共同构建出全球最强大的传媒企业。这两家公司之间曾经可能擦出的火花，成为史丹利求才决心的见证，也使史丹利成为后世企业家的楷模。

史丹利将一生都奉献给了广告，他也是少有的真正工作一生的企业家。他的员工曾回忆说，他是一台永不停歇的机器，他的食物、饮料、日常，甚至做梦的主题都是广告。

1961 年，83 岁的史丹利终于退休，第二年就撒手人寰。那些日复一日聆听其广告的普通美国人很快忘记了他，但全球广告业界会永远记住这个名字。

宝洁的新生

一战结束后 10 年，美国经济高速发展，人人喜笑颜开，觉得这样的美好日子会持续下去。当国家历史拐弯的那一刻，没人想到前面就是悬崖。

1929 年 10 月 24 日，是被载入历史的"黑色星期四"①。纽约证券交易所股价大跌 33% 的这一天，几乎成为华尔街的最后一日。许多人倾家荡产，当天就有 10 个人登上高楼天台，纵身扑向车水马龙的地面。到 11 月底，已经有 1800 亿美元的财富蒸发了。

---

① "黑色星期四"：1929 年 10 月 24 日（星期四），美国华尔街股市突然暴跌，资本主义世界经济大危机由此开始。1929 年 10 月 29 日星期二，这天的纽约股市又一次暴跌，因此也有人用"黑色星期二"来指代这次事件。此后短短两个星期内，共有 300 亿美元的财富消失，相当于美国在一战中的总开支。随着股票市场的崩溃，美国经济随即全面陷入毁灭性的灾难之中，可怕的连锁反应很快发生：疯狂挤兑、银行倒闭、工厂关门、工人失业。成千上万的家庭因交不上按揭房的月供，被赶出家门，他们只好用木板、旧铁皮、油布甚至牛皮纸搭起简陋的栖身之所，有些甚至露宿街头，四处流浪。

　　到了 1932 年，大萧条境况愈演愈烈。此时的美国有将近 1300 万人失业，200 多万人离家流浪。那些曾经风靡一时的高级家电、新型汽车根本卖不出去，而坚韧的美国女性则进一步登上了美国的历史舞台。她们失业后，采用了回归家庭的方式自谋生路，她们在家制作衣服、烤面包、腌制泡菜、制作蜜饯，这些手工产品的成本更低，价格也更亲民，很快就在社区内畅销流行。女性主导了经济大萧条时期的家庭物质消费，也影响着家庭精神消费。当时最廉价的家庭娱乐项目，莫过于每晚全家人聚在一起，通过收音机收听肥皂剧，而选择什么样的肥皂剧，也同样由妈妈们决定。

　　"肥皂剧"的名字来自一家和女性消费者关联密切的企业，那就是宝洁。肥皂剧抚慰了寒冬里的许多家庭，也为这家企业在经济危机中找到了求生之路。

　　宝洁成立于 1837 年，其创立之初的主要业务是为军队提供蜡烛和肥皂。战争结束后，宝洁为了开拓新市场，决定销售新型肥皂。经过一年的细心研制，洁白、椭圆且带有清香的小块香皂出现了，宝洁将之命名为"象牙"。这种香皂果然大为畅销，让这家公司得以生存和发展。

　　与许多企业不同，宝洁很早就认识到公司福利对员工的重要性。早在 1885 年，他们就给员工放周六下午的带薪假。1886 年，宝洁的象牙谷工厂采用了最新技术，改善了员工的工作环境。到 1887 年，公司还设立了利润分享制度，并开始为员工提供保险。

　　这些措施鼓舞了员工的士气，也打响了宝洁冲击日用化妆品王座的枪。到了 1890 年，宝洁生产销售着 30 多种不同类型的肥皂，每种肥皂对应不同创意的广告，其中还有在全国性杂志上刊登的彩色广告。这些广告的费用动辄数万美元，在当时是不小的成本开支。但宝洁很清楚，这种需要走入千家万户的快消产品，必须以最简单的形式推出品牌，直接走到每个普通人的生活里。

　　这种市场营销方法，让宝洁受益匪浅。越来越多的消费者记住了宝洁、爱上了宝洁，公司开始在辛辛那提之外设立工厂，后来又走出国门，到加拿大安大略省设厂。

　　20 世纪 30 年代，宝洁眼看就要迎来意义非凡的百年寿诞，一场突如其来的大萧条却将其冲击得面目全非。有人甚至怀疑宝洁无法撑过这个寒冬，毕竟那些在家"就业"的妇女们什么都能制造，当然也能自制肥皂。

　　宝洁是幸运的，因为它早在春天时，就画好了过冬的战略图纸。市场营销是宝洁当年崛起做大的法宝，现在则成为帮助它应对大萧条的武器。早在 1923 年，他们就尝试采用广播电台作为广告平台。宝洁赞助了一个全国性的烹调类电台节目，这让宝洁成为美国最早一批使用电台作为广告媒介的公司。

　　宝洁采用新的广告载体并非一时心血来潮。1924 年，宝洁成立了市场调查部门，专门研究消费者的喜好及购买习惯，并逐步对其加以细化。宝洁有 30 多种肥皂产品，以此为准绳，将不同产品对应的不同人群予以划分，分别进行调研。这书写了制造业历史上最早的市场研究案例，被写进各种经典的市场营销教材，从此流传久远。

　　为了满足不同人群的需求，宝洁还是最早进行"左右互搏"的企业。1926 年，宝洁推出 Camay 香皂，这一品种直接对标公司经典的"象牙"香皂产品。让公司内部出现两个竞争的品牌，这就是后来品牌管理系统的雏形。

　　1931 年，宝洁在危机面前正式加快改革步伐，创立了专门的市场营销机构。这个机构内部拥有不同组别，每个组别负责对某一品牌的管理，而品牌之间则存在各种或明或暗的竞争。这样一来，宝洁的产品不再使用千篇一律的市场营销策略，而是采取各自独立的方式进行市场营销。

随着市场营销策略的细化，肥皂剧在此时成为宝洁标志性的营销平台。受大萧条的冲击，美国妇女们白天无处可去，只能操持家务、照顾孩子，其间洗洗刷刷，陪伴她们的永远是那台孤独的收音机。广播电台当然不会错过这个机会，于是准备了长篇连续广播剧，剧情无非是家长里短、男女情爱，语言滑稽幽默，大结局总是充满了团圆喜庆的滋味。这些广播剧虽然谈不上具有什么艺术成就，但吸引了千千万万的女性。

宝洁市场营销部门经过考察调研，特地将肥皂广告放在这些广播剧的中间。妇女们在洗洗刷刷的同时，耳朵在听收音机里的广告，手中使用的正是广告的主角——肥皂。

就这样，视觉和触觉、感性和理性、梦想和现实、广播和生活，通过这样的市场营销方式结合在一起，成为整整两三代美国女人的典型回忆。

就这样，在经济大萧条中，宝洁没有倒下，反而站了起来。在这段故事里，没有声名显赫的家族人物，也没有足智多谋的智囊团，只有一个个普通人的身影。他们中有每天加班到深夜的初代营销人，有在配音室里饿晕过去的小演员，有日复一日默默付出的家庭主妇，有彻夜赶路的卡车司机，也有总是肩负沉重木箱的搬运工……他们共同组成了时代画卷，写下了这个民族在面对大萧条时不放弃、不抛弃的努力精神，写下了人类商业市场营销故事的开篇。

开启相机新时代

1932 年 3 月 14 日的午后，在纽约的穷人妇女们想方设法用每人 5 美分的预算准备当天的家庭晚餐时，在那座摆满了精致古董的别墅豪宅内，一个亿万富翁正准备去死。

他穿着考究的白衬衣，书桌上放着纸笔、两把鲁格尔手枪，还放着母亲留下的缝纫篮。

钟声敲响，谢幕时间到。他熄灭了人生中最后一支香烟，下定决心，在纸上写下遗言："我的朋友们，我的工作已经完成，还等什么呢？"写完后，他将用于防止烫伤的湿毛巾贴在胸前，又拿起一把手枪，对准心脏部位扣动了扳机。

枪响之后，77 岁的生命就此定格，就像他一生为之努力的事业那样，每张完美的照片都来自精确的定格。

他就是乔治·伊士曼，一个严谨到几乎刻板的企业家，一个将生与死、表演与离开都安排到分毫不差的商人。他唯一冲动的那次，就是创造了知名的柯达。

伊士曼出生于 1854 年，他的父亲曾创建商业学校。在伊士曼 7 岁时，父亲不幸离世，学校被迫关闭，家庭陷入困境。伊士曼很早就开始肩负照顾家庭的责任。14 岁时，他选择辍学去保险公司打杂，赚钱养家。20 岁时，因为精明能干，他跳槽到银行，成为正式员工。

银行工资让伊士曼的肩膀轻松了许多，他开始和朋友们一起出去旅游。为了记录旅途，他买了一台相机，该相机价值近 50 美元。为了学习如何操作它，伊士曼又花了 5 美元报名学习课程。

这台相机的体积比今天的电脑都要大。它包含一台笨重的机器主体、三脚架、存放底片的盒子，还有作为暗室的棚子，再加上一个冲洗照片的化学试剂箱。为了拍照片，伊士曼需要承担多一个大行李箱的旅途成本，这让他感到十分不便。

"我是否可以做点什么呢？"伊士曼一遍遍地问自己，随即开始了行动。

一年后，伊士曼利用业余时间，发明了新型摄影胶片。又过了一年，他发明了批量制造新型摄影胶片的机器。当吸引到投资之后，他又开设了自己的工厂。直到那时，他还在银行上班，而且工作表现依旧突出，被提拔为第一助理簿记员。

直到此时，伊士曼还是没有想要创业。他在银行每年能拿1400 美元，而工厂也会给他分红。这时他才 25 岁，美好的生活已经开始了。如果是普通人，或许就此娶妻生子，享受真正的中产阶层生活，但伊士曼做出了人生唯一一次冲动的决定。

1881 年，伊士曼的上司离职了。在此之前，所有人都告诉伊士曼，将来接替上司职位的人肯定是他。这个饼越画越圆，最后却如同圆圆的肥皂泡那样消失了，取而代之的是新上司——银行董事的一个亲戚。

一气之下，伊士曼选择离开，进了自家工厂的实验室。几年之间，他从那里向市场输入了各类新型摄影产品，包括新型感光胶片、卷式感光胶卷。1887 年，他推出了小型照相机，并将之命名为"柯达"，售价为 25 美元。他为相机装上可以拍摄 100 张照片的胶卷。摄影者拍完后，只需要将相机寄回公司，工作人员就会负责冲洗照片，之后再将新胶卷装入相机一同寄回去。这套服务价值 10 美元。

1900 年，他设计出更小的口袋相机，仅售 1 美元，胶卷只需要 15 美分。原来那些沉重的机器设备，被伊士曼用 1.15 美元解决了。这款革命性的产品引发了令人目眩神迷的市场轰动，其热闹不亚于后来苹果智能手机的推出。

伊士曼凭一己之力，推动了人类摄影历史前进的车轮。

1925 年，伊士曼决定退休。他始终未婚，无儿无女，但他的生活并不孤独。他说过："工作时间决定我们的拥有，业余时间决定我们的本身。"退休之后，他不再过问公司的经营。他的个人资产早就超过 3 亿美元，别墅里有电灯、唱片机、电冰箱、电影放映机和电梯，此外还有他收藏的古董和名画。在这里，他可以足不出户就欣赏到来自世界各地的风景。天气晴朗时，他也会出门狩猎。其他时候，他都在默默无闻地为慈善出力。很多学校在那时候都曾收到过署名为史密斯的捐款，但无人知晓史密斯究竟是谁。直到伊士曼离世后，人们在整理他生前的文件时，才发现他这一生共捐出 7500 万美元的巨资。

伊士曼对他的员工同样慷慨。1919 年——距离他退休还有 7 年，他就完善了公司的组织架构，并将其所拥有的公司 1/3 的股票全部免费赠予员工，将柯达交给下一代。

但历史最应该感谢他的，还是他对照相机领域发展所做出的贡献。在他生前身后的百年之间，柯达见证了人类历史的众多经典时刻：1895 年，人类拍摄出第一张人手 X 射线照片；1945 年 8 月，纽约时代广场庆祝战争结束的"胜利之吻"；1969 年，尼尔·阿姆斯特朗（Neil Armstrong）在月球上留下的"人类一大步"；1985 年，登上《国家地理》杂志封面的阿富汗女孩……这些重要历史时刻都由柯达的产品见证，柯达也为几代美国人珍藏了人生的美好时光。

在伊士曼去世之前，柯达的销售额达到全球摄影器材市场总销售额的 75%，利润占据行业总量的九成。而在他离世之后，这个数字还会继续增长，直到"柯达"几乎变成照相机的代名词。

伊士曼的一生，无论是私德还是公德，无论是社会还是商业，几乎都无可指摘。他用打造一个企业的方式阐述了自己的人生哲学，用一台照相机青史留名，正如同美国作家卡尔·艾克曼（Carl W. Ackerman）所写："伊士曼先生是他所处时代的巨人。"

第6章

再见，萧条与战争（1933—1943年）

从1933年开始，由富兰克林·罗斯福（Franklin Roosevelt）领导的新政府实施了一系列经济复苏政策，为经济恢复和商业发展提供了支持，大萧条由此走向终结。消费业、博彩业、旅游业、电影业迅速复苏，催生了希尔顿、拉斯维加斯、迪士尼等后世知名的商业品牌。

正当全美走出萧条，二战的阴影来到了人类头顶。新的战争再次推动美国工业化进程，军工产业迅速扩张，促进了科技创新。这场战争是全人类的悲剧，但帮助美国彻底结束了大萧条时期的经济衰退，带来了经济的复苏。军工产业的繁荣创造了大量的就业机会，降低了失业率。战争也刺激了其他行业的发展，如钢铁、化工、汽车等，连迪士尼、可口可乐这些原本聚焦平民消费的企业，也服务于战争需求，找到了新的增长点。

从大萧条到世界大战，美国在短短的10年间经历了种种变化，这些变化共同打造了20世纪中期美国商业历史的转折点。

希尔顿用微笑打动顾客

大萧条时期，希尔顿创始人康德拉·希尔顿（Conrad Hilton）的事业刚起步，就迎来当头一棒。他将如何面对这一切？

1907 年，希尔顿 20 岁，第一次接触旅馆生意。那时，经济环境死气沉沉，父亲放弃了皮草生意，在小镇上开家庭旅馆维持生计。希尔顿每天都要去火车站招揽客人，而途经镇子的火车只有三趟，一趟是在中午，两趟是在午夜之后。每天深夜，稀稀拉拉的客人带着惺忪睡眼走出火车站，都会看到强打精神的小伙子高举手中的广告牌，在寒风中恳求每个人："先生，到希尔顿的旅馆看看吧，我们有热水、床铺，还有美味的早餐。"

希尔顿的工作当然并不只有这些。从早上 8 点到晚上 6 点，他还要在旅馆打杂忙碌。他长期睡眠不足，总是无精打采。寒冬的一个凌晨，他直接昏睡过去，一头栽进桥下的小河，冰凉刺骨的河水浸透了他的衣服。可希尔顿醒来时，并没有回家睡觉，而是继续坚守岗位。哪怕后来闯过大风大浪，迎来事业骄阳，在他的生命底色里，这种坚韧品质也始终未减分毫。

1913 年 9 月，希尔顿下定决心离开家门，去追寻自己的位置。他梦想着成为皮尔庞特·摩根那样的银行家，能在办公室里呼风唤雨，而不是在火车站外栉风沐雨。他用自己的积蓄东拼西凑了 3 万美元，在一家小银行成为股东。一年后，他打败了竞争对手，成为副董事长。在他的苦心经营下，银行经营有所起色。但 1917 年，一纸征兵号令下来，缺乏背景的希尔顿不得不应征入伍。当他在两年后归来时，银行早已破产，他只拿到了 5000 美元的股本退还金。

1919 年，一切又回到了原点，希尔顿已 32 岁，仍然一无所有。他将最好的两年献给了国家，而当国家重新进入高速发展的轨道时，他却落伍了。

母亲是最懂儿子的。她告诉希尔顿："孩子，你需要找到属于你自己的世界。想放大船，就要去水深处。"

哪里才是水深处？何处能承载梦想？希尔顿像当时的许多同龄人那样，选择了得克萨斯。在这里，他果然找到了自己为之奋斗一生的事业。

最开始，希尔顿还是放不下成为银行家的梦想。他每到一站，就询问是否有银行正在被出售，但这个州经济正在腾飞，很少有经营不善的银行。在西斯科小城，他好不容易找到一家，并且谈好了价格，没想到等他凑齐了钱，将手提箱放在卖家桌子上时，对方却翻了翻眼睛："再加 5000 美元，哥们儿，否则免谈。"

希尔顿愤怒地离开了银行。外面夜色将近，行人稀少，他不得不找酒店投宿。

这家酒店的大厅装饰时尚大气，看上去很有档次。希尔顿排在一群客人后面，只听到前面的人吵吵嚷嚷着要住宿。前台的服务员大声嚷嚷："客满了，先生们。"回答他的则是一连串抱怨的声音。

眼看服务员无能为力，一个肥胖的老板从办公室走出来，半骗半哄地将客人们请了出去。当人群散去，老板掏出手帕擦了擦光亮脑门上的汗珠，摇头叹息着瘫倒在柜台后面。

希尔顿很是不解。他走上前去，和老板套近乎："先生，为什么有生意不做呢？"

胖老板瞥了他一眼，说："小哥，我完了！我的朋友们将钱投入油田发大财，这些来住宿的都是搞油的，只有我最倒霉，钱都在这该死的酒店里面。"

希尔顿心头一动，就在这个瞬间，他终于明白了一切。上帝为他分配的事业并不是什么银行，他的生命从头到尾都归属于酒店。他压抑住内心的喜悦，平静地和老板聊起酒店出让的价格。

到第二天，合同就签好了。希尔顿用 4 万美元买下了这家酒店，而老板则高兴地拿上钱投身得克萨斯的油田。两个人命运的线在这个夜晚短暂相逢，又迅速分开。希尔顿找到了真正的成功之路。

事实上，在石油行业确实诞生了伟大的企业、成功的企业家，但大多数人最终被历史遗忘，甚至在生前就被市场淘汰。而希尔顿眼前的果实则是现成的：得克萨斯的人流量一天比一天大，酒店是最稳定的赚钱行业。

希尔顿很快就按自己的经营理念对酒店进行了改造。他将原有的附属餐厅改造成许多小房间，增加了 20 个床位，这些床位的价格比原来要低，但总收益要高于原来附属餐厅的经营额。餐厅虽然没有了，但大厅角落多了一间小杂货铺，商品价格低廉而实用，满足了许多顾客的生活需要。希尔顿用事实告诉所有人，经营酒店的原则叫"挖金"，就是在建筑物内每一寸地方进行探索，尝试挖出新的金子。

不久后，希尔顿的资产迅速增长。他很快又与人合伙买下其他酒店，包括华斯堡的梅尔巴酒店和达拉斯的华尔道夫酒店[①]。前后 10 年，这些酒店从未亏损。

但希尔顿不满足于接盘二手酒店。1925 年 4 月 8 日，他利用贷款和租赁，建成了完全属于自己的达拉斯希尔顿大酒店。这座豪华酒店价值 100 万美元，是他个人资产的 10 倍。他很清楚，一旦经营失误，就会有成串的债权人来讨债。但他从不认为自己会

---

① 世界奢华酒店品牌，其首家酒店位于美国纽约曼哈顿，由威廉·沃尔道夫·阿斯特（William Waldorf Astor）在 1893 年建造。

失败。

1926 年新婚后的一天，希尔顿盯着报纸上的地图发愣，妻子问他在想什么，他指着地图上熟悉的街道说："亲爱的，这些地方以后都会有属于我的酒店，一家接一家。"这当然不是吹牛。地图上的希尔顿酒店开始像夜晚的星星那样冒了出来，一家、两家……直到八家。

然而，大萧条的到来让希尔顿猝不及防。整个美国的酒店行业损失惨重，有 80% 不得不歇业。希尔顿的连锁酒店只剩下 5 家，欠款多达 50 万美元。但他不断鼓励每个员工说，危机总会过去，出差、度假、探亲的人流还会恢复。无论在哪里，他都喜欢用一句话来总结："你必须心怀梦想。"

作为行业的顶尖代表，希尔顿的鼓励并非虚妄。当大萧条度过高峰，日渐走向尾声，酒店生意也恢复正常。希尔顿很快还完了欠款，将失去的 3 家连锁酒店重新纳入旗下。到 20 世纪 40 年代时，他的个人财产达到了 5100 万美元，在行业内，这已是惊人的数字。

此时，年迈而睿智的母亲又说了一句话，影响了希尔顿的抉择。她说："你现在和你当初只有 5000 美元时，没什么两样，你不应该只会用这样的经营之道。"

希尔顿没有付之一笑。他知道母亲的深意，即品牌需要拥有独到之处，才能配得上这样的位置。他不断思考如何找到创新点，最终找到的是"微笑服务"。很快，无论人们走进哪一个城市的希尔顿酒店，都会得到标志性的微笑服务，而这正是希尔顿酒店能在世界范围内立足和不断扩张的秘诀。

到 1954 年时，希尔顿已拥有了数十家世界一流的酒店，其中最有名的当数斯塔特勒酒店 ①（Statler）。收购这家酒店用了希尔顿 1.1 亿美元，这是当时数额最大的不动产交易，在美国社会轰动一时。随后，希尔顿酒店又走向了全世界，直到发展为今日的格局。

希尔顿是如何走过大萧条的？如果有人问他，他不会说出长篇大论，而是会用寥寥数语总结："朋友，让微笑代表梦想吧！你必须心怀梦想。"

将军急电可口可乐

1887 年夏天，上海街头出现了一种淡绿色的碳酸饮料。它最初被外国商船运来，留着长辫子的小贩用带盖子的瓦盆装好它们，然后将它们卖给那些整天在泡茶室里的有钱人。这种饮料冒着微小的气泡，在炎热的酷暑令人心旷神怡。那时，中国人习惯将进口物品冠以"荷兰"二字，于是这种碳酸饮料被称为"荷兰水"。这股时尚风潮很快还将传播到北京，乃至紫禁城，在历史上留下慈禧太后钟情荷兰水的典故。

荷兰水是最早进入中国市场的碳酸饮料。不久以后，人类历史上最出名的碳酸饮料，将会在大洋彼岸登上舞台，那就是可口可乐。

1886 年，美国的亚特兰大城里，一个名不见经传的药师约翰·彭伯顿（John Pemberton）发明了一种饮料，他为它取名"可口可乐"。但他已经将生命的最后力量融入其中，再也无力进行商业化开发。在彭伯顿去世前，商人阿萨·坎德勒（Asa Candler）买到了饮料

---

① 斯塔特勒酒店：创始人为埃尔斯沃斯·斯塔特勒（Ellsworth Statler，1863—1928 年），世界标准化酒店开创者。

的专利权。1892 年，他成立了可口可乐公司，总股本 10 万美元。经过父子两代人的苦心经营，公司资产达到了 200 多万美元。

1917 年，坎德勒选择退休，他将所有股票转给儿子。但仅仅两年之后，儿子就抵抗不住 2500 万美元的诱惑，将之全部卖给了亚特兰大的伍德拉夫家族。老坎德勒知道消息时，不由得大惊失色，继而泪流满面，但无法阻挡木已成舟的交易。

1923 年 4 月，可口可乐公司终于迎来了最重要的总裁——罗伯特·伍德拉夫（Robert Woodruff）[1]。在掌握公司大权的 62 年间，他真正将可口可乐带向了全世界。从接班开始，他就期待着开拓国际市场，但在最初的十余年间，这个计划始终被搁置，直到美国参加二战的消息传来。

1941 年 12 月 7 日，富兰克林·罗斯福总统对日本宣战的这天，罗伯特也在总裁办公室下达指令。他说："无论我国军队身处何地，无论本司要花费多少成本，我们都必须保证每个军人只花 5 分钱就能买到一瓶可口可乐。"

时间退回到二战爆发之前，在臭名昭著的 1936 年柏林奥运会上，可口可乐公司设计了一系列迎合纳粹主义的广告，罗伯特本人也到访柏林，整个品牌因此大出风头。

这场被后世遗忘的营销盛宴之后，可口可乐公司在德国迅速本土化，那里的特许装瓶厂组织了一场严密的运动，使可口可乐摆脱了美国形象。据说，阿道夫·希特勒实际上也很欣赏可口可乐，因为它能取代德国传统的啤酒饮料，而后者会消磨"革命意志"。

战后，有一队德国战俘被押解到新泽西的雷博肯，他们看见了大楼旁的可口可乐招贴画，为此感到兴奋而惊讶："你们这里

---

[1] 罗伯特·伍德拉夫（1889—1984 年），银行家欧内斯特·伍德拉夫之子，可口可乐公司最重要的领袖。

也有可口可乐！"这件事被美国作家马克·彭德格拉斯特（Mark Pendergrast）写进了《上帝、国家、可口可乐》一书中，以此证明无论在哪里，可口可乐公司都能找到品牌生存和发展的道路。

但随着战争的推进，罗伯特看得越来越清楚，强大的航母编队、遮天蔽日的轰炸机群、轰鸣推进的坦克洪流……这些不仅是美国扮演"民主世界捍卫者"角色的强有力武器，也是推广可口可乐最好的广告载体。

与此同时，盟军最高司令德怀特·艾森豪威尔（Dwight Eisenhower）上将也用行动表示了对他的支持。在艾森豪威尔看来，可口可乐有两大妙用：第一是能够鼓励美军士兵，让他们无论是身处北非沙漠的烈日下，还是身处星夜笼罩的西西里半岛山丘，都能喝到来自祖国的饮料，回忆起在家乡的快乐日子，从而燃烧起对纳粹的战意；第二则是能在欧洲国家宣传美国自由、欢乐、甜蜜的生活，让所有人接受美国军队和其背后的价值观。

1943 年 6 月 29 日，艾森豪威尔的订单从北非战场越过地中海，飞越大西洋，来到了五角大楼。在电报中他写道："我军先行要求 300 万瓶可口可乐，以及每月可以生产 2 倍数量的完整装瓶、清洗封盖设备，请提供护航。"陆军参谋长乔治·马歇尔（George Marshall）立即向陆军部下令，必须予以支持。就这样，跟随美军推进的战地可口可乐生产线诞生了。整个二战期间，可口可乐公司总共在海外建立了 64 家装瓶厂，总共生产了超过 100 亿瓶可口可乐。

二战后，大批驻外美军回国，国防部不再为可口可乐公司在海外的投资生产提供巨大的人力、财力支持，可口可乐公司重新回归到本土化的营销思路上。这在今天看来是司空见惯的跨国经营策略，但那时国际性的技术转让与合作，更多只局限于机械制造、石油航空等领域，在诸如饮料这类日常消费品领域还没有先例。

但罗伯特没有选择退却，他决定打造出新的标杆。

一番精心筹划后，可口可乐公司提出了新口号，那就是"当地主义"。罗伯特解释说，当地主义就是利用当地的人力、物力和财力，开拓可口可乐的国际市场。具体而言，即由当地人出资，在当地建厂，雇用当地员工。可口可乐公司除了提供可口可乐原浆，还提供生产技术、员工培训和营销方案，但其他所有问题都交由当地人解决。

"当地主义"迅速取得成效，很好地融合了可口可乐公司之前的国际营销措施，也体现出罗伯特良好的均衡能力。如果不是具有这样的能力，他也不可能掌控如此贴近终端消费者的企业品牌长达 60 多年。

1955 年，罗伯特名义上退休，但依旧担任公司财政委员会主席。此后，公司的总裁不断更换，但人人都知道，罗伯特依旧在幕后控制着公司。

即便如此，可口可乐的黄金时代还是终结了。百事可乐异军突起，在阿尔弗雷德·斯蒂尔（Alfred Steel）的带领下，百事可乐不断用年轻化的定位抢占市场。十余年间，可口可乐的市场份额被抢走了 1/3。到 1984 年，形势越来越危急，可口可乐对整个碳酸饮料市场的占有率为 21.8%，而百事可乐的占有率已达到了 17%。

此时的罗伯特已经 96 岁，他僵卧病床，行将就木，但思维依旧清晰敏捷。他相信只要自己还能呼吸，就必须亲自做出可口可乐公司的每一项重大决策。在生命的最后两个月，罗伯特同意了公司更改饮料配方的冒险提案，这是可口可乐诞生百年后第一次修改配方。

根据人们的回忆，当时屋内沉寂得可怕，钟表走动时的声音清晰地敲打着耳膜。一声沉重的叹息之后，靠椅上那个虚弱的老人发出指令："干吧！"话音未落，他热泪盈眶。两个月后，罗伯特终于撒手人寰。又过了一个月，可口可乐公司营销史上最大的败局落幕。几乎全国舆论都一致反对可口可乐更改配方，这次变革不得不草草收场，可口可乐重新使用原有配方，并开启了多样化营销策略，终于守住了饮料霸主的位置。幸运的是，此时的罗伯特只需要从天堂远眺这一切了。

博彩业的春天

20 世纪 20 年代初，美国西部的内华达一片寂静。该州的土地面积排名全美第七，人口数量却仅有 4.5 万人，除了大片荒漠，只有被开采后废弃的银矿张开无言大口，诉说着曾经喧嚣一时的繁荣。

从拉斯维加斯崛起开始，这一幕将永远消失于风中。

将赌场带到内华达的男人，叫雷蒙德·史密斯（Raymond Smith）。

1924 年，史密斯已 37 岁，是两个男孩的父亲。他只有一份职业，就是旧金山马戏团的售票员。日复一日目睹顾客排队进场的工作，让他对未来产生了巨大的恐惧。当这份恐惧发展到极限，创业的勇气随之而来。史密斯果断辞职，在海滩上开启了摆摊生涯：折刀转盘。

这是一种赌运气的博彩游戏。参与者向摊主交钱，然后用折刀投向转盘。大多数人都不会中奖，在游戏结束后拿上小礼物走人；只有少数幸运儿才会拿到大奖。史密斯第一次玩这个游戏时同样输了钱，但他很快发现了其中的奥秘，随后毅然加入经营者行列。

史密斯的轮盘摊没什么不同，但他有别具一格的营销手段。他带着儿子哈诺德·史密斯（Harold Smith）出摊，一本正经地传授营销心得。例如，要站在柜台中央大声吆喝，不要和那些玩耍者开玩笑，以及如果发现生意不好就把摊子向前移 30 米。

上阵父子兵。这个轮盘摊子很快就赚到了不少钱。哈诺德对此印象深刻，他后来总结说："我就是在那时候发现，只要努力，就能赚到钱。"

在当时的博彩游戏界，不乏有人在设备上做手脚，采用些出老千的手段。可史密斯却对此不屑一顾。他知道想将生意做大，就不能只将希望寄托在那些渴盼暴富且容易昏头的人身上，要将生意目标定为大众。所以，他思考的是如何提供娱乐体验，而不是骗人。

不久之后，史密斯在堪萨斯找到了想要的答案。当时，那里最流行的是敲钉子游戏，如果玩家只用三次就能将钉子敲进木头，老板就会送上丰厚的奖品。但实际上所有老板都用最硬的木头，几乎没有人能将钉子敲进去。

史密斯对此不以为意，这种玩法在他眼里属于诈骗。他要让人输得心服口服，输得还想再玩下去。他找来不算最硬的木头，然后埋头苦练，练到手腕红肿。最后，他只需要两下就能将钉子敲进去。

史密斯的敲钉子摊位很快就出名了。大块头男带着女朋友来逛街，几乎每个人都会交上 15 美分炫耀自己的肌肉力量，但他们中的绝大多数都败兴而归。史密斯则乘机煽风点火，他总是大方地说："这木板没有作弊，不信你来看我。"说着，他捡起大块头们扔下的锤子和钉子，砰砰两下就完成了游戏。

这下，所有人都佩服不已。史密斯会说："当然，欢迎你们下次来战胜我。"

这并非虚言。没过几天，一个最强壮的男人达成了目标，他用 30 美分就赢了一盒巧克力。随后，他每天晚上都来这里赚巧克力，而史密斯也乐于奉送。因为有了最好的活广告，史密斯的摊子每天都有人排队。

1929 年，大萧条来袭，很多人失业，但史密斯洞察了人性的奥秘。他知道等经济稍微恢复，经历了低迷的人们就会报复性玩乐。他在旧金山以北的小城里奥·尼多买下了一家博彩游戏店，然后用自己的理念对其加以改造。几周后，营业额连续上升，到夏天时，史密斯父子就赚了 4500 美元。

用这笔钱，他们踏上了新的旅程，所到之处收获颇丰。不过，史密斯也有失算的时候。在加利福尼亚，赌博行业是违法的，当警察看到史密斯的小店多了一台硬币轮盘机时，立即开出了停业 90 天的罚单，还有 500 美元的罚款。

史密斯决定再次踏上旅途，他的笔尖在地图上游走，最终停在西部的荒野之地，内华达的里诺。当父子俩走上这座"城市"的街头时，被落后的景象惊呆了，因为这里只有一家小饭店、一家当铺、一家洗衣店和一家没有电梯的旅馆。当然，还有他们此生事业的归宿——一间破破烂烂的游戏房。

游戏房的老板听说他们要用 2000 美元买下店，简直乐开了花，因为这家店早已亏本多时。接到钱以后，老板立即租辆车离开了里诺，史密斯心想，他一定再也不会回来了。

史密斯父子在这里挂上招牌，将其命名为"哈诺德俱乐部"。他们打算在这里做一番大事，让公众喜欢博彩娱乐，而不是任由职业骗子横行。

很快，哈诺德俱乐部宣布，将会为输钱的客人提供停车费。而当更多客人到来时，俱乐部还会抽奖，将人们输掉的钱返还给他们。许多人以为这只是偶然性的行为，没想到史密斯坚持了下来，

10 年不到，他总共退还了 50 万美元给玩家。不过这些退款也有附带条件：第一，不能向外透露退款情况；第二，下次务必再来光临；第三，要对外宣传哈诺德俱乐部的诚信。如果做不到这些，就会登上哈诺德俱乐部的黑名单而不被欢迎。

这样一来，哈诺德俱乐部名声大振，逐渐成为里诺的核心店铺。到 1941 年，其分店已遍布全城。每家分店都有身穿统一制服的女发牌员，她们经过专门的培训，向输家表达安慰同情，向赢家表示祝贺，还会适时劝说那些失去理智的赌客停手。哈诺德俱乐部还经常有烟火表演、娱乐明星演出，甚至搞了只钻来钻去的老鼠，取代轮盘机上的那个球。

这些做法让哈诺德俱乐部名噪一时。到 20 世纪 50 年代时，每天都会有近 2 万人来到里诺"玩一把"，这会为城市带来每年 150 万人的客流量。即便到此时，也没有人知道史密斯父子赚了多少钱，《时代》周刊曾经称其家族财富是 1 亿美元，史密斯对此不置可否。

1962 年，这家俱乐部以 1667.5 万美元的高价，被转让给霍华德·休斯[1]（Howard Hughes）。后者是集航空工程师、企业家、电影导演、花花公子、飞机大王、疯子等于一身的天才人物，他此时正对经营赌场很感兴趣。

自那天后，史密斯家族仿佛突然消失了，他们远离了这座城市，甚至远离了博彩业，一如他们到来时那样神秘莫测。但哈诺德俱乐部并未消失，反而发扬光大。它所创立的一切经营规则，都被传播到内华达的拉斯维加斯。那里的城市规模更大，更靠近洛杉矶，也拥有更完善的产业结构和基础设施。很快，那里就成了享誉世

---

[1] 霍华德·休斯（1905—1976 年），出生于美国得克萨斯的休斯敦，美国企业家，飞行员，电影制片人、导演、演员。

界的赌城。

史密斯的经营之道，拯救了荒凉的内华达。他将烟气蒸腾、充满汗臭的赌场，变成了光鲜亮丽，到处都是绅士美女的公众娱乐场所。后来，有人问起家族成功之道时，他的女婿总结说："老爹是非凡的梦想家，他知道普通人想要什么，因为他始终是其中的一员。"

迪士尼迎来命运的转折

当经济走向低迷时，廉价而方便的娱乐，总会得到所有人的欢迎。即便经济复兴，这种娱乐形式也还是会被人们铭记，变成一代人的生活习惯。好莱坞电影的第一个"黄金时代"，就是 20 世纪 30 年代，同样随之壮大的是一只老鼠——沃尔特·迪士尼（Walt Disney）的米老鼠。

沃尔特和希尔顿一样，喜欢将梦想挂在嘴边。他说，梦想不是让你厌倦现实，而是要把你领到悬崖边上，然后一脚踢下去。只有这样，你才能展开想象的翅膀，安全降落。

老鼠就是沃尔特的理想。不知何故，他对这种备受讨厌、不见天日的小动物有种莫名的同情和喜爱。他甚至还在办公室喂养过老鼠，直到遭到同事的投诉。1928 年，他在百无聊赖的火车旅程中灵感涌现，画出了一张老鼠草图，这只老鼠身穿黑色上衣、红天鹅绒裤，戴白手套。他为它取名"米奇"，向妻子莉莉·迪士尼介绍了这只老鼠，并讲述了剧本故事。

1928 年 3 月，沃尔特进一步完善了米老鼠的形象，并为其塑造出鲜明的个性。随后，他全身心地投入第一部米老鼠影片的摄制中。

之前，所有电影都是黑白且无声的。但米老鼠动画片不同，沃尔特引入了音乐，确保其节奏的强弱反差能和动画人物夸张的动作同步。到这年 11 月 18 日，电影终于上映，并立即获得了巨大的成功。

1929 年，华尔街股市如同冰山崩解，社会经济低迷，百业萧条，但米老鼠收获了更多观众的心。许多普通人在周末带上孩子走进了黑暗的影院。上一秒，人们还在忍受周围传来的啼哭声和叹气声；下一秒，光柱穿过布满尘埃的空气，投射到偌大的屏幕上，一只有着夸张硕大的头部、滑稽幽默的动作，还会跟着音乐跳舞的老鼠，一瞬间便让人们丢下了所有的烦恼，沉浸在幻想的世界中。

带给人们的快乐越多，沃尔特赚到的钱也就越多。有商人表示，希望能将米老鼠印到儿童用品上，并愿意为此付出 300 美元。沃尔特敏锐地捕捉到其中的商机，他表示可以授权经营，但合作者必须保证产品质量。此后，米老鼠牌的拼图、帐篷、玩具、雨伞、零食等商品层出不穷，沃尔特获得了丰厚的授权费，而许多原本濒临破产的厂家也因为这只老鼠重获新生。

但沃尔特的压力并未变小，反而越来越大。1931 年，追求完美的他患上了神经衰弱。他暴躁易怒、情绪失控，有时还会痛哭流涕、彻夜失眠。后来，在医生的建议下，他通过锻炼放松，才让病情逐渐缓解。

即便如此，沃尔特对员工还是挑剔而粗暴，虽然会摆出民主的姿态，但实际上总是固执地想方设法推进自己的设想。为此，公司等级制度森严，只有数名最优秀的动画设计师才能享受良好待遇，其他人的工作待遇则完全由沃尔特的个人喜好决定。至于整体业务方向，所有人都对其马首是瞻。

拥有绝对权力的沃尔特，随即决定打破业界惯例，他要拍摄一部动画长片。那时，动画长片的概念尚未出现，所有动画片都只有 9 分钟左右，由单卷胶片组成。沃尔特则计划使用 10 卷以上的胶片，来拍摄他的新动画片《白雪公主和七个小矮人》。1934 年，当大萧条渐近尾声时，他也开始了漫长的制作。沃尔特亲自向员工讲解这部电影中的每个场景，描述故事细节和主题。就像拍摄真人电影那样，他还会扮演每个角色，模仿其声音，对所有人物的情绪、声音、画面他都要一一严格把关。

在沃尔特接近"病态"的控制欲下，电影的成本预算从最初的 50 万美元上涨到 150 万美元，75 名动画设计师和数百名员工制作了 25 万张图画。这部动画长片直到 1937 年 10 月才上映，第二年就被译制为 10 种外文，在 49 个国家公映。随后，800 万美元进入了迪士尼工作室的账户，其票房收入一举超过同时代的所有影片。

动画长片的时代帷幕就此被拉开了，沃尔特接连不断地推出作品：1940 年的《匹诺曹》《幻想曲》，1941 年的《小飞象》，1942 年的《小鹿斑比》……迪士尼工作室获得的奖项越来越多，沃尔特本人也收获满满。在沃尔特的有生之年，他一共收获了 22 项奥斯卡金像奖（不含 4 项荣誉奖），这是奥斯卡金像奖历史上个人获奖数量最高的纪录。

但沃尔特未能想到，巅峰之后就是迅疾的下坡路。

1939 年，二战爆发了，战火席卷欧洲，那里已经无法再发行美国电影，迪士尼工作室顿时失去了其一半左右的市场。1941 年，美国参战，迪士尼工作室被军方征用，政府要求沃尔特为军队制作公共教育宣传影片，这些订单贡献了迪士尼工作室 90% 的收入。即便如此，沃尔特还是规定不能以政府采购来谋利，这笔钱只负责保持工作室的正常运转。

然而，这份爱国情怀没有换来财富，反而让他负债累累。到二战结束时，迪士尼工作室的负债达到了 400 万美元，沃尔特陷入了人生低谷。战争似乎改变了所有美国人，也改变了沃尔特，他的想象力和热情已经被消耗殆尽。不过，这样的瓶颈，正是每个企业家走向成熟的必经之路，尤其像沃尔特这样具有艺术气质和控制欲望的企业家，更需要经受如此磨炼。

从 1947 年开始，沃尔特变得更加务实。他开始拍摄反映各地真实自然情况的电影。十余年间，这家工作室拍摄了许多优秀的纪录片、冒险片和真人电影。1954 年，他将这些电影制作为《迪士尼乐园》节目，并亲自担任主持人。他用温文尔雅的风度、坦诚开朗的言辞打动了所有观众，节目每逢周日播出，播出时几乎万人空巷。

1955 年，真实版的迪士尼乐园建成。这个乐园总共耗资 1700 万美元，美国广播公司投资了其中 50 万美元，迪士尼工作室用 450 万美元贷款，斩获了其中 35% 的股份。7 月 7 日开幕当天，9000 万美国观众通过电视实况观看了乐园开放仪式，2 万名游客游览其中。在随后的一年里，乐园迎来了 350 多万名游客。

沃尔特将余生奉献给了迪士尼乐园，直到 1966 年 12 月与世长辞。时至今日，迪士尼动画的一系列形象，已经和可口可乐、美国职业篮球联赛等共同组成了美国文化对外输出的重要部分。

回顾历史，在数百年内，美国曾出现过那么多企业家，他们在各自领域内创造了不同程度的奇迹，然而，能让全世界不同语言、不同文化背景的家庭纷纷坐在荧幕前欢笑的美国人，非沃尔特·迪士尼莫属。那些笑声，是他对全人类最重要的贡献，该贡献之大，掩盖了他为人所诟病的缺点。

从车库走出的惠普

当美国的商业历史走向 20 世纪后，几乎找不到约翰·洛克菲勒、皮尔庞特·摩根这样的寂寞王者，一时瑜亮的戏码层出不穷，势均力敌的对手先后登场，新人试图颠覆老人，而更新者又在伺机而动……这些剧情留下的不仅是传奇的故事，更有源源不断的社会物质和精神财富。

托马斯·沃森（Thomas Watson）父子无疑也碰到了这样的好对手，那就是惠普的创始人。

1938 年的一个夜晚，斯坦福大学毕业生比尔·休利特（Bill Hewlett）正在自家车库里埋头工作，在他身边，凌乱地摆放着操作工具，钻床、老虎钳、螺丝刀、锉刀、烙铁、钢锯……与他共同使用这些的，是创业伙伴戴维·帕卡德（David Packard）。

帕卡德比休利特年长一岁，此时刚毕业进入通用电气公司。这两个人外形差异很大：帕卡德个子很高，有高前额、尖鼻子；而休利特则又矮又胖，身高还不到帕卡德的肩膀。站在一起时，两个人很像派大星和海绵宝宝。后来，在为惠普的年度报告拍摄两人合影时，摄影师只能要求帕卡德坐下来。

在这座车库里，两个 20 多岁的男人已经待了整个夏天。除了必须出门，他们每天都在敲敲打打，研发着声频振荡器，偶尔会停下来面对图纸，进行一场讨论。

除了他们，没有人在乎这个车库。外面是加利福尼亚帕罗奥多市爱迪生大街的居民区，车库用薄木板围成了墙，里面只能放得下一张简单的工作台，以及几个油液罐和存放真空管的盒子。没有人能料到，车库最终能诞生什么：不仅是惠普，而且是整个硅谷。

在此之前，两位创业人要面对一次重大考验。零件板在喷漆完成后需要烘干，但两人找不到适合的设备，而借来的 538 美元创业资金也即将告罄，他们只能将一台廉价二手冰箱改造成烘干机。当晚，他们将零件板放进烘干机，带着一身疲倦下班回家，让烘干机彻夜运行。夜半时分，车库跳动火苗，幸亏一位路人及时发现并报警，消防车急速驶来，才拯救了这个差点"胎死腹中"的创业公司。

1938 年 11 月，两人终于制造出第一台声频振荡器，并得到了国际无线电、电信与工程师协会的一致肯定。这让他们兴奋不已，他们随即开始了量产。他们将新产品命名为 200A，专门拍摄了照片，配上两页纸的说明书，再将其送到学校导师推荐的客户手中。

和他们梦想的一样，200A 为市场所看好，大批订单涌入车库。但年轻人创业终究要付出代价。市场上的声频振荡器售价五六百元，而他们却将价格定为 54.4 美元。这样一来，他们似乎是死路一条：不卖是等死，卖就是亏死。

好在，美国有善良的米老鼠。沃尔特·迪士尼正在筹拍动画巨作《幻想曲》，需要大量声频振荡器。总录音师正在到处寻找优良设备，发现这两个小伙子的产品很不错，价格又如此低廉，于是便主动接触了他们。在迪士尼公司录音团队的指导下，惠普推出了改良产品，并将定价提高到 71.5 美元。这个价格依然很便宜，迪士尼一口气买了 8 台，这让惠普又一次走出了生存危机。

上完市场的这一课，两个创始人终于意识到，自己的产品确实有充足的价值，能卖出更好的价格，也只有这样，才有资本推动公司的发展。

1939 年元旦，休利特和帕卡德签订了合伙协议，他们以掷硬币的方式来确定双方名字在公司名称中的顺序，最终休利特赢了。惠普正式诞生。

斯坦福大学的毕业生在车库里打造了一家公司，类似的故事从来没有发生过，这成了当时电子行业的新闻。然而，大多数人听说后只是付之一笑，只有诺姆·尼利（Noam Neely）认真地考虑了后面的事情。

尼利并没有什么大来头，他只是普通的无线电和录音设备推销员，主要负责南加州地区的市场营销开发。他对惠普的事情很感兴趣，毛遂自荐地写信表示，希望和公司创始人聊聊。休利特和帕卡德在车库里热情地欢迎了他，虽然车库的简陋让尼利感到失望，但他对两位创业者的热情和智慧非常佩服且深受鼓舞。就在这天晚上，三个人握手达成了合作协议。后来的 50 年内，他们都采用握手方法来明确共识，从来不需要签订什么文字协议。

那天晚上发生的事情，代表了硅谷最早的精神。那就是热衷改变、追求创新，以虔诚的态度去追求技术成就，而不在乎繁文缛节和陈旧规矩。在惠普之后，一家又一家企业如雨后春笋般诞生在这里，无论成败，后来者都从这样的精神中学到了很多。

在尼利的参与下，惠普调整了业务类型。他们不再承接委托研究项目，而是将资源集中于产品。尼利帮助公司在好莱坞和南加州航空公司拿到了不错的订单。到 1939 年年底，惠普的盈利达到了 1653 美元，惠普算是活了下来。到第二年，军方订单激增，公司开始进行军用无线电、声呐和雷达的研究和生产，年销售额迅速达到了 100 万美元。到 1942 年，惠普在佩奇山路 395 号建造了属于自己的写字楼、实验室和工厂，它们被称为"红杉树大楼"。帕卡德尤其喜欢写字楼，他对已经从军的休利特说，将来如果电子行业不景气了，大楼可以被就地改造为食品超市。

这事当然没有发生。当 1945 年战争结束时，惠普已经拥有了 200 万美元资产，俨然是一家大企业。两年后，休利特退伍回归，出任公司副总裁。当年他离开时，公司只有 15 个人，而此时人数已达到 250 人。随着员工数量倍增，两人形成了统一的用人观点：
"我们提供一份永久的工作，只要你表现良好，我们就雇用你。"
后来，这个观点形成了"惠普之道"，其重要戒律就是"永不会
用人时雇用、不用时就辞退"。体现在对企业的日常管理上，"惠
普之道"为这家企业创建了尊重员工的集体氛围、精诚合作的目
标追求、平等讨论的质疑精神。这些不仅催生了惠普日后不断增
长的业绩，也进一步凝聚为硅谷企业的共同文化，比尔·盖茨、
史蒂夫·乔布斯、拉里·佩奇等后来的商业巨头，无不从中深受
裨益。

时至今日，诞生惠普的那间车库，已经成为印证"美国梦"
的文化符号，吸引着全球仰慕者前往参观怀念。

1944

第7章

复活，理想主义（1944—1954年）

1954

1944—1954 年，美国经历了二战后的重建和冷战时期的发展。随着和平安定的国际环境重新形成，美国迎来了又一段经济繁荣期。工业化程度不断提高，新兴的科技产业得到快速发展，著名的 IBM 和惠普正是在这段时间内诞生和成长的。

　　由于美国人收入的普遍增加和消费观念的集体改变，零售业开始焕发新的光彩。纽约第五大道等成了奢侈品消费的热门目的地。在类似的广袤商业平台上，新兴创业者秉承着传统的理想而艰苦奋斗，缔造出"雅诗兰黛""沃尔玛""芭比"等新品牌，为消费者提供了更多种类的商品选择，满足了更多个性化的需求；老牌企业强生则凭借"用高质量满足用户需求"的信条，在药品领域重获新生。

　　在这段时间内，越来越多的企业开始采用大规模生产的模式，通过生产线和标准化流程来提高效率和降低成本。这使得商品的供应量大幅增加，人们可以用相对较低的价格购买更多的商品，从而推动了消费的增长。当该模式影响餐饮行业，即形成了标准化快餐连锁商业模式，采用这种商业模式的麦当劳将在未来成为代表美国精神的重要国际品牌。

IBM的父子总裁

　　两次世界大战前后，美国的创业者们更多着眼于终端消费市场，从抓住普通人的味觉，到吸引平民百姓对低价的关注，企业家们似乎正变得越来越现实。但随着二战结束，理想主义开始复活，重大的创新行为再次出现并形成浪潮，其中的排头兵就是IBM。

　　1914年4月的一天，从全美现金出纳机公司①所在的写字楼里，走出了一位闷闷不乐的中年人。他满头是汗，领带松散，抱着纸箱张望着车水马龙的街头。半个小时前，他刚被这家公司的总裁排挤出局，而一周前，他还是公司高管。

　　此人正是托马斯·沃森（以下简称老沃森）。40年前，他出生在贫穷的农户家庭，没有接受过良好的教育，没有光鲜的学历，17岁就加入了缝纫机推销员队伍。然而，他干一行爱一行，终身信奉"销售为王"的理念。1896年，他加入了全美现金出纳机公司，在这里奉献了18年的青春，直到18年后黯然离开。

　　当老沃森从最初的沮丧情绪中摆脱出来，他告诉朋友："这家公司连大楼都是我协助筹建的。现在，我要去开创另一家企业，它一定会比这里大！"

　　此话并非虚言。当时，老沃森的销售口碑在业界已经立稳，很快就有企业看中了他，这家企业叫计算制表计时公司②。严格而

---

① 全美现金出纳机公司（National Cash Register Company，NCR），1884年由约翰·帕特森（John Patterson，1844—1922年）创立，其早期产品为商业收款机等销售工具。
② 计算制表计时公司（Computing-Tabulating-Recording Company，CTR），1911年由查尔斯·弗林特（Charles Flint，1850—1934年）创立，其早期产品为打孔机等办公工具。

言，将"看中"用在这里并不准确，这家公司在当时已经濒临倒闭，
与其说它看中了老沃森，不如说它病急乱投医，想要抓住这个销
售老手作为救命稻草。老沃森当然不会随便答应，只是他对这家
公司生产的办公设备有所了解，觉得还有些潜力，于是开出固定
年薪、持有股票、5% 的年利润分成三大条件。对此，董事会满口
答应，因为谁都不能肯定这家公司会不会有利润，5% 又算得了什
么呢？

换人如换刀。老沃森不仅带领公司扭亏为盈，更使公司业绩
一路上扬。1924 年 2 月，他被任命为总经理，并力主将公司名改
为"国际商业机器公司"，简称就是大名鼎鼎的 IBM。当初他入
职之时，公司生产销售的无非是绞肉机、磅秤、土豆削皮机；在
他的精心调教下，现在已经转型生产经营打字机、打孔机、分类机、
会计计算机等产品。

尽管在大萧条中受到周围人的影响，老沃森曾经焦虑烦躁，
但他始终相信商业的未来是美好的，繁荣的景象终究会到来，而
当下除了"过冬"，还要储备好零部件，在必要的时候加快生产
进度。甚至在 1932 年经济最坏的时候，他还拿出 100 万美元，建
立现代化实验室。客观地说，这是一种赌博式的经营战略，但老
沃森赌对了。他凭直觉相信这个国家不会就此一蹶不振，他也凭
对未来的期待，让企业做好了迎接春天的准备。

成功的企业家都有不同的教育背景、专业技能、个性特征，
在事业和生活的诸多细节上也截然不同，但有一点是相似的，那
就是他们几乎无一例外地对未来抱有乐观心态，老沃森也是如此。
如果他选择了盲目悲观、保守退缩的态度，很可能就不会有今天
的 IBM。

当罗斯福实施新政后，伴随着经济的复苏，IBM 的状况开始
好转。新政的重要内容就是建立美国的社会保障体系，其中涉及

社会福利、公共工程和价格控制等不同方面，这些都需要进行庞大而复杂的数据计算。当时，除了 IBM 的所有办公设备公司，都因为惧怕受到更大的冲击而减产，即便政府的订单滚滚而来，也没有人能接得住。只有 IBM 提前做足了准备，将每块从天而降的馅饼都收入囊中。随着新政的"剂量"不断加大，越来越多的商业体开始苏醒，每家大中型企业都在求购打字机、会计计算机，IBM 的产品成了第一选择。到 20 世纪 30 年代末期，老沃森掌管的公司销售额已增长到 3950 万美元，利润高达 910 万美元，成为美国最大的商用机器公司，"蓝色巨人"就此站了起来。

在二战中，IBM 的销售额继续增长，达到 1.4 亿美元。他们向军方提供打孔机。美军每到一处，打孔机就会嘀嘀作响，在纸带上传输前线的各类数据，参谋再将其绘制成表格，传递给五角大楼，以便对方做出进一步指示。同时，老沃森还在纽约建立了军火工厂，生产军工产品。

老沃森定下了一条规矩，IBM 的所有军需品利润不得超过 1%，他发自内心地讨厌战争，也不希望公司背上军火贩子的骂名，毕竟战争是要过去的，而产品品牌也终究要走向欧洲、走向全世界。因此，直到 1945 年，尽管销售额提升了 3 倍，但 IBM 的利润依然维持原状。后来，"1%"的利润原则始终有效。

战争结束后，儿子托马斯·沃森（以下简称小沃森）从国民警卫队回到了公司。父亲对此非常欢迎。但父子相见不久之后就爆发了冲突。

小沃森表示，现在都说未来是计算机的时代了，公司必须大举进军计算机领域！

老沃森认为：我做市场的时候，你还在穿开裆裤，我听说的版本是，全世界只需要五台计算机就够了。

小沃森回应道：无法和你继续沟通了，你就是个老顽固！

　　最后，小沃森甚至对父亲吼道："难道你觉得自己永远不会离开吗？"

　　实际上，IBM 确实有能力生产最先进的计算机。为保障战争所需，军方对产品性能和质量的要求非常严格，而且需要和轴心国展开技术竞赛。例如，仪器的运算能力必须不断提高，才能迅速破解敌军不断更新的密码。而新式的瞄准器、防毒面具、机枪、雷达等产品，想要在试制之后展开大规模、高效率的生产，也离不开 IBM 对计算工具的创新。

　　形势比人强。老沃森第一次妥协了，他同意了儿子的建议。1944 年，公司研发出第一台自动顺序控制计算机，代号为 ASCC Mark Ⅰ。这台机器重达 5 吨，由钢和玻璃材料包裹，由 75 万个零部件构成。它每秒钟能进行 3 次运算，立刻被海军用来计算弹道。这次尝试的成功，将 IBM 领到发展历史上的转折点。

　　在此后的 10 年间，老沃森凭借着铁腕管理手段，将企业的销售额带到了 5.635 亿美元的新高度。这是他接手 IBM 之后最好的经营业绩。但此时已是 1955 年，健康状况不容许他继续工作了。

　　1956 年，小沃森接过了 IBM 的权杖。当初的不快早已烟消云散，父子达成了和解，感情恢复如初。更何况早在 1952 年，冯·诺依曼（John von Neumann）率领的科研团队就研制出了 IBM 第一台存储程序计算机，这台代号为 IBM 701 的机器后来被俗称为"电脑"。到父子交接班时，IBM 已经占领 70% 的市场份额，其他 30% 市场由另外 7 家公司分享。

　　到此为止，老沃森终于承认，计算机的时代已经到来了；而在生理上，他则拒绝向时代妥协。他此时身患恶疾，原本能通过手术治疗延长生命甚至康复，但他始终固执拒绝。这年 6 月 20 日，他与世长辞，当时的《纽约时报》评价他是"世界上最伟大的推销员"。

老沃森将销售对一家企业的价值发挥到了最大。他始终坚信，销售不仅要向客户提供价值，更要给客户以启迪，要能帮助他们思考。同时，老沃森也比同时代的企业家更注重发挥普通员工的能动性，他给予员工终身雇用的承诺，又不断为他们提供各类名目繁多的福利待遇，在企业内营造出对待工作近乎宗教般的热情。

无论从何种角度看，沃森都堪称美国第一代杰出的职业经理人。他并不是 IBM 的创始人，但他亲手打造出了伟大的 IBM。

雅诗兰黛的赠品策略

当惠普的两位创始人退休时，美国商业界已有了大量女性成功的案例，但这家公司的高管团队中依然没有出现女性，这大概是他们职业生涯中最容易遭受诟病的事情。与之相比，同时代创建的另一家公司却恰恰相反，从那时到现在，公司职员都以女性为主，而管理层的女性比例更是超过了 55%。

这家公司与创始人同名，称"雅诗兰黛"。

在雅诗·兰黛的创业时代，男人始终是美国商业社会的主宰者，他们各自持有不同专业领域的技能：穷则独善其身，埋头于狭小的实验室；达则兼济天下，将产品卖到全世界。不过，随着社会经济和时代思潮的发展，巨大的性别鸿沟正在被努力奋斗的女性填平，雅诗·兰黛就是其中的优秀代表。

雅诗原名约瑟芬·埃斯特·门策（Josephine Esther Mentzer），出生于匈牙利的犹太移民家庭，父母在美国安家落户，靠一间五金店维持生计。雅诗是家里的第九个孩子，格外受宠。或许正是因此，她不愿接受命运的安排，认定自己应该享受高雅华贵的生活。

她甚至讨厌自己带有德语味的名字，后来有了公司后，她将之改成带有法语元素的雅诗（Estée）。1930 年，她和约瑟夫·劳特（Joseph Lauter）结婚，本应冠以夫姓。但她表示这个姓太美国化，不如改为具有古典欧洲气质的兰黛（Lauder）。

从此，世界上就有了雅诗·兰黛（又译为"埃斯泰·劳德"）的名字。

在配得上这个名字之前，她必须付出艰苦的努力。丈夫从事服装批发生意，虽能养家，但没办法让雅诗过上向往的生活，于是她产生了更大的赚钱热情。在那个年代，女性能以个体身份从事的商业经营工作并不算多，于是，雅诗想到了自己的童年。

一战爆发时，从欧洲前来美国避难的舅舅约翰·肖茨（John Schotz）就住在雅诗家的隔壁。刚满 6 岁的她，第一次看到有人在煤炉上煮各式各样的化学材料，然后将它们调和冷却，最后使它们凝结成晶莹透亮的油脂。舅舅半哄半骗地告诉她："小埃斯特，只要抹上这些药，你就会成为纽约最美丽的小姑娘。"

就这样，雅诗成了舅舅唯一的实验对象。长大后她才搞清楚，舅舅是化妆品药剂师，他研发出几种私密的护肤膏配方，想要成就"美国梦"。雅诗鼓起勇气找到舅舅，表示愿意帮忙销售产品。

凭借良好的形象、诚恳的沟通，以及与推销员身份并不相符的气质，雅诗很快积累了客户。有人在购买产品之余，还会夸赞她的皮肤状态；也有人语带嘲讽，说自己的裙子是她买不起的。无论是褒奖还是否定，都让她持续感受到努力的意义。当她在纽约电话号码簿上填写自己的职业时，她没有写"会计师兰黛"，而是写了"化学家兰黛"。

忙于事业的雅诗顾不上家庭，和丈夫的感情出现裂痕。1939 年，她和丈夫协议离婚。雅诗向南到达迈阿密，在那里开了一家化妆品店，生意不温不火，她也没有再次寻觅到如意郎君。1943 年，因为孩子突然感染天花，前夫回来照顾，两人终于复婚。

这一次，夫妻达成了共识，回到纽约，一定要在行业中闯出新天地。虽然有属于自己的小店，但雅诗还是走上街头，向每一位愿意停下脚步的女性要求"五分钟"。她说："太太，只要您给我五分钟，我会让您有全新的感觉。"

在无数个"五分钟"之后，改变她一生的"五分钟"到来了。在一家"金发女郎之家"理发店，店主弗洛伦斯·莫里斯（Florence Morris）夫人获得了有生以来最好的化妆品体验。雅诗将精制清洁油轻轻涂抹在她脸上，随后用最好的洗面套装帮助她清洁毛孔，使她容光焕发。莫里斯夫人照照镜子，嘴角泛起微笑，示意可以继续。随后，洗面奶、护肤液、化妆粉、胭脂轮番上阵，莫里斯夫人终于在镜子里看到了 20 多岁时的自己。

当天，莫里斯夫人就答应雅诗，可以到她旗下的美容院推销产品。

即便是今天，美容院的常客也都属于高净值人群，更不用说在 100 年前的纽约。雅诗终于挤进了她梦寐以求的阶层，但她必须从服务这个阶层做起。

每当有新顾客来到美容院，或者有老顾客享受完服务离开，她都会赠送一些化妆品小样，再夸赞对方几句。凭借着女性天然的社交能力，雅诗的朋友圈越来越广，很多顾客购买产品后，还会向朋友推荐宣传。就这样，雅诗成了纽约高档社交圈的美容顾问。越来越多的美容院、酒店都向她发出邀请，希望她能前往提供服务。

但雅诗并不满足于当顾问，她要成立一家企业，她希望人们记住她的全名。1946 年，雅诗兰黛公司正式成立，最初只有 4 种产品：清洁油、面霜、润肤液和全效润肤精华。但企业和个体截然不同，雅诗个人的能力和时间终究是有限的，如何才能做到大规模推广产品呢？1948 年，她带着辛苦积攒的 5 万美元找到 BBDO 广告公司，询问如何能让自己的品牌打入上流社会，却引来了一阵嘲笑。笑声中，有人告诉她，这些钱只能买下热门杂志的一页广告位。

笑声让雅诗感到愤怒，她决定继续用社交的力量做营销。恰逢第五大道化妆品店的老板罗伯特·菲斯克（Robert Fisk）组织了一场盛大的慈善午宴，雅诗设法成了捐款人。演讲之后，她拿出一枚枚狭小的金属盒，发给在场来宾。女士们心怀疑惑地打开，发现里面是精致的唇膏。当时，化妆品市场几乎全都用廉价的塑料盒，对比之下，雅诗的礼物显得高贵典雅。

第二天，许多人涌入菲斯克的化妆品店，询问如何才能购买雅诗兰黛牌的唇膏。很快，菲斯克的 800 美元订单发到了雅诗的公司。

产品进入第五大道，就意味着进入了纽约上流社会的核心消费圈。菲斯克曾经多次拒绝过雅诗的合作请求，但即便高傲如他，也拒绝不了消费者。

从此之后，雅诗找到了专属的营销路径。在许多次宴会上，爵士乐手们在台上卖力地表演，营造出欢乐活力的氛围，在音乐的间隙中，乐手们得意地摇头晃脑，喊出"雅诗·兰黛"的名字。而雅诗本人则满脸微笑，在台下向每个桌子派发一盒盒的粉底霜。

对于那些无法前来参加宴会的人，雅诗也有办法。她设法和银行合作，表示要为他们的信用卡客户提供免费礼物。银行当然乐见其成，于是这些客户很快收到了言辞亲切的赠品券，凭券即可到门店免费领取粉底霜、唇膏甚至粉盒。

同行们觉得，雅诗一定是疯了，这样大规模地赠送产品，最终的结局难道不是破产？但 3 个月之后，雅诗的门店排起了长队，而她用另一个惊喜迎接客户，那就是买一赠一。

到此为止，没有任何化妆品品牌能动摇雅诗兰黛这一品牌的地位。产品质量过硬、营销手段抓人，这家公司没有任何失败的理由。在随后的数十年内，雅诗兰黛不断收购新品牌，成立子公司，走在时代的前沿。到 2004 年时，其年利润已经达到了 57.9 亿美元。

就在这一年，九旬老人雅诗·兰黛去世。至此为止，她的早年经历已不可考证，人们知道的部分，几乎完全源于其自传。因此有人说，雅诗·兰黛完美地隐藏了过去，因为她本人的名字和她的产品相关联，所以她必须用足够优秀的故事来塑造她自己。但更多人记住的是其自传里的话语："唯有结果可以说明一切。"

"天天低价"沃尔玛

二战宣告结束，美国迎来了"平淡年代"。半个世纪、两次大战之后，无数美国家庭渴望安定与平静，其中有财力的人开始选择购买乡下的房子。此外，汽车工业的繁荣、交通干线的发达，也让"城市工作，郊区生活"成为现实。就这样，郊区获得了迅猛发展，最典型的例子是大型购物中心数量的变化。二战刚结束时，全美国位于郊区的大型购物中心只有 8 家，而到 20 世纪 60 年代时，这个数字暴涨到 3840 家，其中就有后来享誉全球的沃尔玛。

沃尔玛创立于 1962 年，但其创始工作早在 1940 年就开始了。这一年 6 月 3 日，山姆·沃尔顿（Sam Walton）从密苏里州大学毕业，他原本希望能去沃顿商学院继续求学，但苦于学费不足，他只能前往彭尼百货零售公司[①]在艾奥瓦州的得梅因分店报到，月薪 75 美元。一年半之后，沃尔顿投身军旅，成为预备役军官。当战争结束后，他已为人父，必须重新端详未来的职业道路。

沃尔顿在彭尼百货零售公司的短暂经历，足以改变他此时的决定。或者说，正是美国多年零售商业的发展历史，为他奠定了站在巨人肩膀上去触及"命运女神金苹果"的基础。这家分店的销售冠军非常欣赏沃尔顿，他将零售业务知识倾囊相授，又让沃尔顿拥有高业绩、高收入带来的信心。此外，公司发展多年所形成的培训和管理系统也让他受益良多。

在退役前，沃尔顿还是花费了大量时间去研究零售行业，他最终决定自己创业，地点就在圣路易斯。

圣路易斯位于密西西比河中游，人口稠密，商贾云集，交通便利。看上这里的不只有沃尔顿，也有他的大学同学。两个人准备联手买下巴特勒兄弟公司在这里的百货连锁分店。但沃尔顿的妻子海伦·沃尔顿（Helen Walton）提出了反对意见。

海伦有自己的理由，她认为零售业不需要驻扎在有那么多人口的区域，在有 1 万人左右的城镇就能发展。海伦的父亲也是俄克拉何马著名的企业家，曾多次和合伙人不欢而散，这让海伦记忆犹新，也让她明白"永远只和家人合伙"的道理。

家有贤妻祸事少，贤妻甚至还能帮助沃尔顿创业。他采纳了这两条建议，直到企业成为全球第一。就这样，1945 年 9 月 1 日，他的杂货店在阿肯色的新港镇开业了。

新港镇只有 7000 多人。杂货店原本属于巴特勒兄弟公司，面

[①] 彭尼百货零售公司（J.C. Penney Company Inc.）于 1902 年创办，是美国历史悠久的大型百货公司，在美国 50 个州和波多黎各，以及墨西哥、智利等国经营 1230 多家商店。

积不到 500 平方米。店主不善经营，因此选择主动转让。沃尔顿听到消息后，用 2.5 万美元签下协议，租期 5 年。沃尔顿给小杂货店改了名字，叫"5 分 1 角商店"。

此后 5 年内，沃尔顿将自己的零售业管理能力发挥得淋漓尽致。在他接手前，杂货店每年营业额只有 7.2 万美元。他接手后的第一年，营业额增长到 10.5 万美元，第二年营业额增长到 14 万美元，第三年增长到 17.5 万美元……

正在此时，原店主后悔了。他不认为前后业绩对比是能力差距，于是提前告诉沃尔顿，等 1950 年租约到期后，他要将商店收回，交给儿子经营。

沃尔顿如梦初醒。他虽然是零售行业的资深老手，但在投资租赁这方面还远远不足，对人性的研究亦不够深入。直到现在他才明白，如果当初在合同里加上"5 年后租赁方有续约优先权，出租方不得拒绝"的条款，就能合理规避这次损失。痛心之余，他只能遗憾地放弃这家店，这也是他创业之后受到的首次重创。或许正是因为受到这次的刺激，未来的沃尔玛始终严格执行对供应商的管理，用统一标准去约束和引导它们，避免任何可能的供应风险。

1951 年，沃尔顿带着 5 万美元，来到更偏远的小镇本顿威尔。这里只有 3000 人，但沃尔顿看好这里的零售市场。他买下一家杂货店，又租下了旁边的理发店。为了避免重蹈覆辙，他在租约上郑重其事地写下 99 年的日期，甚至还将继承人的利益也标注其中。

办完手续之后，他拆掉了杂货店和理发店之间的墙壁，让总面积达到 400 平方米。在当地，这已是最大的百货店了。他挂上了"5 分 1 角商店"的招牌，将传统柜台改成陈列式的货架，邀请顾客从进门开始就自选货物。这些崭新的经营方式让当地居民耳目一新，逛沃尔顿的超市成了全镇人每天必备的节目。

1952 年 10 月，沃尔顿来到距此地向南 30 公里的费特维尔，在这里收购了另一家杂货铺。他依然将之命名为"5 分 1 角商店"。因为这里是阿肯色大学的所在地，人流兴旺不少，他第一年就将营业额从 3.2 万美元提升到了 9 万美元。

到此为止，熟悉沃尔顿的朋友才明白，他并不是没有钱去收购那些大城市的超市，他就是选择了"农村包围城市"的连锁模式。沃尔顿很清楚，如果直接在城市中心开设超市，就会立即遭受零售巨头们的联合围剿，只有在郊区，才会有广袤的扩展天地。

为了适应郊区的经营，沃尔顿提出了"天天低价"的经营秘诀。他的小店名称叫"5 分 1 角"，这是小镇居民们最爱的消费价格。沃尔顿了解他们的心理需求，尽量选择那些低价商品，再用令人满意的服务将它们提供给顾客。十年如一日，他想方设法坚持了下来，当人们习惯了沃尔顿的商店，就不会相信其他商店还有更便宜的价格，甚至根本就不去那些商店了。

8 年间，沃尔顿用滚雪球的方式，对"天天低价"连锁模式不断进行复制。这种复制的动力几乎统治了他所有的生活时间。在度假时，他会抛下家人，去住处附近查看商店。每扩张到一地，他都用伪装来误导那些不了解他的竞争对手，让对方以为自己是个"土包子"。随后，再出其不意地用低价打垮当地竞争对手，并聘请其中的优秀成员加盟，同时给出一部分股权作为条件。当然，沃尔顿还没有忘记去"压榨"供应商，用不断扩张的购买数量，换取供应商在价格上的让步，而这种让步又将全部体现在货架价格标牌上……

到 1960 年时，沃尔顿的商店总共有 15 家，年销售额达到 140 万美元。两年后，他终于规划建造了大型购物中心，它就是沃尔玛。它将从这里启航，伴随着"天天低价"的口号，稳稳坐上世界 500 强企业的首把交椅，直到今时今日。

强生的信条

1982 年，一场骇人听闻的药品中毒风波震惊北美。在芝加哥，在 5 天内连续 8 人由于氰化物中毒而死亡，他们唯一的共同点是服用了泰诺胶囊。

泰诺胶囊由强生生产，是镇痛药中的拳头产品，年销售额达到 5.25 亿美元。泰诺采用了胶囊设计，别有用心的人很容易就能偷偷拆开胶囊，加入污染物，再不留痕迹地将其恢复原状。

案件经过多方调查，最后陷入迷局。但强生的高管一致认为，如果不改变胶囊包装，就会导致企业品牌的长远风险，必须不计成本，进行产品召回和包装更改。很快，他们开发出新型片剂，并发布公告称，只要消费者交回胶囊，就能免费获得新包装药品。5 天内，强生发放了 20 万瓶片剂，这无疑花费了很大成本。但与此同时，企业的品牌得以传播，连罗纳德·里根（Ronald Reagan）总统都在讲话时表示，强生赢得了他的深深尊敬。

事件发生时，强生已是一家百年老店，而它的起源还和法国科学家路易斯·巴斯德[①]（Louis Pasteur）提出细菌理论有关。当时，英国外科医生约瑟夫·李斯特（Joseph Lister）将这一理论应用于手术中，他发明了一种苯酚碳酸喷雾，专门对手术室消毒以确保无菌。在 1876 年的费城博览会上，罗伯特·强生（Robert Johnson）对这种喷雾产生了兴趣，并持续加以钻研。10 年后，他和两个兄弟詹姆斯·强生（James Johnson）、爱德华·强生（Edward

---

[①] 路易斯·巴斯德（1822—1895 年），工业微生物学和医学微生物学的基础奠定者，微生物生理学的开创者。

Johnson）创业，公司位于美国新泽西新布鲁斯威克，取名"强生兄弟"。

1887 年，强生迎来了第一位重要员工，他是当时知名的药剂专家弗雷德·基尔莫（Fred Kilmer）。他同样看好无菌用品的发展，并主持建立了第一座强生医学研究实验室。随后，强生婴儿爽身粉、强生急救箱等产品诞生了，并在悠久历史中衍生出邦迪、露得清、可伶可俐等子品牌。

沧海桑田，强生不断发展壮大，个人护理消费品成为其主营业务，这也让公司尤其重视终端顾客的利益。早在 20 世纪 30 年代，就有股东提出，要先考虑顾客利益，再考虑股东利益，这样才能保证企业的长远发展。到 1943 年，强生进一步确定了"顾客至上"的企业文化。时任公司副总裁的罗伯特·强生（Robert Johnson Ⅱ，以下简称小罗伯特），写下了《我们的信条》（Our Credo）一文。

这位小罗伯特在接手公司大权时，正赶上 1929 年金融危机，他目睹了社会底层劳动人民所经受的苦难。1932 年，他成为董事长，继承了父辈在经营管理方面的才能。因此，当其他公司倒闭或裁员时，强生却并未亏损，反而能不断推进在海外的扩张。在巴西、阿根廷、墨西哥、南非、澳大利亚，强生不断设立新的分公司，实现品牌的扩张。

小罗伯特知道，没有好的经济环境，终究不会有健康的企业。因此他始终坚定支持罗斯福总统的新政，而且还主动为员工增加工资。在二战期间，他将多年来的管理思想和企业文化理念，写进了《我们的信条》一文。

在这篇文章中，强生列出了公司的四种职责，分别针对顾客、员工、社区和股东。他说，如果前三种都能实现，第四种也就自然能实现。而究竟应该怎样对顾客呢？强生如是写道："我们的首要责任是为医护人员、为父母，以及为所有其他用户提供服务。

为了满足他们的需求，我们所做的任何一件事都要确保高质量。"

　　当然，类似的"漂亮话"在许多企业的企业文化小册子上都曾出现过。选择了打造品牌，就没有人不强调顾客至上。但消费者并不傻，市场更会保留记忆，只有在遇到泰诺事件这样的情况时，大家才能检验谁说的是真话。强生之所以能用行动体现真诚，与小罗伯特后续的管理行动不无关系。

　　1944 年，强生在纽约证券交易所上市。随后，其生产范围开始扩大，不仅生产经营健康护理产品，还生产经营各类药品。强生专门收购了美国的麦克尼尔实验室（McNeil Laboratories）、比利时的杨森公司（Janssen Pharmaceutica），此外还自主开发止痛和精神抑制类药品。

　　强生是否会为此改变原来的信条呢？小罗伯特并不这么想。他认为，企业迟早需要建立新的管理模式，但利益排序的文化不能改变。1962 年，他主动退休，接替者是他的儿子（Robert Johnson Ⅲ）。数年后，家族第三代掌门人归隐，强生从此不再是家族企业，而是引入了职业经理人制度。

　　到 20 世纪 80 年代初，吉姆·伯克（James Burke）担任公司总裁，继续将《我们的信条》奉为经典。后来他回忆说，自己担任总裁期间，大约 40% 的精力和时间都在努力将《我们的信条》融入企业的日常经营，其重点在于帮助员工充分认识这样的企业文化同利润的关系。这些并非自夸之词，在泰诺事件中，他带领负责公关的副总裁全程参与，亲自制定决策。整个危机管理的过程产生了 1 亿多美元的成本，但维护了《我们的信条》，也保住了强生的市场品牌信誉，这些对于强生的股东、员工而言，都是能带来长远利润的无价之宝。

　　1989 年，拉尔夫·拉森（Ralph Larsen）接替伯克成为首席执行官。他对"强生"商标的信用价值非常看重，如果没有经过慎重考察审核，他不会允许分公司产品用"强生"商标，以此确保品牌的信誉和形象。

拉森的强项在于对市场的洞察和预测，这也是强生在多年推行《我们的信条》的过程中，对管理团队严格要求的成果。只有当管理团队关注顾客、员工、社区的利益和感受，才不会把眼前的利润当成唯一的追求目标。这样，他们才能放眼长远，并最终维护股东的整体利益。拉森在这样的企业文化中成长，逐步做到身处变化无常的市场中却能"旁观者清"。2000 年，当美国经济繁荣达到顶峰时候，行业内几乎所有企业都在追加投资、扩大产能，但拉森做出决定，缩减资本支出，他总共减掉了 1 亿多美元。他认为，从 2001 年开始，美国经济必然衰退。随后发生的事情，证明了他的敏锐性，在全球经济不景气时，强生公司的收入和利润依然不断增长。

强生的百年创业历史，表明信条并非可有可无，它很可能从创始人最初的想法，嬗变为决定企业能走多远、能飞多高的核心价值观。想要长远经营的企业，必须遵循其独特的信条。信条在有效约束企业行为的同时，也能启发一代又一代管理者，更为理智和成熟地看待自我和市场。

全世界的芭比

雅诗·兰黛将化妆品视为礼物，送给全纽约的成年女性。与此同时，露丝·汉德勒则将目光放到了小女孩的身上。她相信，少女有多少梦想和快乐，就有多少为之奋斗的勇气。

1916 年，露丝出生在一个波兰移民家庭，是家中最小的孩子。

父亲是一位铁匠，用微薄的收入维持生计，却从不会对孩子们发脾气；母亲生育她的时候已是 40 岁高龄，这让抚养她的重任落在已经出嫁的大姐莎娜身上。就这样，露丝后来和姐姐一起长大，父母变成了祖父母的角色。

露丝稍大一点，就开始帮着姐姐照顾药店生意。她要当收银员，有时候还会卖冷饮。她非常喜欢这份"工作"，因为能由此认识许多的邻居，无论对方是男还是女，是成人还是孩子。

大学毕业后，露丝到派拉蒙电影公司找了份片场秘书的工作，她中学时代的男朋友埃利奥特·汉德勒（Elliot Handler）则在洛杉矶艺术学院学习工业设计。1938 年，他们结婚了，并选择在洛杉矶定居。一开始，埃利奥特出于兴趣，做了些简单的家庭用品，让普通平凡的公寓变得富有生机。露丝劝他多做一些，自己可以拿出去销售。就这样，这对夫妻成了事业伙伴。

埃利奥特会设计一些手工礼品，诸如书架、蜡烛架、挂盘等，然后将其生产出来。露丝则负责销售。这对夫妻的结合很完美：丈夫富有设计才华但有社恐，不喜欢出门；而妻子可以利用公司午间休息时间，拖着装满样品的旧皮箱，走进好莱坞的玩具店推销产品。就这样，露丝拿到了第一笔订单，价值 500 美元。

创业的初始选择很重要，选对方向也确实需要几分运气。这对夫妻在不知不觉中跟上了时代的脚步。但随后，他们只有凭借更多的观察和努力，才能继续抓住一波又一波的购买潮。

当时，年幼的女儿芭芭拉并不理解父母在忙什么，经常会为他们离家出差而伤心愤怒。露丝自己也经常会在深夜哭泣，觉得难以平衡家庭和事业。在当时的美国，这样的家庭并不在少数，接踵而至的二战更是让整个家庭弥漫着对亲人的思念。很快，他们做出了价值 6000 美元的相框，露丝会亲自开车为客户送货，产品销售一空。

1944 年，露丝夫妇创立了美泰制造公司，很快又在纽约玩具交易会上卖出了 10 万美元的产品。露丝认为，战争很快就会结束，人口出生潮即将到来，公司必须将重点转移到玩具制造上。她找遍了几大银行，终于在阿马迪·贾尼尼的美洲银行那里拿到了贷款，以此生产丈夫发明的"尤克莱钢琴"塑料玩具。

这款塑料玩具销售火爆，带来了丰厚利润，与此同时也遭到了其他公司的剽窃，而且它们卖得更便宜。露丝决定在发起诉讼的同时跟进降价，他们最终卖出去几百万个尤克莱钢琴，也亏了 6 万美元。但事后来看，这并不算亏损，因为人们记住了被剽窃的玩具，也记住了美泰制造公司的名字。不久之后，埃利奥特在这个玩具的基础上改良生产出手摇音乐盒玩具，净赚数十万美元。

1955 年，美泰制造公司的发展迎来了关键的年份。公司净资产达到了 50 万美元。这样的财富是露丝童年时不敢想象的，但在商海中，拥有 50 万美元资产的公司却只是一艘小船。摆在小船面前的，有两条航路。

第一条来自迪士尼公司，在《迪士尼乐园》节目插播广告，需要 50 万美元。

第二条来自一位独立发明家，他看中了美泰制造公司的渠道，给公司寄来一种打嗝枪玩具样品。当孩子们扣动扳机，这把枪发出的不是子弹，而是惟妙惟肖的打嗝声。

露丝不愿放弃所有机会。她花费巨资买下米老鼠的插播广告，播放打嗝枪广告。那时的电视属于新媒体，没人了解这些广告究竟能带来什么。节目播出一周后，打嗝枪销量毫无进展，这让露丝惶恐不安。如果这次失败，意味着美泰制造公司过去的努力全都付诸东流。

事实证明，露丝赌对了。感恩节后，批发商们的订单铺天盖地而来。到圣诞前夕，公司仓库里只剩下两支打嗝枪——是孩子玩坏了以后寄回的需要维修的产品。获得修复的"宝贝"很快被寄了回去，一支寄给了正在生病住院的孩子，另一支寄给了德怀特·艾森豪威尔总统的孙子。那时，打嗝枪成为整个美国所有孩子的梦想。

从最初的选择，到随后的跟进，再到现在的"赌博"，露丝每一步都做对了，终于让美泰制造公司成了全美第三大玩具制造企业。现在，她终于能有时间弥补年轻时对孩子的陪伴缺失。

1956 年，这对夫妻带着孩子来到欧洲度假。在瑞士街头，他们看见了玻璃橱窗后的"莉莉"娃娃。这种娃娃诞生于 1955 年，据说与当初纳粹在战时试制的军用充气玩偶有渊源，因此看上去更像成人。露丝并不知道其中的尴尬，她只是单纯地记得，女儿芭芭拉从小喜欢的就是这种娃娃，而不是秀兰·邓波儿娃娃那种婴儿肥的娃娃。现在看来，这应该是芭芭拉需要母亲陪伴的心理需求流露。

虽然芭芭拉早已长大，不再需要娃娃陪伴，但露丝当即买下了三件莉莉娃娃产品。当她询问店员是否能多买几套娃娃的衣服时，店员用不可思议的眼神看向她："对不起女士，我们从来没有单独销售过娃娃的衣服。"

露丝心头一动，她觉得这正是美泰制造公司能送给消费者的新礼物。回国之后，一个全新的娃娃品牌出现了。娃娃既有成人的形象，也消解了不适合儿童的性感成分。露丝还专门请来服装设计师，像为真人服务那样，为娃娃设计了成系列的套装，并单独出售。娃娃的名字叫"芭比"，正是芭芭拉的昵称。

芭比娃娃第一次出现在玩具交易会上，并没有引发露丝想要的轰动。厂商的女性采购人员表示自己看不懂这个玩具，难道女孩们不是都喜欢扮演妈妈去照顾婴儿的吗？怎么会有女孩想要一个有着成人形象的娃娃？

露丝回到酒店大哭一场。让她痛苦的并非成本，而是想法不被认可。

　　类似的失望时刻，在优秀者的创业旅程中必然到来，甚至会反复到来。周围的怀疑代表着忽视，而忽视背后可能是大片的空白市场。人人都已承认的需求，又怎么会轮到你来满足呢？贪婪的资本早就会抢在你的身前，把蛋糕攫取得一干二净。

　　露丝当然懂这个道理，她绝不会轻言放弃。她咨询了消费心理学家，心理学家的看法是，母亲们之所以不承认这个玩具的价值，是因为她们在嫉妒娃娃。露丝没有把这个结论当成笑料，而是立即更改了广告台词，那正是芭比娃娃最初的电视广告。广告里，小女孩对着芭比喃喃自语："小女孩会变成可爱的姑娘……终有一天，我会变成和你一样。"随着广告的热播，订单再一次奔流而来，芭比娃娃产量翻了 6 倍，依然供不应求。

　　到 1966 年，美泰制造公司获得了玩具市场的统治地位，控制了全美国 12% 的玩具市场。芭比娃娃成为迪士尼之后，又一个代表美国走向全世界的文化品牌。尽管至今为止，对芭比娃娃的质疑声依旧不绝于耳，但这并没有影响露丝夫妻缔造商业奇迹的现实。毕竟，她已经是全世界的芭比了。

第8章

起舞，时代的弄潮儿（1955—1970年）

随着经济发展和生活水平的显著提高，美国普通民众对冷战的戒备心理逐渐淡化。普通人也开始重视物质享受，消费更多商品、购买更多服务成为普遍的生活追求。即便是在最熟悉的产品领域，消费者也希望看到更多新选择。这让新的时代弄潮儿站在商业舞台上翩然起舞，麦当劳、肯德基、百事可乐成为其中的代表。

大规模消费促成了商业的有效增长，在鼓励新的信用消费方式的同时，源源不断的利润也让成功者的个人财富不断增长，他们迫切需要一种稳定、合法、高效的增值方式，股票、基金等投资方式由此备受关注。量子基金的创始人乔治·索罗斯（George Soros）崭露头角，而后来被称为"股神"的沃伦·巴菲特也在此时找到了准确的自我定位。

在消费主义思潮的指引下，多元化的经济结构让美国商业模式百花齐放，它们共同推动着新经济热点的诞生。

麦当劳之父

20世纪50年代，从年轻学生到女性群体，那些原本被排斥在创业圈之外的人，逐渐用成绩证明了自己不亚于任何人，为这个时代的美国商业浪潮赋予了不同以往的色彩。当他们在财富增长的道路上一路狂奔之时，年过半百的雷·克洛克才刚刚明确创业方向。但这次他将取得胜利，这也是麦当劳的胜利。

50岁之前，雷·克洛克连麦当劳这个词也没听说过。他1902年出生于芝加哥，15岁时就从高中肄业，3年后进了一家纸杯公司，负责向餐饮行业推销纸杯。

上班的日子永远平淡而充实。克洛克在公司努力奋斗了17年后，终于积攒了些许市场资源。1937年，他创办了一家代理奶昔搅拌机的商贸公司，专门向餐饮店销售奶昔搅拌机。这原本是一家小企业故事的平凡开端，根本不会被写入历史，只会被垂垂老矣的祖父拿来在每年的圣诞节饭桌上回味。但与此同时，加利福尼亚发生的事情影响了克洛克的命运。

就在这一年，加利福尼亚圣安妮塔跑马场附近，麦当劳兄弟开办了一家汽车餐厅，餐厅也叫麦当劳。从20世纪30年代开始，这种路旁餐厅四处开花，遍布全美，在高速公路、加油站、停车场甚至乡村都能见到，其菜单主要是便于制作和携带的各类肉食烧烤。

麦当劳生意很不错。1939年，麦当劳兄弟又在桑波纳地诺镇上新开了一家烧烤餐厅，面积更大，尤其受到少男少女们的欢迎。

麦当劳兄弟和克洛克在彼此的事业圈里奔忙，相安无事，直到 1954 年，克洛克突然听到了麦当劳的名字。确切地说，是从电话里听到的。

"嗨，我想向你订一台奶昔搅拌机，就是麦当劳店里那样的。"客户总是这么说。

克洛克只能问："抱歉……我想问下，麦当劳是什么谁？"

很快，他了解到麦当劳位于加利福尼亚桑波纳地诺镇。他从地图上查到这个位于沙漠边缘的小镇，越发感到莫名其妙。克洛克随后查了一下自己的发货记录，才发现这家餐厅早就买过 8 台奶昔搅拌机，而且每台都是 5 个头的。

一家小镇上的快餐厅需要同时生产 40 杯奶昔，这简直不合常理。克洛克满脑子疑惑，他必须尽快了解答案。

这样的好奇心，是创业者必备的优秀素质。无论是从高等院校毕业的专业技术人员，还是无须多高文化门槛的营销人员，优秀创业者永远都怀有一颗探索未知的大心脏。

克洛克就是这样的人，他不知道自己为什么订下了第二天去加州洛杉矶最早的机票，也不知道自己为何下了飞机就租车赶往沙漠小镇，他只知道这件怪事藏有自己从未知晓的大秘密。即便无法从中挣钱，哪怕一窥门径，也比茫然无知要好得多。

第二天中午不到，他就来到麦当劳门前。此时，两兄弟已经放弃了汽车餐厅经营模式，转为采用连锁快餐模式，旗下有 10 家加盟餐厅。在干净整洁的店面里，再也找不到烧烤的影子，菜单显示他们现场制作和销售汉堡包、炸薯条和饮料。

克洛克是餐饮内行，这些还不足以让他惊讶，真正的大戏在 11 点开始。清一色的男服务员头戴统一的白帽，身穿白色衫裤，用轻便迅捷的四轮小车将一份份牛奶、面包、饮料、肉推进了后厨。那里随即一片忙碌。自始至终，没有人说一句话，每个人都像精确的部件在运转。这幅场景让克洛克感到兴奋而紧张。职业直觉告诉他，这家店不一般。后来，在自传《三十年一亿倍：麦当劳教父雷·克洛克自传》中，他记忆犹新地写道："（麦当劳员工）像郊外的蜜蜂一样忙了起来。我告诉自己，肯定会有与众不同的事情要发生。"

果然，一辆辆汽车由远至近，店门外的停车场很快车满为患，一群群顾客走近门店的出餐窗口，员工们花费十几秒就能将每个人需要的食品配齐，即便如此，客人还是越来越多，窗口前排起了长队。

克洛克不需要再考察了，他很清楚这里不是餐厅，而是金矿。他迫不及待地找到了麦当劳兄弟，劝说他们将门店开到全美国。兄弟俩淡然表示，现在他们每年已能赚 20 万美元，他们不想再扩大了。克洛克回去想了一夜，第二天再次登门："先生们，请让我来做成这件事。"

这一年，克洛克已经 52 岁了，还身患糖尿病和风湿性关节炎，胆囊和大部分甲状腺都被摘掉了。而他居然决定转换角色，成为连锁餐厅的职业经理人。如果说好奇心是一条嗞嗞作响的导火线，它最终引爆的必然是"虽千万人吾往矣"的勇气，没有任何创业者能缺失这样的勇气。

麦当劳兄弟十分感动，随即开出严格的代理协议。克洛克可以在全美国范围内开加盟店，每年向该店收取营业额的 1.9% 作为加盟费，其中 0.5% 归麦当劳兄弟。此外，加盟店必须统一命名为"麦当劳"，店内所有情况都归麦当劳兄弟管理，哪怕是变更指示牌和菜单，都需要他们签字。最后，代理协议的时间限制为 99 年。

但双方的蜜月期很快就过去了，随后的故事被分化成了两种版本。在大众愿意相信的版本里，正如电影《大创业家》所描述的那样，克洛克是纯粹的商人，他并不在乎什么餐饮初心，而是想方设法把连锁规模做大。而在克洛克自己的版本中，他表示麦当劳兄弟对加盟者干涉太多，就像那个时代其他的授权经营者那样，对加盟商任意盘剥压榨，而他本人并不同意这样。因为美国太大了，授权经营者不可能要求每个加盟商都遵守任何一个细节，适当的细节更改是必需的。

无论哪个版本是事实，都已经并不重要了。1955 年 4 月，克洛克在芝加哥建造了第一家麦当劳加盟餐厅，这是他自己投资建造的第一家。由于芝加哥距离加利福尼亚很远，气候地理、餐饮习俗、风土人文的差异导致他和麦当劳兄弟矛盾大爆发。随后，麦当劳兄弟开始不再关心任何变动，对所有建议和修改都加以否定。克洛克终于决定，要买下麦当劳品牌的实际控制权。

在艰苦谈判之后，双方确定总价为 270 万美元。克洛克用贷款付完了钱，直到 1972 年才还清，连本带利总共 1400 万美元。但那时，麦当劳的营业额已超过了 30 亿美元。

在这十几年的时间内，克洛克听取了哈利·索纳伯恩（Harry Sonneborn）的建议，将麦当劳变成了一家房地产投资商。他们不再只靠连锁店分红赢利，而是主动出击，买下每个城市最热门地段的土地开连锁店，再将其出租给加盟者。正是这个天才的商业模式创新方案，让麦当劳迄今为止拥有了全球上百个国家的无数黄金地段，由此获得了稳定的收入流，并稳定地控制了加盟商。

时至今日，麦当劳兄弟设计的金拱门标志，依然会出现在麦当劳所到之处，这个品牌也依然没有改名。但历史真正需要感谢的并不是他们，而是雷·克洛克。即便是最讨厌他的人也不能否认，是他，用更大的商业格局、更远的商业梦想、更好的营销手法，将麦当劳的名字带到全世界，写进了美国商业的历史。

肯德基上校故事

1955 年，克洛克创建自有的第一家麦当劳加盟餐厅时，另一位老年创业者也踏上了商海之旅。相比克洛克，他年龄更大，出身更为"草根"，但多年之后，他的企业已成为麦当劳的主要对手。凡是有金拱门的地方，不多远总是会有另一家快餐连锁店，招牌是"西装、白发和山羊胡子的老人"头像。他就是哈兰·山德士（Harland Sanders），他创立了大名鼎鼎的肯德基。

1890 年，山德士出生在印第安纳的农庄。6 岁父亲去世后，家中只剩下母亲和 3 个孩子。身为长子，山德士很早就开始练习厨艺，少年时就能做 20 多道菜。在此后的 30 多年间，他漂泊社会，一事无成，却从未想到投身餐饮行业。

山德士的改变从 40 岁开始。1930 年，他来到肯塔基，用全部积蓄开了一家加油站。没多久，他发现来加油的人经常饥肠辘辘，而公路旁却没有什么餐饮店可以选择。于是，他捡起了自己少年时的炸鸡手艺。

山德士的炸鸡味道鲜美、口感独特，不少人吃过一次就再也忘不了，甚至有人即便不需要加油，也要过来吃炸鸡。当顾客越来越多的时候，山德士就在加油站旁边开了一家"山德士餐厅"，用独特的炸鸡配方打响品牌。到 1935 年时，他的炸鸡已在当地成名，肯塔基州州长为了感谢他为该州餐饮行业所做出的贡献，向他颁发了该州上校的荣誉军衔。后来，人们都将肯德基标识中的白发老头，亲切地称为"山德士上校"（Colonel Sanders）。

在 45 岁的人生中盘，山德士终于看到了希望。他和麦当劳兄弟不同，他期盼能继续大干一番，将来有一日能将炸鸡卖到全世界。

为了能将生意做大，山德士以自己的全部积蓄加上个人信用，在银行申请了一大笔贷款。很快，山德士餐厅旁边又出现了山德士汽车旅馆。这间旅馆存活的时间很短，在肯德基品牌发展史上不过是昙花一现，几乎被人遗忘，但在美国商业历史上，它却有独特的历史价值，它使肯德基成为全美国第一个将快餐、住宿和加油融为一体的联合企业。

山德士深谙学习的重要性。为了让自己懂得管理，他专门到纽约康奈尔大学报名，进修饭店旅店管理课程。为了提高炸鸡制作效率，他研究了不同温度、压力条件下的炸鸡制作工艺，最终确定了固定的产品标准。

后来，当人们研究肯德基的发展历史时，经常会忽视这段时间他的行动。但无论是扩大生意规模，还是进修管理课程，都体现出山德士如何看待自身的角色：他真正意识到了自己的重要性，而这正是他后来踏上全国之旅的起点。

重要并不是伟大的代名词，而是心灵对生命的允诺。企业家对社会的重要性并不体现于"表面"，不在于他们今天能拉动多少投资，明天能提供多少岗位。企业家的重要性应该在"心灵"，在于有一颗不服输的心，一颗永远期待的心，一颗永远不满足于当下的心。没有这种充满开拓力的心灵，创业者的生命就谈不上有厚度，任何短期的赚钱行为，最终都只会化成虚无的泡影。

正当山德士不断挖掘自己的重要性时，不幸向他袭来。美国政府为了应对战争，实行了石油配给制度，很多加油站被迫关门。这还并非最糟糕的。由于政府规划修建高速公路，餐厅和汽车旅馆也要被迫关闭。

突如其来的变故将山德士推向绝望的深渊。为了偿还扩大投资的债务，他用光了所有积蓄。此时，他已经56岁了，从昔日受人尊敬的上校，再次变回一无所有的穷光蛋。除了每月105美元的救济金，他再无其他收入。

最好的时刻总会隐藏最坏的危机，而最坏的危机也可能代表最好的开始。山德士拿着政府寄给他的社保支票，下定了再次创业的决心。山德士相信，自己并非一无所有，因为炸鸡的秘方还在手中。

炸鸡秘方是山德士引以为傲的核心竞争力。过去，他花费了数年时间研究秘方，其中包含了 11 种香料。混合面粉后，炸鸡表面能够形成薄脆的外壳，同时鸡肉也在高温油炸下依然保持湿润和鲜美。直到今天，这种配料秘方还在使用，只不过其中的配料增加到了 40 种。

山德士想到，自己曾将秘方卖给几个快餐店老板，他们只要卖出一只鸡，就会付给山德士 5 美分分红。那么，为什么不能把配方卖给更多的人呢？

就这样，山德士带上一只压力锅，一个作料桶，开着老福特汽车上路了。从此以后，从肯塔基到俄亥俄的公路旁，每家饭店都见到过一身显眼打扮的白发老者，他到处自我介绍，说自己就是有着炸鸡秘方的山德士上校。只要有人和他搭话，他就想要走进厨房，展示他的炸鸡工艺。大多数饭店的老板都很忙，懒得和他废话，摆摆手让他走开，甚至还有人怀疑他患有精神分裂症，商量着要将他送到精神病院。

据说，山德士先后被拒绝了 1009 次，但他依然精神矍铄地完成下一次演示。这一次，他终于成功了。老板同意买下他的秘方，然后付给他每只鸡 5 美分的分红。

有了第一家，就会有第二家。在山德士持续不断的努力下，他的炸鸡产品终于被越来越多的人接受了。1952 年，第一家授权经营的肯德基餐厅在盐湖城建立了。随后，肯德基的品牌如同滚雪球般越做越大，短短 5 年内，就在美国和加拿大发展了 400 家连锁店。

1955 年，山德士 65 岁，正式成立了肯德基有限公司。想要前来投资合作的人络绎不绝，山德士于是建起培训学校，亲自教授这些人学习如何经营炸鸡店，再将特许经营权卖给他们。

此时，正是电视文化在美国兴起之时，老牌的南方炸鸡口味、白发苍苍的上校、传奇的励志故事，这些特征让电视台脱口秀节目很感兴趣。为了宣传公司，山德士只能在繁忙的工作间隙接受采访。为此他专门挑选了一套白色西装，这能很好地遮挡他身上的面粉渍，再戴上黑色领结、黑框眼镜，以这样的形象出现在电视荧屏上，能更高效地传播品牌形象。

1964 年，山德士已经 74 岁了，虽然心中不舍，但他知道自己已经到了该退休的年纪。他将这项事业卖给了一家投资集团，其中有 29 岁的年轻律师约翰·布朗（John Brown），也有 60 岁的资本家杰克·麦塞（Jack Massey），出售价格为 200 万美元。后来，肯德基品牌被不断转手，但炸鸡秘方和特许经营权两大要素始终没有改变，而店招上那个满头白发、黑框眼镜的老上校，也永远笑眯眯地向人们讲述自己人生的传奇。

不走寻常路的"股神"

1951 年 1 月，21 岁的沃伦·巴菲特略带惶恐地走进政府雇员保险公司。当天是周末，公司除了门卫，只有投资主管在工作。巴菲特来这里的理由只有一个：他最崇拜的投资者本杰明·格雷厄姆①（Benjamin Graham）是公司的董事长。

---

① 本杰明·格雷厄姆（1894—1976 年），证券分析师，享有"华尔街教父"的美誉，代表作品有《证券分析》《聪明的投资者》。

当天，巴菲特没有见到格雷厄姆。但从这一天后的第一个周一开始，他逐步买入政府雇员保险公司股票，总共投入了上万美元，这是他当时身家的一半。到第二年，他卖出股票，赚到将近 5000 美元。

从始至终，巴菲特都在遵循格雷厄姆的交易铁律。格雷厄姆说，股票涨了 50% 就必须抛，巴菲特也照做了。但此后，这家公司的股价还在上涨。这不由得让巴菲特思考，自己是否有必要确立更好的交易准则。

时间退回 1941 年的下午。11 岁的小巴菲特第一次来到证券交易所，用自己卖汽水挣来的钱，买下他人生中的第一只股票。他仰望着人头攒动的交易台，眼神中闪烁着兴奋的光芒。那天的交易或许波澜不惊，或许刀光剑影，谁都没有注意到这个日后会成为世界闻名的"股神"的小男孩。

从那天起，巴菲特就不停地在课余倒腾各类小玩意，他送报纸、搞弹子球游戏机、出售二手高尔夫球。1950 年，他在大学即将毕业时，读到了格雷厄姆的《聪明的投资者》（The Intelligent Investor）一书，顿时将作者奉若神明，也就有了本节开头的一幕。此后，他又找到政府雇员保险公司，希望能在这里无偿工作，但被拒绝了。于是他只能先在父亲的股票经纪公司工作三年，其间不断写信给格雷厄姆交流问题。

1954 年，当他再次申请到格雷厄姆旗下基金工作时，对方终于同意了。就这样，巴菲特来到纽约，为格雷厄姆工作，月薪 1000 美元——这在当时已经算是高薪。短短两年后，格雷厄姆宣布退休，26 岁的巴菲特回到家乡奥马哈，带着已经属于自己的 14 万美元资金。此后他又从亲戚朋友那里筹集了 10.5 万美元，成立了巴菲特联合有限责任公司，开始了自己的基金之路。

从那时开始，他就很清楚自己将来会掌管庞大的财富，甚至写信给朋友说,担心这些财富会变成孩子的负担。巴菲特并非狂妄。因为他在 26 岁时,已经基本上摸清了当时股票投资的规律,而剩下的就是严格控制自己的交易行为。由于业绩惊人,短短 7 年后,他参与的投资公司数量就达到了 11 家。这些公司都是慕名而来的投资者发起后邀请他掌管的,对每家公司他只需要出资 100 美元。从法律上看,他的身份是投资顾问,而实际上,他就是这些企业的实际控制者。

1962 年新年,巴菲特将所有合伙公司正式合并,成立了巴菲特合伙有限责任公司。公司净资产高达 720 万美元,其中有 100 万美元属于他个人。32 岁不到的他,已经提前实现了自己最初定下的人生目标:在 35 岁时成为百万富翁。

当然,我们也不能忽视巴菲特成功的大背景,从 1941 年到 1969 年,美国道琼斯指数的收盘点位由 113.53 点攀升到 949.22 点,而抓住如此罕见的大牛市,就是巴菲特不同凡响的前提条件。今天,许多企业家都着眼于如何制定经营战略、营销战术,但他们忘记了,一切企业家都是个体,一切企业也都是个体。如果不能正确认识大环境的变化,又哪里来的长远眼光和日渐杰出呢?

也正是出于对大环境的深刻认识,巴菲特在后续交易中不断获胜,他总结出的经验只有两句话:"在别人贪婪时恐惧,在别人恐惧时贪婪。"(Be fearful when others are greedy, and greedy when others are fearful.)

从 1969 年开始,美国股市进一步走向高峰,巴菲特看着贪婪的人群,感到了前所未有的恐惧。到年底,他宣布了退休,并正式解散了巴菲特合伙有限责任公司。不久后,所有的投资基金都越发兴奋,将投资集中在那些规模大、品牌响的成长股上,其中包括柯达、施乐、宝丽来、雅芳等,这些企业被统称为"漂亮 50 股"。但巴菲特敏锐地察觉出危机,他大量抛出个人股票,将 84% 中的资金投入债券领域。第二年，道琼斯指数应声下跌，众多机构只能眼睁睁看着股票市值缩水。1970 年，所有人都在抛售股票，但巴菲特再次出山，以伯克希尔－哈撒韦公司的名义杀了进去……

　　几十年间，巴菲特在股市中叱咤风云，这既来自其个人的天赋学识，也来自其强大的自我约束能力。论聪明，巴菲特不亚于任何美国历史上优秀的企业家，认识他的人评论说，他仿佛有两个大脑：一个能不停地思考商业问题，看起上市公司的年报不知疲倦；另一个则负责社交，让他能每天和朋友聊天、用餐、打牌、打高尔夫。

　　然而，只具备聪明这一特质并不足以让他在任何商场中长远发展。当你以为单纯借助天赋或者背景，就能甩开对手占据领先位置的时候，别人会用不断的努力来瓦解双方存在的客观差距。巴菲特非常清楚自我约束力有多重要，它不属于智力因素，只取决于一个人的内心有多强大。

　　多年来，巴菲特只从事长期投资，远离期权多的股票。他认为，股票所属企业的产品越是为公众所熟知，股票就越是可靠。例如他曾重仓锁定的可口可乐、吉利、政府雇员保险公司等，其产品是每个普通美国人都会接触的，背后并没有什么光鲜亮丽的科技故事，也没有越吹越大的价值肥皂泡。当然，这样的投资理念有时候也会让他错过一些机会，例如在 1999 年的互联网概念牛市中，他的利润增长显然跟不上其他人。但他岿然不动，他坚信，因为自己不够了解这些概念，所以无法判断。不久后，互联网概念泡沫破裂，美国股市累计跌幅超过 50%，而巴菲特的业绩则上升 30%。

　　如果说索罗斯的性格特点决定了他不断挑战资本的极限，不断去试探规则的边界，那么巴菲特的个性特征则决定了他会选择另一个方向，很可能他根本就没有想过这样做。对于今天的企业家而言，后者的思维似乎更值得学习，因为在创业这样一场漫长的战争中，最困难的决定不是去谋划在何时何地发起战斗，而是在何时何地停止攻击。

穿越铁幕的百事可乐

20 世纪 50 年代中后期，美国商坛上既有麦当劳、肯德基这些新星，也有骤然发力的传统企业，百事可乐公司就是其中的典型代表。

百事可乐的品牌历史比许多人想象中的更为久远。早在 19 世纪 90 年代，它就诞生于北卡罗来纳一位药剂师之手，1903 年时成立企业、注册商标。尽管同样叫"可乐"，但百事可乐在其诞生后的 50 年间，始终生存在可口可乐的阴影下，几乎就是廉价可乐的代名词。这个品牌不断易主，就像饮料宇宙里的黑洞，不断吞噬新的梦想。

在不同年代里，百事可乐的主宰者曾先后三次低声下气地向可口可乐公司要求收购，最低的报价甚至只有 5 万美元。然而，对方先后三次骄傲地加以拒绝。在后来的日子里，可口可乐公司的股东和高管想必会为此懊悔不已。但他们其实无须后悔，因为所有人都无法预料百事可乐公司会突然抓住二战的机会，迎来惊人的蜕变。

在二战中，可口可乐走向全球，无暇顾及美国市场，而百事可乐却因此找到了走出阴影的绝佳机会。其母公司洛夫特糖果公司总裁查尔斯·古斯（Charles Guth）做出了抢占市场的决定。他将饮料装在廉价酒瓶里销售，容量增加了 1 倍，价格还是原来的 5

美分。这种低价策略让百事可乐一度销量猛增，看到了翻盘的希望。

低价策略更多是强者碾压市场的扫帚，却无法成为弱者抢夺市场的撒手锏。战争结束后，可口可乐公司再度重视本土市场，百事可乐节节败退，股票价格也一落千丈。1948 年，其股价从每股 40 美元降到 8 美元，战争时期的繁荣似乎只是短暂的美梦。

然而，任何企业家其实都需要经历这种美好幻觉的滋润。无论事实有多残酷，企业家只要闭上眼睛，想到明天会更好，哪怕只是比昨天好一点，就会从中得到短暂的期待，也才会有不断进取的斗志。百事可乐公司在二战期间的努力没有白费，他们用一个期待时刻，换来了下一个期待时刻，直到换来巨大的成功。

1950 年，阿尔弗雷德·斯蒂尔走进了百事可乐公司总裁办公室。这件事在当时被看成新期待，后来则被视为百事可乐爆发的起点。

人们期待斯蒂尔入主百事，原因在于他的职业经历。斯蒂尔是可口可乐公司总裁罗伯特·伍德拉夫手下最得力的干将，有非凡的销售能力。当他与独断的罗伯特产生冲突时，双方选择了决裂。斯蒂尔愤怒地致函百事可乐公司董事会，表示愿意加入公司，条件只有一个，那就是他必须拥有决定权，不能再当提线木偶。

百事可乐公司马上同意了，他们将原总裁辞退，犹如迎娶心爱的女神那样，将斯蒂尔迎入总裁办公室。对双方而言，这同样都是冒险。百事可乐公司赌上了未来，而斯蒂尔则押上了过去。

斯蒂尔是绝不服输的人，他上任之后将百事可乐追随者的标签撕下，露出了主动出击的獠牙。他要求百事可乐更改产品配方，让饮料味道变得清爽。他对商标、包装进行重新设计，将品牌定义得更加时尚而非廉价。斯蒂尔尤其注重在自动售货机和外卖市场发动攻击，这些行业都是可口可乐公司一直以来所忽视的。此外，他还专门选定了 25 个城市，将其作为重点促销城市。

以一己之力进攻可口可乐，斯蒂尔并不满足，他随后还拉上了妻子，她是好莱坞著名女影星琼·克劳馥。克劳馥曾经是可口可乐的广告形象代言人，婚后则竭尽全力为百事可乐做宣传，无论出席何种重大活动场合，都会手拿一瓶百事可乐。在一次穿越了 9 大城市的巡回演出中，她总共出席了 176 次新闻采访，参演了 41 个电视节目和 65 部广播剧，其中每一次都设法和百事可乐联系起来。总裁夫妻成为百事可乐的推广和营销的典范，员工亦积极投身其中。两年内，百事可乐的销售量从 0.87 亿瓶增长到 2.56 亿瓶，并逐渐打入了亚洲、非洲和南美洲市场。

天不假年。1959 年的一个星期日早晨，斯蒂尔突发心脏病去世。两天后，百事可乐公司将克劳馥选入董事会，表达对夫妻的感谢。正是这一年，百事可乐和可口可乐的市场份额之比从 10 年前的 1：7 上升到 1：3。

接替斯蒂尔的是唐纳德·肯德尔（Donald Kendall），他继承了前任的营销执行力，又有更长远的战略格局眼光和更强力的公关手段。1959 年 7 月 24 日，美国国家展览会在莫斯科索尔尼基公园开幕，美国副总统理查德·尼克松前往参加，唐纳德也在随行访问团中。旅途中，唐纳德请求尼克松在陪同时，设法让苏联总理赫鲁晓夫喝一杯百事可乐。

尼克松很可能答应了唐纳德的请求。当赫鲁晓夫走到百事可乐的展台时，他突然停下了脚步，好奇地拿起一杯早就准备好的百事可乐，先是小心品尝，随后痛快豪饮。在场的美国随行记者立即举起相机，镁光灯将他手中的百事可乐映照成画面主角。

第二天，多个国家的报纸头版头条都刊登了赫鲁晓夫畅饮百事可乐的照片。无疑，赫鲁晓夫那硕大的光脑袋，在这一刻比琼·克劳馥更能吸引眼球。过去，苏联领导人最多只会和本土的伏特加一起出现在公共场合，而现在他们突然发生了 180 度的大改变，高高举起了代表"资本主义腐朽生活方式"的百事可乐，这意味着什么？每个人都想知道问题的答案。抓住这个热度，唐纳德趁机带领百事可乐打入苏联市场，并很快将业务延伸到东欧社会主义国家。

当百事可乐穿越了铁幕之后，可口可乐公司再次为棋慢一步而感到后悔。其实，早在二战时期，苏联的格奥尔吉·朱可夫元帅（Georgy Zhukov）就钟情于可乐，但碍于身份立场，他不能公开自己对美国饮料的感情，只好每次让人偷偷弄来数十箱没有贴上商标的可口可乐。可口可乐公司对此了如指掌，但由于顾虑到意识形态和舆论偏见，担心让来之不易的国家品牌形象受损，他们始终对进入苏联市场疑虑重重。对企业家而言，过去的成功是未来的基础，但同样是对今天的束缚。保持初心，不仅意味着远离骄傲与虚妄，同样要求他们能时刻记住——除了积极争取，手中实无一物。

有趣的是，1964 年，尼克松在大选中败给约翰·肯尼迪，他的下一份兼职工作正是百事可乐的法律顾问和形象代言人。尼克松尽职尽责，他利用自己担任副总统时建立的政商关系，不断在国内外积极宣传百事可乐，这又让百事可乐销售额上升。

1960 年，百事可乐不断发力，与可口可乐的差距正越来越小，双方的市场占比已接近 1∶2.5。在全球碳酸饮料赛道上，双雄争霸的局面即将确立。

VISA打造支付卡新秩序

新的消费时代，离不开新的金融手段。到 20 世纪 60 年代，美国人越来越多地开车远离住处，去陌生的沃尔玛采购，去新开的肯德基用餐，或者去看最新上映的迪士尼影片。他们不愿意为此带上大额的美元，新的支付方式呼之欲出。1967 年，迪伊·霍克（Dee Hock）从每个人花钱的过程中，看到了挣钱的良机。

1929 年，霍克出生。他没有金汤勺，甚至连专用汤勺都没有。他的前半生在穷困潦倒和混迹社会中度过。他不喜欢学校的传统教育，14 岁就出去找工作，为了避免让老板们背上雇用童工的骂名，他"贴心地"将自己的年龄伪造成 16 岁。他先是在一家罐头厂做污水处理工，后来又在奶牛场、屠宰场、农场打工，干过各式各样的活。

每到一处，霍克总因为性格叛逆而无法得到周围人的认可。虽然他想要推进工作的愿望没有错，但事实上没有谁会在意底层员工的粗鲁建议。于是霍克不断跳槽，也在一次次改变工作的过程中积累经验，提升能力。27 岁时，他在一家消费金融公司就职，很快用非凡的业绩博得了所有人的认同。但当他想凭借这样的资历在工作领域内进行创新时，他立刻被保守的领导层认定在搞破坏，不到一年就被开除了。

任何白手起家的创业者，都必须面对残酷的现实：现有规则的主要服务对象必然不是你，而是你想要赶超的人。你既要懂得如何尊重、理解和运用规则，更要懂得如何抓住机会去修补规则，直到改写规则。

这样的努力并非总能成功，在旧规则城墙下的壕沟内，躺满了先驱的尸体，令胆小者畏缩不前。但想要创业，你就必须无视这一切，勇敢向前冲锋。只有具备如此姿态，你才能配得上自己的野心。霍克就深谙其道，直到 36 岁时，他还是拒绝改变自己，依然在一次次尝试，然后又一次次撞得头破血流。

1965 年，霍克选择进入美洲银行当实习生。在这里，36 岁的他被各部门的领导呼来喝去，跑腿打杂，经常受到年轻人的嘲笑。

但他并没有放弃自己，他依然在观察规则的漏洞。

在坚持中，霍克真的发现了规则的大问题。问题就出在信用卡上。

在此时的美国，信用卡早已不是新鲜事物。早在 1915 年，一些零售机构就曾向老顾客发放塑料卡片，作为购物消费的记账凭证。到了 1950 年，美国商人弗兰克·麦克纳马拉（Frank McNamara）在举办宴会后，发现忘带钱包，只能难堪地借电话打给妻子，让她送现金来。随后，他创建了美国第一家信用卡公司大莱信用卡公司（Diners Credit Card Corporation）。两年后，加利福尼亚的富兰克林国民银行率先发行银行信用卡。1959 年，美洲银行也开始发行银行信用卡。信用卡从商业凭证变成了金融凭证，人们可以很方便地用一张轻薄的卡片，完成大到购车、小到汉堡包的消费。

几乎没有人注意到，此时的信用卡问题根源在于无法相互联通。

由于受到《麦克法登法案》^①的约束，美洲银行不能直接跨州经营。为扩大信用卡发行范围，美洲银行采用特许授权模式，选择其他州的银行代理发行信用卡。1967 年，他们还成立了美洲银行卡公司（National BankAmericard Inc., NBI），专门为全美各地银行提供代理授权服务。

霍克很清楚这种模式的弊病。代理银行想要抢夺业绩，于是用种种恶性竞争的方式来推销美洲银行信用卡。有的代理银行随意增加信用卡额度，也有的代理银行根本不管办卡人的信用状况，

① 《麦克法登法案》（McFadden Act）于 1927 年施行，是美国第一部规范银行地理限制的法案，根据该法案，国民银行不得设立跨州的分支机构，可以在其所在州内任何地方设立分支机构，前提是该州法律明确允许州银行有权在该地点设立分支机构。

他们想的是怎样把卡卖出去，而无视美洲银行所面临的风险。

即便代理银行非常遵守商业规矩，麻烦也没有消除。代理银行和美洲银行使用的清算系统[①]不同，而清算系统之间的对接手续十分烦琐。于是，市场上频繁出现同样的骗术：有人用某家代理银行发行的美洲银行信用卡，在当地以"消费"的名义从不法商户手中套取现金。当可疑的消费信息传到美洲银行时，骗子早就利用其中时间差，将现金"洗"干净，美洲银行根本无法查出资金的去向。即便抓住了骗子，很多信用卡贷款也变成了坏账，这让许多银行叫苦不迭，受损最大的正是美洲银行。

霍克找到机会向 NBI 高层提议，应该说服不同代理银行放下眼前的利益之争，组成共同的委员会。他专门设计了这个委员会的运作方式：可以按照不同地理区域来组织委员会，每个区域内设立四大分支委员会，分别负责营运、行销、信贷、计算机四大功能。所有获得美洲银行授权的银行，无论规模大小，都能直接入会。

不过，霍克也意识到，这些按区域运作的委员会，都不足以单独面对混乱的信用卡支付局面。按照传统的企业治理思维，需要在这些委员会之上设立一个领导机构，只有它具备赏罚权力，才能确保成员认真遵守规则。但霍克并不认为这是最好的方案。相反，他认为应该创建一个平等、分散的领导系统。系统里没有所谓的"大领导"，全体成员都是管理者。委员会中的每个代理银行都可以提议召开会议，都可以提出议案，参会者平等投票做出决定。

可想而知，霍克方案的最大反对者不是别人，正是 NBI 公司。无论是否成立委员会，这家公司都把自己看成美洲银行信用卡组织的领导者，他们很难放弃管理者的身份。

---

① 清算系统又被称为"支付系统"，是由提供支付清算服务的中介机构利用实现支付指令传送及资金清算的专业技术实现债权债务清偿及资金转移的金融管理手段。

　　但霍克依然直言不讳，他向公司董事会副主席萨姆·斯图尔特进谏说，传统的控制模式迟早会导致信用卡组织的解体。因为这种模式只会造成上下离心离德，导致同行之间的恶性竞争；相反，如果没有人能控制这个联盟，参与者就会彼此信任，而这种信任会外溢到商家、消费者那里，最终让越来越多的人相信美洲银行信用卡。

　　当霍克分析利弊之后，NBI 董事会心动了。凭借他的耿直脾气和机敏言辞，公司真的同意将管控权让渡给委员会，并同意由霍克说服所有授权银行参加委员会。

　　霍克如同古代说客那样，轻车简从地上路了。他带着新组织的章程，挨个与授权银行联系，向其描述新组织的特点在于会员完全平等、董事影响力均等，美洲银行不谋求任何控制权。两个月内，加入委员会的银行越来越多，那些原本在观望的银行也开始动摇，并很快前来投奔。VISA 信用卡联盟自此诞生。

　　刚成立的 VISA 信用卡联盟非常符合霍克想象中的样子。成员是具有自主意识的个体，彼此之间既合作又竞争，同时也不会相互排斥。因此，创新在这里不是自上而下推动的，而是自下而上进行的。

　　今天，VISA 信用卡联盟已是世界上最大的信用卡和旅行支票组织。霍克在那个年代所发现的种种信用支付问题，已在组织的发展过程中被不断消弭化解。尽管新的支付问题依然会出现并困扰社会，但人们不会忘记霍克留下的话语。他说："很多企业所面临的问题不是学习，而是忘却。"

　　的确，无论企业取得过怎样的辉煌业绩，但如果你发现它现在还不足以让人满意，仍未达到理想状态，那就不要犹豫，你应该做的第一件事就是忘记，为新的体系腾出空间。这就是迪伊·霍克用其一生向人们分享的故事。

量子基金磨刀霍霍

随着 20 世纪 70 年代的到来，在经济发展的刺激下，美国普通人手头的资金越来越多，仿佛一夜之间，投资基金在美国深入人心。

没有投资基金，就没有美国今天的金融市场。从那时开始，华尔街陆续崛起和涌现了一大批业绩骄人的投资基金，这些基金背后的经理人具备丰富的金融学知识，也有强悍的金融市场分析操作能力，他们将坐上时代的快车，向下一个年代疾驶而去。

乔治·索罗斯就是坐在这趟快车豪华座上的人。1930 年，他出生在匈牙利一个犹太律师的家庭。1949 年，他考入伦敦政治经济学院国际金融系，成绩相当优异。在别人看来，他将来一定会昂首迈入国际投行，成为高薪金领，过上中产生活。但他对经济不太感兴趣，他想要成为伟大的哲学家。

1956 年，索罗斯进入纽约的金融公司做交易员。此后他陆续跳槽，工作业绩并不差，但也不算耀眼。但他对这些并不感兴趣，始终还在写着哲学论文。直到 20 世纪 60 年代中期的一天，他认真重读了以前的文稿，才发现那些观点不过是在重复他人的理念。震惊之余，索罗斯意识到不能再这样浪费生命，他下定决心在商海中有所作为。

当优秀者将精力投到符合他天赋的方向，所爆发的学习潜能将是他人无法想象的。1966 年，索罗斯设立了一个虚拟账户，用记账方式进行"投资"，他每个月都会分析自己虚拟买卖股票的行为，记录涨跌收益。当他对市场规律有所了解后，又开始着手研究投资机构的业务。

在这个虚拟账户的基础上，索罗斯打造出最初的基金模型。1967 年，他筹建了"第一雄鹰"（First Eagle）和"双鹰"（Double Eagle）基金，主要用于购买股票。由于收益良好，基金声名鹊起，很多人都联系索罗斯，希望成为投资者。1973 年，他创设了索罗斯基金（Soros Fund Management）。

虽然索罗斯基金刚成立时只有 3 个人——索罗斯是交易员，他的前同事吉姆·罗杰斯[①]（James Rogers）是研究员，此外还有一名秘书，但规模如此小的公司竟订了 30 种商业刊物，收集了 1500 多家国内外公司的金融财务记录。罗杰斯每天都要分析数十份年度财务报告，再和索罗斯交流分析，寻找最佳投资机会。

在这对搭档的强势带领下，索罗斯基金增长速度堪比量子，于是更名为量子基金。1980 年，量子基金增长率达到 102.6%，资金规模达到 3.8 亿元。但索罗斯随即迎来职业生涯的第一次低谷。

首先是失去了搭档罗杰斯。由于管理思维存在分歧，罗杰斯选择离开。他后来表示，自己和索罗斯是最好的朋友，但索罗斯太喜欢征服和挑战，而自己并不希望看到索罗斯失败受伤。

其次是投资亏损。索罗斯看准时机向银行借款，购入了大量美国联邦政府发行的长期公债，但公债利率的随后走势不如银行利率，导致量子基金在一年内损失了 22.9% 的利润。

商业社会永远是看结果的，更不用说基金的战场。在这里，品牌确实有一定的力量，但远不如在消费市场作用明显。在这里，所谓的支持和反对，并不取决于什么忠诚度，而取决于客户的实际收益。无论量子基金上一年的增长幅度是多少，这一年的亏损，

[①]　吉姆·罗杰斯（1942—　），国际风险投资家，被誉为"最富远见的国际投资家"，是美国证券界成功的实践家之一。

只会造成投资人用脚投票。

胜者为王，败者破产。索罗斯在这时才真正了解到金融投资机构的残酷性。投资者从量子基金撤回了 1.93 亿美元的资本，量子基金资金规模缩水一半。索罗斯为此也和妻子离婚。在百般失意下，他甚至想到过退隐江湖。

就在这一年，罗纳德·里根的当选让索罗斯看到了转机。从白宫新主人的施政方针中，他解读出正确的投资方向，那就是科技。索罗斯深入研究那些高科技股票，然后在早期低价位介入，并引领一波投资新趋势。这样，他就会是最大的赢家。

到 1982 年，量子基金的利润重新快速上涨，净资产重回 3.03 亿美元。从此之后，索罗斯犹如重生。到 1986 年，量子基金的规模达到 15 亿美元，索罗斯个人身家达到 2 亿美元，其声誉达到了顶峰，甚至有基金将更多精力放到对量子基金的观察分析上，直接追随其投资选择展开运作。

随着资金规模不断壮大，索罗斯已经不再对基金烦琐的交易事务进行具体管理。此时，量子基金的投资方式已形成风格，投资交易团队也协调配合，索罗斯开始关注更大的战略方向，针对国际货币汇率市场，制定整体操作策略。

从 1992 年到 1993 年，欧盟货币联盟出现危机。索罗斯抓住机会做空英镑和意大利里拉，量子基金短期内获得多达 20 亿美元的利润，其中其个人收益占 1/3。在这场金融较量中，英国政府动用了价值 269 亿美元的外汇储备，却最终惨败给索罗斯，被迫于 1992 年 9 月 15 日退出欧洲货币体系。

1997 年 3 月，索罗斯故伎重施，利用东南亚国家经济和金融结构失衡的矛盾，对泰国、新加坡、印度尼西亚、马来西亚、菲律宾等国货币汇率进行炒作，并在各国主要股市兴风作浪。泰国政府难以抵抗，最终放弃货币联系汇率制，实行浮动汇率制，被卷走 40 亿美元。

　　同年 10 月，以索罗斯为首的国际炒家先后 4 次对中国香港的股票、外汇、期货市场下手，前 3 次获得暴利。1998 年 7 月底到 8 月初，在中央政府的大力支持下，中国香港特别行政区政府与其进行 3 个回合的较量。到第二年 8 月底，国际炒家惨败，索罗斯损失了 8 亿美元，铩羽而归。

　　到 21 世纪后，索罗斯还在带领欧美风投资本，利用货币汇率差异，进行狙击获利。从金融市场的自由贸易原则而言，他的这些举动并不违法。但对遭受狙击的国家和地区而言，无疑是一场经济灾难，其个人形象也从当年那个叱咤华尔街的"英雄"，变成人人喊打的"恶魔"。对这样的变化，索罗斯当然并不在意。他反驳说，一切漏洞都是这些国家和地区自己制造的，而他是在帮助它们发现问题。

　　当年，索罗斯信奉卡尔·波普尔[①]（Karl Popper）的哲学理念。波普尔有句名言："自由比平等更重要。"（Freedom is more important than equality.[②]）没有自由，也就谈不上平等。索罗斯虽然未能成为哲学家，但他的所作所为，诠释了美国人如何看待鲜血淋漓的交易自由，也是西方"愿赌服输"创业精神撕下了温情脉脉的面纱，向世人最直观、最坦白的展现。

---

① 　卡尔·波普尔（1902—1994 年），奥地利哲学家，批判理性主义哲学创始人。

② 　POPPER K.The Poverty of Historicism[M].London:Routledge, 2002.

第9章

寻路，新商业模式（1971—1996年）（上）

20 世纪 70 年代的美国迎来了创业的繁荣期。在那些人们司空见惯的传统行业基础上，创新企业纷纷出现，越来越多的新商业模式获得了成功。上个时代积累下的巨额资本发现了其中的巨大机会，以特有的热情姿态对新模式予以支持。创新者和资本联手打造出新的商业竞争阵地：在物流领域，联邦快递迅速发展；家具零售领域涌现了家得宝；现制饮料领域走出了星巴克……这些企业不仅致力于通过提供高品质产品和服务来满足需求，更关注着顾客体验、品牌建设、专业化供应链管理和技术创新。这些共同点是它们成功的重要因素，为其在各自行业中取得竞争优势和持续增长提供了支持，也为注入其中的新资本带去了丰厚回报。

互联网、移动通信领域的新技术正在普及化和商业化，技术服务公司纷纷出现，高通就是其中优秀的代表。它专注于开发无线通信技术和解决方案，采用了独特的商业模式，即通过授权和收取专利使用费来赢利，以此在移动通信市场上取得显著的影响力。

联邦快递不过夜

2001 年 9 月 11 日，这个日子将永远被全体美国人铭记。世贸中心大楼在无数双眼睛的注视下化为尘埃，美国联邦政府随即下令全国禁飞。与此同时，有一家快递公司最先反应过来，他们在 12 个小时内租用了 800 辆卡车，日夜兼程开展业务。尽管货物无法再登上飞机，但他们仅推迟了一天，就将大部分货物送到客户手中。

悲剧终会过去，在尘埃中站起来的才是英雄。经此一役，人们对这家公司的品牌更为认可。它就是联邦快递，一家 30 多年来始终保有强大执行力的企业。其创始人堪称疯狂的幸运儿。

1962 年，弗雷德·史密斯（Fred Smith）在耶鲁大学读经济学和政治学专业。他总是与众不同，业余时间别人或者是埋头在书桌前，或者是奔跑在操场上，而他却坐在飞机驾驶舱内。他酷爱飞行，而且深入研究飞行，专门报名参加过海军陆战队后备役军官训练班、耶鲁飞行俱乐部。为了过瘾，他甚至还当过兼职农用飞机驾驶员。

不过，弗雷德所处的年代毕竟不是 100 年前，他无法成就波音那样的伟业。但他发现，与飞机相关的快递行业被忽视了。当时，所有包裹必须经过多家航空公司转运，而非直接运抵目的地。

客户本人能享受到的待遇，客户的快递包裹却不能享受，这难道不是市场的潜在需求吗？弗雷德敏锐地发现了现实中的矛盾。

想做出不同凡响的事业，企业家必须先具备不同寻常的眼光，即便他此时人微言轻，也要能积极探索不合理现象的根源，再思考如何加以解决和完善。

弗雷德就是这样的人。很快，他写出了一篇论文，讨论如何利用专用飞机来实现"隔夜传递"服务。但这篇期末论文被交到教授那里后，其传达的理念被认为是异想天开，因为当时的美国联邦政府对航空运输线进行了各种管制，想直接实现点对点的货物运输基本不可能。教授摇摇头，给这个喜欢研究飞机的差生打了个"C"。

弗雷德不为所动。毕业后，他选择去军队服役，退伍后发现自己继承了 200 万美元的遗产，这些钱足够他一辈子衣食无忧，但他还是在找机会验证这篇论文。

1971 年 6 月 28 日，理想的实现似乎有了曙光，弗雷德的公司成立了。他拿钱购买了两架飞机，想要为美国联邦储备系统服务。弗雷德说服对方接受自己的隔夜快递服务，用飞机来迅速运送大量现金、票据，提高银行之间的沟通效率，节约大量成本。为此，他甚至一厢情愿地将公司名称定为"联邦快递"。

联邦储备系统的人听着弗雷德的理论，连连点头。几周后，他们就打来电话：对不起，你的提议我们拒绝了！

弗雷德毕竟年轻，他此时想到的是验证理想，却忽视了这个理想会打压多少运输商的现有利益。这些运输商当然会抱团反对。

就这样，两架飞机躺在仓库里睡大觉。所有人都劝弗雷德算了。有人说，"隔夜快递"是历史上没有的事情，你的想法再好也没用。也有人说，那么多航空公司都没干，说明这个想法不符合实际。

弗雷德绝不认输。如果大件快递不合适，他就要在小件包裹市场突出重围。他花了 7.5 万美元，聘请专家、飞行员、技师、市场调查员组成高级顾问小组，重新进行市场论证。根据论证结果，他投入了全部身家 850 万美元，又跑到华尔街四处游说，拿到 9600 万美元风险投资。投资者几乎都看不懂弗雷德要做的事情，但他们看中了弗雷德这个人。获得投资后，弗雷德立即订购了 33 架飞机，还将公司迁到家乡孟菲斯，因为那里有部分二战时期遗留的飞机运输枢纽设施。

1973 年 3 月 12 日，新的联邦快递开始试营业。前一天，弗雷德带着公司业务小组深入研究分析，最终得出预测结果，认为包裹数量起码会达到 300 件。如果真是这样，现有的两架飞机就足够应对了。

试营业当天晚上，在孟菲斯枢纽中心，公司高管们聆听着副总裁迈克尔·达克（Michael Ducker）满怀期待地向总部包裹接收点打去电话。接收点的负责人叫约翰·亨利（John Henry）。

"迈克尔，您需要先坐下来吗？"约翰说道。

"当然，我很兴奋，我觉得公司肯定有好的开始，但最好不要说超过了 3000 件哦！"迈克尔的言下之意，是不要超过现有运输能力所能承担的最大包裹量。

电话里安静了一会，随即传来约翰的声音："哎，有好消息，也有坏消息。"

迈克尔愣了愣，说："那好，还是先说好消息吧。"

其他人凝神静气，听着约翰说啥。半晌，他说道："好消息是，我们已经收到两件包裹了。"

迈克尔绝望地说道："我的上帝啊，坏消息能是什么？是人类要灭亡了吗？"

约翰说："坏消息是，可能今天只有这两件包裹了。"

约翰没说对，不只这一天，在接下来的整整一周里，联邦快递都只收到了这两件包裹。

随后，经过大力宣传，到 4 月 17 日正式营业时，联邦快递收到的包裹终于突破 3 位数，已经上升到了 186 件。而此时，联邦快递已经有了 33 架飞机，分布在 10 个城市。

碾压式的成本支出，和微薄到几乎可以忽略不计的利润，让联邦快递如同失血过多的伤员。弗雷德参军时去过越南战场，子弹曾掠过他的头盔，他在那一刻所感觉到的恐惧，都没有现在多。3 个月后，联邦快递连工资都快发不出来了。据说那天晚上，弗雷德带着最后的几百美元去赌城拉斯维加斯碰运气，结果赢了 2.7 万美元，他连夜带着这笔钱回到了孟菲斯，给员工发薪水。

两年后，联邦快递还是在亏损。到 1975 年 6 月，亏损数字达到 2930 万美元，负债 4900 万美元。当年那些声称看中了弗雷德这个人的投资者，现在恨不得穿越时空回去给自己两个耳光。公司摇摇欲坠，随时都要破产。为了抵偿债务，弗雷德豁了出去，他卖掉了私人飞机。亲姐姐也起诉他，说他伪造法律证件提取家族信托的钱拿给公司抵债。幸运的是，他最终没有被宣判有罪。

哪怕企业身处昏暗的谷底，你也要记得抬头看从茂密丛林中漏下的阳光，因为那里指示着生命的方向。弗雷德即便再苦，也没有选择放弃。他顶住了压力，在美国西部开辟了六条航线，价格比同行更便宜，只是为了拿下美国政府的部分业务。而当铁路快运公司因为员工罢工破产时，他又立即开展宣传，抢夺人才。

1975 年 7 月，联邦快递终于等来了赢利时刻。这个月，公司获利达到了 2 万美元。此时，他们已经在全美国亏本布局完毕，拥有 75 个起降机场，能为 130 个城市提供隔夜快递服务。1976—1977 年，企业获利从 350 万美元走向 820 万美元。1978 年，公司上市。1983 年，公司年营业收入达到 10 亿美元……弗雷德终于梦想成真。

到 20 世纪 90 年代，美国人已经离不开联邦快递。在互联网早期时代，联邦快递的系统就已经升级到顾客只需浏览网页即可查询物流状态的水平，并第一个使用了激光条码、扫描仪。而在企业文化上，他们对客户保证"国内货物快递不过夜"，为此还提出了"不计代价，使命必达"的口号。因此，在"9·11"事件后，联邦快递的急速反应其实并不令人意外。

任何一家企业，无论战略多么完美、目标多么宏大、模式多么特别，如果执行乏力，团队涣散，最终就会一事无成。创始人和团队多年如一日的执行力，让联邦快递成就了目标，也成长为与众不同的企业。

家得宝教顾客DIY

企业家的经历大多十分励志，但极少有人在49岁的"高龄"被原企业解雇，对转身创立了世界500强企业。凭借这份传奇经历，伯尼·马库斯（Bernard Marcus）、亚瑟·布兰克（Arthur Blank）与家得宝的故事，足以向世人说明更多。

伯尼·马库斯出生于1929年，是俄罗斯犹太移民后代。他从小对医学很有兴趣，但由于家里穷，无法负担就读医学院的费用。后来他只好学了药学，并进入药店工作。

在这里，马库斯逐渐对零售商业产生了兴趣。后来他辞职转而从事化妆品销售，进入洛杉矶的一家家居装饰连锁店工作。在此后的20年里，他的职业生涯波澜不惊。1978年，他已是亚特兰大分公司经理，只要再工作十几年就能够靠退休金颐养天年。但突然有一天，总部老板告诉他，公司决定裁员，他也在名单里。

马库斯毫无征兆地陷入了中年失业危机。和所有在这个年龄段失去靠山的人一样，他感到迷茫、痛苦、消沉，经常去咖啡馆打发时间。一天，他遇到了同样失意的亚瑟·布兰克，两人同病相怜、一见如故。

交谈中谈及未来生意，两人的思路逐渐被放飞，原来的消沉意志也因为互相鼓励一扫而空：既然不想再被炒鱿鱼，那为什么不自己当老板？他们聊得越来越起劲，目标也越来越清晰，创办一家新型家居仓储超市的大胆规划，就这样在咖啡馆诞生了。在旁人眼中，这不过是两个中年大叔之间的互相吹捧，但在商业历史上，美国最大的家装零售商就此出现了。

1979 年，家得宝公司正式成立。家得宝最初只有两个租来的门面，但马库斯在零售行业浸淫多年，深谙顾客的利益诉求和心理。他决定不惜一切去打造企业的服务能力。

马库斯和布兰克规定，家得宝要实行统一的理念，即"不惜一切去赢"，每个员工都要接受这样的理念，直到完全认同或者离开。他们为此创造了不少手段：例如，每天早上集体高喊口号，以提振士气，从心理层面让员工感受到激情；又如，家得宝每新开一家门店，就会对其分配 15% ～ 30% 的老员工，更好地通过以老带新来同化新员工，不至于导致传承的脱节。

同时，家得宝没有所谓的个人权威，每个员工都是独立的权威，他们拥有的零售权限甚至比管理层都要多，他们可以自由决定销售策略，去满足不同顾客千变万化的需求。

说来有意思，在家得宝公司，马库斯和布兰克"地位"最低，员工可以当面或背后随意谈论他们。而考核员工的标准只有一条，那就是业绩，只要有业绩，哪怕你原来是最底层，也一样能上升到管理层。

当零售行业的员工受到了极大激励时，顾客的利益就能得到充分保证，而企业的发展也能顺风顺水。家得宝之所以形成不同于普通零售行业创业企业的文化，就在于创始人意识到做生意并非打开店门，将货物塞满，然后再一件件卖给顾客，零售业的价值是帮助顾客思考，再满足其需求。

在家得宝备受尊重的不只有员工，还有顾客。在此之前，人们走进五金店、家具店，看见的都是成品，从未有人想到还能在这里动手组装。家得宝首推家装 DIY，顾客下单购买不同零部件，可以在门店员工的指导下组装，也可以买回家安装。

很快，顾客们发现了家得宝与其他家居卖场的不同。其他卖场的员工只会微笑介绍，而这里的员工或者能真正拿起五金器具，敲敲打打，拼装起精致的书架，或者能指导你拧紧螺丝，做出既美观又稳固的沙发……

家得宝的口号是，"你可以做到，我们可以帮忙"。马库斯和布兰克相信，家居销售不可能是冰冷的数字交易，而必须建立有血有肉的情感纽带，让每个相信品牌的人都能拥有梦想中的家。因此，他们并不单一招聘普通员工，而是雇用了大量有着丰富经验的木匠、油漆工、电工等专业技术人才，他们在获得了系统培训后，负责为顾客答疑解惑，为顾客的自助动手提供帮助。

毋庸讳言，家得宝的独特营销模式，跟上了时代的快车。在20 世纪八九十年代，美国产业结构的转变解放了大量人力，很多人终于有了更多的闲暇时间，也有了更多可自由支配的收入，他们因此产生了自主动手的愿望。家得宝抓住这种消费欲望的变化，抢先在细分市场中发动变革，因此成为最先分享红利的行业领头羊。

实际上，并非每个企业家都有足够的前瞻力，都能看准未来趋势。家得宝的创始人也同样如此。倘若他们早就意识到这种商业模式的巨大潜力，为什么不在中年失业之前就开始行动呢？不过，创业不分早晚。正如那个古老的笑话所说：我不必跑得过熊，我只需要跑得过你。当创业者发现了时代环境已经让整个消费市场产生宏观变化后，只要能在细分行业内第一个赶上，就足以成为冠军。

家得宝成为冠军的道路很短。诞生两年后，1981 年 9 月，家得宝在纳斯达克上市，1984 年 4 月加入纽约证券交易所。马库斯和布兰克并没有停止创新的脚步，他们不断尝试新型的门店服务。例如，他们在美国各州中心城市开设 BIY（buy it yourself，自购材料并雇用施工）型的设计中心店，顾客自己下单购买建材，再请专业人士施工。为了服务生活节奏更快的高档时尚消费群体，他们开设了兼具仓储超市和设计工作室性能的综合性门店。为了迎合越来越多女性参与家庭装修的新风潮，他们专门改变了门店装修风格，让门店更加明亮洁净，以吸引更多的女性顾客。1997 年之后，家得宝还开设了儿童作坊，向 6—12 岁的儿童讲解模型，教他们如何安全使用建材装修工具，这也成为家得宝吸引女性顾客的又一方式。

家得宝最狠的经营措施，还在于主动压制门店人气。在其他零售企业，这种想法几乎是不可能出现的。但布兰克率先提出，如果只因为看重业绩，就让某些门店拥挤不堪，那就是对顾客、员工甚至是对产品的"虐待"。因此，如果家得宝的某家门店人气太旺盛，集团就会在附近再开一家店，分摊部分流量，让两家店的业务都能恢复到确保环境舒适的水平。

家得宝对极致服务的不懈追求，使竞争对手难以追赶。不少传统家居零售商大打价格战，甚至在门店打出广告，承诺只要顾客买到的同类产品价格高于竞争对手，就会返还 10 美元。但即便如此，它们还是无法超过家得宝，因为购买家具的顾客不会在意10 美元，这点钱买不到全面而独特的服务。

家得宝一飞冲天，但令其茁壮成长的种子早在 20 年前就已破土。创始人多年如一日，观察着传统家居市场从兴盛走向衰落的过程，终于以创业的形式，将顾客所有潜在需求发掘得淋漓尽致，再用崭新的经营模式对其进行全方位满足。顾客在这家店里看到的不只是更好的零售业，也是更好的自己。

今天，家得宝同样面临互联网营销渠道的冲击，他们依然需要不断询问自己"顾客需要什么"。无论市场的风向哪里吹，这始终都是零售行业最核心的问题。

星巴克别样的咖啡香

比尔·盖茨的父亲老盖茨是一名职业律师，和很多商界领袖打交道。他最喜欢谈论的人既不是盖茨，也不是 IT 业界大佬们，而是老乡霍华德·舒尔茨（Howard Schultz）。老盖茨参加了舒尔茨在 1987 年组织的投资，那次，他买下了一家小咖啡店的全部股份，并把它变成了享誉世界的星巴克。

舒尔茨出生于纽约布鲁克林的贫民区犹太人家庭，他从小看到父亲运送货物、开出租车、打零工。7 岁那年，父亲工作时摔断了腿，由于之前买不起健康保险，也拿不到补偿金，家中从此失去了经济来源，过着拮据的生活。他考上北密歇根大学之后，为了省路费，他每个假期都在打工，始终没有回过家。

大学毕业后，舒尔茨加入了一家瑞典的厨房用品公司，负责开拓北卡罗来纳的市场。他业绩出色，但并不喜欢这份工作。为了留住业务精英，公司给他升职加薪，舒尔茨选择了留下来。

接下来的故事，和麦当劳的创立有很多相似之处。1981 年，舒尔茨发现遥远的西雅图的派克市场有一家名为"星巴克咖啡、茶和香料"的小公司，销售咖啡研磨机。在当时，大多数美国人心目中的西雅图还是偏远城市。舒尔茨很好奇，决定前往西雅图一探究竟。

嗅觉是不会骗人的，舒尔茨在走到星巴克门口时，就找到了一生最爱的事业。浓烈的咖啡香气肆意流淌，在西雅图清冷的早晨显得格外诱人，这一切仿佛让他回到了那些难忘的圣诞节，回到了围着母亲在厨房转圈的童年。

他知道，这样的店，必然会前程远大。于是他毅然决定放弃原有的一切，来星巴克工作。1982 年 8 月，舒尔茨进入了星巴克，担任市场部和海外零售部经理，负责市场开拓。他主动提出自己不要薪资，只需要将工资转成股权就可以。

1983 年，带着朝圣心理，舒尔茨去了意大利米兰。这里是全世界浓缩咖啡的鼻祖，在拥有 130 万人的城市里，居然有 1300 家咖啡店。很多当地人走进咖啡店，只是说一句"浓缩咖啡"，然后放下钞票、小口啜饮，和服务生或者熟人聊上几句闲话，5 分钟后抬脚走人。在这里，咖啡店并非提供高档次饮品的地方，而是融入生活的普通场景。

回到西雅图后，舒尔茨向老板建议改造店面。他说，我们可以在繁华市区开咖啡吧，还可以减少销售咖啡豆、咖啡设备，转而提供新鲜咖啡饮品。但老板并没有同意这些方案。舒尔茨决定自行创业，他游说了 200 多位投资人，其中有 25 位同意投钱，这里面就有他的法律顾问老盖茨。

1986 年，舒尔茨的第一家咖啡饮品店正式营业。很快，舒尔茨又连开两家分店。第二年，舒尔茨出手收购了原东家星巴克。在短短三年内，星巴克规模扩大了 8 倍。

舒尔茨经营星巴克，自有其独特独到之处。为了避免咖啡店变成果汁吧那种潮流饮品店，他要求每家连锁店都展现出独特的生活氛围，让顾客感到舒适、安全和温馨。

在视觉上，星巴克使用不同色调体现咖啡制作的四大阶段，分别是栽种阶段的绿色、烘焙阶段的红色、滤泡阶段的蓝色与褐色、香味阶段的浅黄和白色。店内的灯光、墙壁和桌子的配色与款式也相互协调，营造休闲、沟通、平和的情绪。

在嗅觉上，星巴克采用重烘焙的优秀咖啡豆，禁烟，禁止员工用香水，禁止用调味香精，禁止销售其他羹汤，等等，以确保店内能出现的香味只有咖啡本身的香味。为了保证咖啡纯正，他们常年从印度尼西亚、东非和拉丁美洲等地采购最好的咖啡豆。

在听觉上，星巴克有意让顾客能全程听到各类操作行为的声音。无论是煮咖啡的嘶嘶作响、咖啡机的运转噪声，还是手工将咖啡粉末从过滤器上敲下来的清脆啪啪声、用金属勺子轻轻铲起咖啡豆的沙沙作响，都是令顾客感到熟悉且安心的声音。这些声音，顾客曾经在童年的厨房中听见，而现在组成了独特的星巴克现场听觉体验。

重视产品质量是企业的本分，但如何定义产品质量，却影响着企业发展的未来。在舒尔茨之前，几乎所有人都认为咖啡的质量，不过是喝起来的味道如何，或者其浓度是否符合标准。而在他打造星巴克之后，美国人才明白原来咖啡也可以像汉堡那样，做成连锁化、标准化的餐饮品牌，提供从环境到心理的全方位服务。舒尔茨比市场既有需求想得更多、走得更远，当他让成千上万的消费者产生内心共鸣时，也就注定会赢得品牌的成功。

星巴克不仅秉承认真对待每位顾客的精神，也相信强大而持久的品牌离不开每个门店、每个最普通的员工。在这里，员工被称为"合作伙伴"，舒尔茨不愿意在父亲身上发生的事情发生在员工身上。他建立了完整的员工管理体系，员工工资和福利普遍高于其他零售业同行。

有两点事实能证明舒尔茨的理念。

从 1988 年开始，舒尔茨就为每周工作超过 20 个小时的员工提供医疗保险、员工扶助方案、伤残保险，员工只需缴纳总保费的 25%，星巴克支付其余的 75%。无论是在美国，还是在欧洲高福利国家，还没有大企业为普通员工提供如此完善的健康福利保障。

一直以来，星巴克花在员工培训方面的费用，远比其广告投入要高。2001 年，星巴克对全球员工进行了 190 万个小时的训练，每个员工平均每天接受 1 个小时培训。员工从中获得的个人提升能让他们终身受益，无论他们在哪里工作。

实际上，星巴克的员工主动跳槽率始终不高于 60%。在餐饮行业，这已经是非常低的数字了，这充分证明舒尔茨建立的员工管理制度产生了巨大价值。真正的企业家，不会将人看成单纯的成本支出，也不会将人看成资源，他们会意识到员工作为"人"的价值，将由内而外散发出来，改变产品和品牌，也改变顾客的评价。

2023 年 2 月 3 日，星巴克的全球门店已达到 3.6 万余家，与当初位于西雅图派克市场的孤单门店相比，星巴克的规模早已是天壤之别。这家企业所走过的道路，证明了只要以人为本、以价值观为本的品牌与管理体系建成后，利润就会滚滚而来。

高通手握移动入场券

思科开启了人类走向互联网世界的大门，而为这个世界打开移动通信世界大门的企业，则是另一家，它就是高通。高通的地位有多重要？一言以蔽之，真正掌控手机行业的，并非我们熟悉的品牌，高通才是隐藏在手机外壳下的那个"核心"。

今天，如果你去美国圣地亚哥的高通总部，就会发现一层入口处有条"专利走廊"。走廊两侧挂满了镜框，足足有近千个之多，每个镜框里都装有 CDMA（码分多址）的相关专利。这条不长的走廊，在普通人看来没什么，但在行内人看来，它是一条令人窒息的收费通道。无论你是才华横溢、万众瞻仰的"乔帮主"，还是老谋深算、厚积薄发的"任大侠"，你在苹果和华为可以尽情呼风唤雨，但到了这里，就只能留下买路钱，买一张移动通信市场的入场券。

高通是如何做到的？这要从艾文·雅各布（Irwin Jacobs）的故事开始说起。

1968 年，大学教授雅各布与好友创办了一家公司，主营卫星加密装置开发。公司运营状况良好，到 1980 年，雅各布卖出了股权，拿到了丰厚的回报。1985 年，他宣布"退休"。

退休后缓慢的生活节奏无法让雅各布满足。3 个月后，坐不住的他找到好友商量创业，核心点子来自他在高速公路上迸发的灵感：为什么不能将 CDMA 技术变成民用？

其实，CDMA 技术很早就被用在军事移动通信领域。但当时，它并不被美国同行和市场看好，国际上通行的也是 GSM（全球移动通信系统）。但雅各布还是带上了人生的第一桶金，创立了名为"高通"的新公司。

公司刚起步，就遭遇了打击。1988 年，高通推出 CDMA 第一款产品，但彼时 GSM 已占领了市场。随后，美国移动电信协会（AMTA）决定将 GSM 确定为第二代移动通信标准，这让高通的产品几乎面临灭顶之灾。

当合伙人纷纷想要打退堂鼓时，雅各布却没有被严苛的环境吓倒。他在等待转机，因为他很确定 CDMA 有其独特的价值。

机会总是留给那些坚持的人的，如果现在没有风，那么企业家必须学会等风来。雅各布果然等到了。虽然行业标准确定了，但美国政府放开了对电信业的管制，新的大小电信商如雨后春笋般出现。作为市场的新势力，他们需要运用新技术，以形成独特的竞争优势。始终无人相识的 CDMA 技术，终于有了露脸的机会。

露脸终究只是露脸。大多数电信企业都将 GSM 作为公认标准，这决定了就算有人选择 CDMA 技术，也会缺乏可用设备。面对困境，雅各布认为不能坐等别人来生产硬件，他决定出手。不久后，高通开始自行生产并向客户供货，CDMA 逐渐在市场上站稳脚跟。

此时，雅各布做了三件正确的事情：第一，将高通的 CDMA 技术提交给美国标准组织美国通信工业协会（TIA）和世界标准组织国际电信联盟（ITU），并申请确立 CDMA 为世界移动通信标准；第二，为 CDMA 研发过程中的所有技术申请了专利；第三，围绕企业的专利权精心打造经营、公关和法律服务体系，形成严密而完整的自我保护网。

经营一家企业，究竟是否困难？答案因人而异。如果懂得怎样选择赛道，就会像高通那样，提前踏上无人问津的阵地，构筑工事，保护自己。如果只会一味盲从，就会处处碰壁，到处都是强大的敌人。

雅各布无法预知未来，但他知道在正确的时间去做正确的事情。当时，所有的通信巨头都想方设法争夺 GSM 专利，没有人注意到这家叫高通的企业在做什么，等 CDMA 壮大之后，他们才发现关键专利居然一个不剩。放在他们面前的只有一个选择——去向高通购买专利。

就这样，高通成了销售 CDMA 专利的巨头。

但雅各布没有得意忘形，他发现企业的隐忧在于树敌太多。当越来越多的企业前来购买专利，就意味着越来越多的同行开始生产设备，高通既要向这些同行卖专利，又要参与设备的市场竞争，在这个过程中，公平性存疑。市场上因此存在一种说法，人们认为高通只将最好的设备和软件提供给自己。

经过一段时间的纠结，雅各布决定放弃。2000 年，高通将系统设备的生产部门卖给爱立信，将手机部门卖给了日本京瓷，自己专注于做软件和芯片。就这样，高通从 CDMA 产品供应商变身为纯技术公司。

"以退为进"是雅各布为高通未来考虑而做出的重大决策，企业为此必须有所牺牲。那时，高通的手机业务刚刚开始。就在1998 年，他们推出了全球首款 CDMA 商用手机，其性能相当强大，颇受好评。但雅各布经过反复思考，认为做手机弊大于利。

如果高通既做芯片又做手机，就像既做裁判员又做运动员一样。而现在，虽然他们丢掉了部分硬件市场，但他们获得了更清晰的定位、更明确的市场策略，也得到了更好的品牌评价。时代越是发展，价值链上角色的区分就越是明晰。在蛋糕做大的同时，也意味着分蛋糕的人会变多。任何一家企业都不能妄想独占价值链的上下游，这既不符合现代社会的商业规律，也很难真正实现：每家企业的资源都是有限的，只有将其长期投入某一个价值环节，才能形成局部的优势地位；如果想要平均分配力量，什么都要，最终的结果反而会是两手空空。

反之，高通的局部放弃，换来了其在知识产权领域的全面优势。此后，任何企业只要想运用 CDMA 技术，就必须面临高通的抽成。首先，做 CDMA 手机之前，企业必须先支付 500 万美元的入门费，购买高通 CDMA 知识产权的使用权。其次，这些企业开始研发手机产品时，还要购买高通的手机芯片以支撑研发，要分别购买不同的芯片。从理论上说，除了高通，威盛也能提供 CDMA 手机芯片，但威盛这个唯一的"竞争对手"也要向高盛交出专利费。因此，芯片的议价空间几乎不存在。最后，CDMA 手机上市后，高通还会根据协议，对手机整体销售额进行抽成，并且比例显然不会低。

业内有个广为流传的段子，是说某企业高管遇到高通高管，对其收费方式提出看法。

企业高管："朋友，我认为你们的收费方式不合理。收专利费无可厚非，但你们对手机整体销售额进行提成，这不公平。"

高通高管："为什么呢？"

企业高管："如果将来车联网实现了，需要用你们的产品打造通信模块，那么宝马是不是也要将销售额的 5% 交给你们？"

高通高管耸耸肩："好像是这个道理。"

"一招鲜，吃遍天"，雅各布用当初的坚持和迅捷，换来了今天入场券发放者的角色。2022 年，高通的营业收入达到了 442 亿美元，员工 3.5 万余名。正是这家企业的核心技术，决定了你口袋里的智能手机如何工作和娱乐，决定了你车里的导航系统如何服务，决定着无数移动通信设备如何搭建未来的人类社会。高通用自我更新的方式，成为名副其实的技术霸主。

第10章

燃火，硅谷在闪烁（1971—1996年）（下）

经历了20世纪70年代初期的经济衰退和高通胀困境后，美国政府开始推动金融自由化，这促进了资本的流动，经济逐渐复苏并在20世纪80年代初期进一步加速发展。得益于此，计算机技术和信息技术开始迅速发展。个人电脑走向普及，互联网的影子正若隐若现，它们共同昭示着即将到来的现实：美国人的生活和商业方式将会发生重要改变，而这种改变将会影响全人类。

　　这种改变率先发生于加利福尼亚旧金山湾区那片叫作"硅谷"的地方，越来越多的高科技产业企业在这里崛起。微软、甲骨文、英特尔、思科、戴尔等知名科技公司相继成立，他们贡献出人类的第一款商用计算机芯片、第一台个人电脑、第一个操作系统、第一台网络路由器、第一台定制化个人电脑等。以如此多的首创为历史标志，美国乃至全球的个人计算机、软件开发等领域的商业化进程在这个时期取得了重大突破。

盖茨的微软帝国

当资本的土壤变得肥沃时，受益者就不只是前来翻找宝藏的风险投资者。更多财富正在这片土地萌发，从20世纪七八十年代开始，硅谷接过IBM和惠普点燃的火炬，使其燃烧得更加旺盛。在人类面临的恢宏的信息技术革命中，美国的充沛资源将被灌注于此。很快，这里将诞生更为卓越的企业。

今天，人们津津乐道于比尔·盖茨是如何从哈佛大学肄业的，但很少有人了解，他还没有进入哈佛大学时就已开始创业。

1972年，刚成立不久的英特尔公司推出了8008芯片。上高中的盖茨和朋友保罗·艾伦（Paul Allen）发现了其中的商机，他们买来芯片，组装出一台机器，并用BASIC语言写出程序，人们可以利用这个程序分析城市交通数据。他们设想着先去市政部门推销，再成立一家交通数据公司来进行销售。但对方并不买账，第一次创业就这样失败了。

1974年，英特尔推出了8080芯片，其体积与之前的芯片一样，但性能更强。盖茨此时已经是哈佛大学学生，而艾伦在波士顿的一家电脑公司工作，他们为此感到兴奋。盖茨相信自己对趋势的判断，微型计算机迟早会出现，并如同当年的福特汽车那样走进千家万户。到那时，计算机会改变每个人的生活。

盖茨还无法描述具体的情形，但有一点他很确定：计算机如果发展得更为普及，就离不开软件技术。

盖茨越想越兴奋，他和艾伦用数月时间写出了能在8080芯片支持下运行的BASIC程序。他们兴奋地写信给各大计算机硬件公司介绍这个程序，但石沉大海。第二次创业就这样折戟沉沙。

1975 年夏，19 岁的盖茨做出了人生中最重要的决定，他开始为退学创业做准备，这是第三次创业。他和艾伦来到新墨西哥的阿尔伯基，创办了一家"微型计算机"公司，简称"微软"。艾伦负责技术，而盖茨以商业经营为主要任务。这一次，终于有硬件公司看中了他们的软件开发能力，他们获得了订单，开创了软件产品独立销售的先河。

1977 年 2 月，万事俱备，盖茨正式办理了退学手续。他随即将自己中学计算机小组的成员们招入公司，这些年轻人组成了微软的元老团队。盖茨自己也会参与到程序代码的编写中。他们工作时有着良好的气氛，可以一边干活一边播放摇滚乐，而且每个人都可以自由安排工作时间，只要能准时完成任务就没问题。这群人真正做到了不舍昼夜，饿了就点外卖，累了就躺在椅子上睡，醒了再继续编代码。

到此为止，比尔·盖茨已经占据了两大创业优势。一是起步早，他从中学开始就对计算机有浓厚兴趣，并将大部分时间用在研究编程上；二是目标明确，为了创办软件公司，他甚至可以放弃哈佛大学的毕业证书，抢占宝贵的创业时间窗口。因此，他才能有进一步发展自我价值和追随市场动向的机会。

实际上，任何企业家在试图找准风口、发挥价值之前，都要先回头看看来时的路：你是否比别人更早，你是否比别人更明确？如果答案是肯定的，那么在未来的市场中就有属于你的位置。

那时，是否有人比盖茨拥有更好的位置？答案是肯定的。他叫加里·基尔代尔（Gary Kildall），是华盛顿大学计算机科学博士。他博士毕业时，盖茨还没有离开高中。早在盖茨研究 8008 芯片之前，基尔代尔就为更早的 4004 芯片写出了程序。当 8008 芯片推出后，他又用自己发明的编程语言，创造性地编写出世界上第一个微型计算机操作系统 CP/M。

　　基尔代尔并非异想天开，他对计算机市场同样有深刻认识。此时，不同的电脑硬件公司为保持自身产品的独特性，纷纷加装独立操作系统。这虽然让软件公司表面上订单不断，实际上却阻碍了计算机行业整体的发展。用户每换一次计算机，甚至每次需要使用一款新的软件，就要先学会使用新的操作系统，在这种情况下，又有多少人觉得计算机能带来便捷呢？而他写出的 CP/M，最大的特点在于具备良好的可移植性，而且便于统一操作。

　　基尔代尔和盖茨相识于 1977 年 4 月。在旧金山举办的第一届计算机博览会上，盖茨注意到了 CP/M。盖茨意识到，计算机操作系统迟早会实现技术的兼容化、标准化，基尔代尔的系统比其他人的系统更接近这一点，他必然能更早拿到高端竞争的入场券。这让盖茨很佩服基尔代尔。在展览会之后，他和基尔代尔成了好友。

　　如果暂时不能成为行业内最优秀的人，那起码要和他们站在一起。这就是盖茨的想法，也是创业铁律。

　　时光荏苒，又是三年过去了。1980 年，基尔代尔靠 CP/M 已经赚到了上千万美元，而"野小子"盖茨却依然没有进入操作系统领域，他始终在小打小闹，尝试将 BASIC 语言移植到个人电脑上。当然，这也可能是因为他颇有自知之明，选择躲开了基尔代尔这样强大的对手。

　　但两个人的命运很快就彻底改变，这件事起源于计算机硬件巨头 IBM 的入局。

　　1980 年，IBM 计划推出个人电脑，希望预先安装操作系统。IBM 的人第一个想到了 CP/M。当他们咨询盖茨时，盖茨也强烈推荐了基尔代尔。后来很多人被"盖茨的母亲是 IBM 董事"的传言所误导，以为盖茨是靠关系进的 IBM，殊不知像 IBM 这样的企业，自然有严格的筛选体系，又有什么东西是靠关系就能决定的呢？

　　但基尔代尔的问题在于他太不会处理商业关系了。这位博士是技术天才，却并非商业天才。面对 IBM 这样的大公司，基尔代尔没有调整好心态。谈判当天，他和担任律师的妻子一致认为，合同里面的种种保密规定都是条条框框。他只和 IBM 谈了一下午，就选择了拒绝，就此错失一生只有一次的大单。

IBM 的人没办法，再次找到盖茨，询问他是否能在几个月内提供操作系统。盖茨从来没有准备过，眼看就要错失机会，此时他的合伙人艾伦发挥了重要作用。

艾伦从圈内听说，有人自编了一套 QDOS 操作程序，这套程序"借用"了不少 CP/M 系统的思路，有人给它起了个外号叫"脏DOS"。但盖茨可等不及了，他立刻给 QDOS 操作程序的主人蒂姆·帕特森（Tim Paterson）付了 5 万美元，将 QDOS 操作程序全部买下，将其改名为 MS-DOS，再将其卖给 IBM。

从此，微软的飞黄腾达之路开始了。借助 IBM 这艘大船，他们的操作系统销量猛增，很快挤占了 CP/M 的市场。等基尔代尔明白过来，一切都太迟了。随后，微软又向其他计算机厂商进行软件捆绑销售，盖茨心心念念的 BASIC 语言也在个人电脑平台取得了长期的成功。当这些铺垫做足后，Windows 系统的推出让微软和盖茨了登上神坛，到那时，几乎没人还能想到基尔代尔和他的公司了……

在编程能力方面，盖茨的确不是最优秀的。但在商业的前瞻能力和事务的管理规划上，他简直就是专门开启个人计算机时代的天才。作为微软的领头人，他自始至终都在准确度量每个应该踏上的台阶，这才有机会向 IBM 提供备选方案。与他相比，略显任性的基尔代尔一门心思做蛋糕，却不懂得如何上桌分蛋糕，这样的人更适合研究技术而非商业。

回顾往事，我们能更清楚地了解，纯粹的知识分子确实值得人们尊敬，但往往无法得到商业上的长期成功。在通往商业名人

堂的征途上，企业家必须持续自我修炼，培养抓住每个重要机会
的霸道气质。对他们而言，让目标保持集中与明确，与克制贪婪
的心魔同样重要。

数据库大玩家埃里森

　　起初，火种落地，星星点点，各自燃放。很快，计算机奇才
们以智慧的火焰相互连接，形成漫天大网，从全美席卷全球，造
就令亿万世人瞩目的新产业。

　　这，就是 20 世纪 70 年代的硅谷。

　　在硅谷，信息世界风云变幻，传奇人物因缘际会，为后人留
下令人神往的故事。拉里·埃里森就是故事中的主角之一。

　　埃里森没有盖茨那样良好的出身，也没有受过基尔代尔所受
过的高层次的教育。他曾是被单身母亲丢给舅舅抚养的婴儿，曾
是在芝加哥犹太区平民社区长大的孩子，曾是没有大学学位的社
会青年，曾是 30 岁难以立足的离婚男……如果将这些标签集中在
同一个人身上，绝大多数人能想到的只有"失败"二字，但他顶
着命运的风，用双手创建了甲骨文公司。

　　埃里森是欧美高科技企业创始人中的另类，他从来没有在正
规学校接受过系统的计算机编程教育，但凭借自学成了程序员。
20 世纪 70 年代，他跳槽到安培公司，由于具备优秀的工作能力，
公司让他负责一个设计大型计算机数据库的项目，项目代号为"甲
骨文"。正是在这个项目中，他认识了鲍勃·迈纳（Bob Miner）
和爱德华·奥茨（Edward Oates），三个人没日没夜地研究如何高
效储存和管理海量数字信息。但最终，项目还是失败了。

失败深深刺痛了埃里森。这固然不是他人生中的第一次失败，但发生在他最重视的领域内。在他看来，在自己掌管的企业中，就不会发生这种事情。

企业家总是有想法的，这种想法有多强烈，决定了你的上限有多高。如果你甘于听从市场和资源的安排，就只能匍匐在现有平台上，躲避漫天炮火，呼叫后方支援；但如果你能不被写在纸面上的那些文字规定束缚，你就会有待圆的梦、待摘的星。

1977 年，埃里森联合两个伙伴，共同出资 2000 美元成立了自己的软件开发实验室，目标就是拿下商用关系型数据库管理系统。

当时，对这方面的研究并不少见。在 IBM 公司里，早有研究员认为，关系型数据库技术会成为未来商业软件技术的热点。但 IBM 的关注点并不在这里，研究论文被轻飘飘地搁置了。

埃里森并非盲目相信主流的人，当他读到这篇论文时，他感觉这篇论文写出了自己的心声。他想，自己为什么不能是推进数据库历史的人呢？他立即着手研发关系型数据库管理系统，并继续将之命名为 Oracle（甲骨文）。

在商业界，赚钱和成功需要努力，但绝非任何努力都能带来想要的成果。观察、思考、灵感、野心、远见、坚持，这些因素缺一不可。Oracle 1.0 版本很快诞生了，但软件除了完成简单的关系查询外，什么也不会做，想要让它能行走于世间还需要很长时间。但埃里森和盖茨同样清楚时间窗口的重要性，他只能先把产品投向市场，让所有人接受，再去不断修改完善。这就像是一场无规则的射击比赛，如果你瞄准了再开枪，你就会发现靶子已被打成了马蜂窝。

埃里森的问题在于"子弹"不足，公司很快面临着资金链中断的问题。为此，他既要研发软件，又要承接数据管理项目和顾问咨询工作。由于客户不同、硬件不同，埃里森必须改用 C 语言来开发 Oracle 3.0 版本，因为 C 语言在所有机器上通用，编译器成本也不高。这反而意味着初期客户帮助他研发出了更好的软件。

当产品功能越来越完善时，埃里森组建的庞大销售团队也基本成形。这可能是历史上第一支负责软件销售的"铁军"，其中很多人都曾在美国海军陆战队服役。他们纪律严明、勇敢无畏、从不抱怨，而埃里森对他们的管理也很"粗暴"，规则非常简单，所有人都按业绩分配奖金：销售越多，提成越多；业绩倒数，就请走人。

除了推崇个人英雄主义，埃里森还懂得如何培训和指导他们。毕竟他们卖的是高科技产品，不能只靠打鸡血。他很早就亲自教授销售员现场演示的方法，几乎每个潜在客户都对甲骨文销售员的"表演"记忆深刻。销售员会在现场安装 Oracle，然后邀请客户从展示的数据库中报出一个关系查询任务，销售员随即在键盘上飞速输入，机器咔咔作响，屏幕闪烁，结果就会跃入客户眼帘。

客户并不知道，此时展示的"数据库"是相对简单的，在实际应用中并不会达到这样的处理速度。但谁会想那么多呢？毕竟，人们都相信"眼见为实"。

功夫不负有心人。埃里森带领甲骨文大获成功，关系型数据库迅速从冷门走向主流。1988 年，公司上市，市值 2.7 亿美元。

对埃里森这样的人来说，这种成功是迟早要到来的。他不仅精通技术，而且擅长解读人心。在他眼中，产品当然不是产品，需求也不见得是需求。

企业家有很多种，其中投资型企业家的执念格外强烈。他们始终将产品看成投资品，值得他们投入所有资源的产品并不多见，一旦出现，他们就会抓住其处于价值低谷期的黄金时间，对其使出全力。

相对地，他们对市场需求并不会奉若神明。需求无非是市场对产品的当下看法。过去没有需求并不意味着现在，更不意味着将来没有需求，新的需求完全能在某个时间，被瞬间创造出来。福特的 T 型车如此，盖茨的视窗操作系统如此，未来，乔布斯的苹果智能手机亦如此。

埃里森不仅属于投资型创业者，而且是真正的玩家。在鼎盛之年，他坚定地追求着零和博弈。他不仅追求自己的成功，还渴望让对手失败。他将商战当成最爱的棒球游戏，必须分出输赢。

就在埃里森开发 Oracle 的同时，加州大学伯克利分校也打造出了类似产品，名为 Ingres 数据库系统。其技术比 Oracle 更成熟，发展势头也很强劲，这让埃里森感到压力很大。为了击败对手，他可谓用尽心思。一次，Ingres 宣布采用分布式查询的新技术。仅仅 10 天后，埃里森就宣称甲骨文也推出了采用类似技术的产品，但实际上，根本没有人能买到这款"新产品"。很多人怀疑，埃里森为了保住市场份额，编造出了所谓的新产品。

虽然埃里森不可能采用这种小招数阻挡挑战，但他换来的时间非常宝贵。IBM 担心 Ingres 再壮大下去，会形成搜索技术标准，对 IBM 的现有行业位置形成挑战。1985 年，IBM 发布了自己的关系型数据库产品，该产品采用了与 Ingres 不同的数据查询语言，但这种语言与 Oracle 全面兼容。

这下，埃里森来了精神。他一方面大肆宣传 Oracle 和 IBM 的高兼容性，另一方面也不遗余力地攻击 Ingres。就这样，对手很快退场，交出了原有的市场份额。

埃里森好斗的性格时常表现在嘴上。他曾经说惠普董事会成员是"白痴"，又抨击微软是垄断企业，应该被拆分成两家公司。如果说硅谷或者全世界他最佩服的人，那只能是史蒂夫·乔布斯，在"乔帮主"面前，他总是一改轻狂张扬，变得温和谦虚。在乔布斯生命最后的日子里，每天陪他散步的就是埃里森。当他离去

后，埃里森仿佛突然悟道，变得沉静安稳起来。现在，他带着 930
亿美元财富，归隐江湖，不问世事。

狂人拯救英特尔

在很长一段时间里，美国人谈到硅谷，首先想到的并非比尔·盖
茨、迈克尔·戴尔（Michael Dell）这些人，而是安迪·格鲁夫（Andrew
Grove）。这个匈牙利前难民，凭借着"偏执"精神，从 1979 年
开始担任英特尔公司的总裁，后来又成为当时全球最伟大的首席
执行官，硬是将英特尔从一家无名创业小公司，变成全球 IT 行业
龙头。

1956 年，匈牙利陷入混乱，格鲁夫时年 20 岁，选择前往美国
开启人生新篇章。初到美国时，他连英语都不懂，偶尔能蹦出的
几个单词带着浓厚的匈牙利口音。通过打工和自学，格鲁夫居然
成功考入纽约市立学院的化学专业，并且一路升学，直到 27 岁博
士毕业，进入一家集成电路企业，那就是大名鼎鼎的硅谷仙童半
导体公司①。4 年后，他因为工作业绩出色，被提升为研发副主管，
成为集成电路行业专家。

美国成功的企业家有着形形色色的背景，其中既有皮尔庞
特·摩根那样祖传的大富豪，也有安迪·格鲁夫这样不名一文的
穷学霸。无论如何，当每个人坐上命运的牌桌，接过人生发来的

---

① 仙童半导体公司（Fairchild Semiconductor，也译作"飞兆半导体公司"），曾经
是世界上最大、最富创新精神和最令人振奋的半导体生产企业，为硅谷的成长奠定
了坚实的基础，培养了成千上万的技术和管理人才，被称为电子、电脑业界的"西
点军校"。

那一手牌，要做的都绝非抱怨和后悔，而是努力理清看似混乱的牌序，整理出最强组合。

1968 年，格鲁夫就打出了漂亮的组合牌，成了英特尔的一号员工。

这一年，他的同事罗伯特·诺伊斯（Robert Noyce）和戈登·摩尔（Gordon Moore）离开仙童半导体公司，开办了英特尔公司。起初，他们希望用两个人名字的简称作为公司名称，但因名字被人使用过而无法注册。于是，他们就用"集成电子"（integrated electronics）这个词组的缩写作为公司名称，英特尔于是诞生。格鲁夫看好这家初创企业，他抛下了在仙童半导体公司的高薪职位，追随同事创业的脚步，成为英特尔的首名员工。这之后，他将为这家企业奉献一生，从工程总监，陆续做到首席运营官、总裁、首席执行官及董事长。英特尔成就了格鲁夫，格鲁夫也成就了英特尔。

只有富有远见的人才能创业，格鲁夫就是如此。1970 年，英特尔创立不久，他就带着新团队开发出了革命性的半导体内存产品 DRAM-1103。在 DRAM-1103 出现之前，计算机内存都采用磁芯存储器，而 DRAM-1103 的材质使其能做到动态随机存取，并扩展了其容量。很快，英特尔的存储器就掀起了计算机硬件的新一轮革命。随着市场影响力不断攀升，英特尔的名字被等同于存储器。

然而，这种强关联也给英特尔埋下了隐忧。在计算机界，摩尔定律无人不知，即每个芯片能装进的晶体管数量会在 18 个月内就翻一番，且价格下降一半。软件开发商和消费者对此喜闻乐见，硬件制造商却头皮发麻，这意味着选择生产存储器就选择了填不完的金坑，生产线要不断更新，产能也要不断扩大，而客户群却随时可能被抢走。

在美国，英特尔凭借摩尔定律，战胜了许多芯片制造商。到
20 世纪 80 年代，他们的对手出现在日本。这些新生的存储器生产
研发企业采用了超低价营销方案，以价格战的方式逼迫英特尔让
出市场份额。

此时，格鲁夫已担任公司总裁。他深切地感受到：自己面前
是一条条蜿蜒的小道，承载着公司所有人的人生可能；而在自己
背后的，则是万丈深渊。格鲁夫召开了全公司会议，身材矮小的
他依然带着匈牙利口音且吐字不清，他郑重地说道："英特尔，
是美国电子业迎战日本电子业最后的希望所在！"在场的数百名
公司员工顿时热血沸腾，他们不愿意就这样低头认输，更不愿意
公司就此被终结。

随后，格鲁夫推出了"125% 解决方案"（The 125%
Solution）。他要求每个人每天都必须工作 10 小时，而且所有在上
午 8:10 之后来到公司的人都要在迟到签名表上签字。有一天，《纽
约时报》记者来公司采访，发现格鲁夫自己也在上面签名。

当时，格鲁夫倍感压力。夜晚，他会梦到自己被一群野狗追赶；
而白天，别人眼中的英特尔总裁就像一口压力锅。

命运不是一部励志剧，如果你做得不对，商业就不会给你正
确的奖励。在全公司的"努力"下，英特尔的亏损更为严重了。
公司连续 6 个季度面临亏损，整个行业都不看好它。

格鲁夫所经历的窘境，也在提醒我们每个人，不要过于相信
自己的杰出能力，也不要过于相信"打鸡血"这件事。即便再充
满斗志的快马，也无法超过一辆 20 世纪 40 年代的老爷车。如果
你没有选择正确的平台和赛道，却妄想超过所有对手，那就是对"选
择"本身价值的蔑视。商业世界会对你的这种狂妄给予重重打击，
这打击会强大到足以毁灭你全部的梦想。

格鲁夫显然意识到了这一铁律。1985 年，他结束了公司高层

内部的各种争论，做出剽悍的决定：英特尔不再进行存储器生产。

消息一传出，便震惊国际业界。数年来，同行们设想了无数种英特尔的应对措施，也有人幸灾乐祸地在心里预演无数种英特尔的倒闭场景，但很少有人想到的是，英特尔会掉头不顾，进入下一个战场。

其实，早在1971年，英特尔的工程师特德·霍夫（Ted Hoff）就研制出了第一款计算机芯片4004，这也是世界上第一代计算机芯片。此后，8008、8080、8086、8088等型号的芯片陆续更新换代，进入市场。1982年，IBM进军个人电脑市场，其产品直接搭载了英特尔的8088芯片，尽管初代的IBM个人电脑销量很低，但英特尔凭借搭上这艘大船，让市场了解到它的芯片业务。

格鲁夫认为，选择分叉路径的时刻已经到来。如果再等下去，就会连选择的机会也丧失。1985年，英特尔在8086芯片的基础上推出了80286芯片，该产品被广泛应用在IBM的个人电脑兼容机上，这些机器俗称"286电脑"，一经推出就大受欢迎。

同年10月，英特尔推出了80386芯片，该产品具有划时代的意义，以性能的大幅提升为由，成为计算机技术发展史上的里程碑。

按理说，转型成功的英特尔前程无虞，格鲁夫可以放下压力了。没想到，后院再次起火了，原本身为盟友的IBM突然拔刀，他们威胁说，英特尔不能搞芯片垄断，必须将芯片设计的特许权授予其他芯片制造商。

IBM打得一手好算盘，只要格鲁夫妥协了，就会有更多芯片制造商成为供应商，英特尔也会面对狼群竞争，无力发挥话语权。

然而，IBM并不清楚格鲁夫的风格，他只要认准了方向就绝不妥协，哪怕为此做好失败的准备。格鲁夫很清楚，稀缺性才意味着话语权，英特尔如果想要真正强大，就必须成为IBM唯一的芯片供应商。

格鲁夫通知 IBM，公司不会将技术专利权授予任何其他制造商，IBM 马上开始抵制 80386 芯片。不过这种抵制持续不了多久，因为格鲁夫转身就将芯片卖给了康柏公司[①]（Compaq），其正是 IBM 的竞争对手。

IBM 的态度软化了，他们和英特尔达成了平等的购买协议。80386 芯片从此更加风靡市场。格鲁夫在回顾这场商业斗争时说道："在重要关头，你需要坚持自己的立场，纵然输掉比赛，也比抛弃自身的独特优势要好。"无论是个人还是企业，获得相对而言的优势并不容易，只有想方设法稳住自己的底盘，将之转化成为绝对竞争优势，才是长久之道。

1992 年，英特尔打败当年的日本对手，成为世界上最大的半导体企业，这要归功于微芯片战略的巨大成功。塑造这一奇迹的功臣当然是格鲁夫，在他为英特尔工作的 30 年内，企业的年收入从最初 2.67 亿美元上升到 208 亿美元，而在他担任首席执行官的 10 年内，公司市值从 40 亿美元上升到 1970 亿美元。

转型的风险固然很大，但不转型只能是死路一条。在转型与不转型之间，企业家应该做出果决而理性的选择，这就是安迪·格鲁夫带给我们的经验。

路由器之恋

IT 产业留给外界的印象总是出奇一致，资本集中、高管精英、员工优秀、竞争激烈……没有任何关键词会和浪漫爱情联系在一

[①] 康柏公司：由罗德·肯尼恩（Rod Canion）、吉米·哈里斯（Jim Harris）和比尔·默顿（Bill Murto）于 1982 年 2 月共同创建，2002 年被惠普收购。

起。然而，1979 年，一段爱情催生了一家著名的美国企业，那就是思科。

1979 年，电脑硬件工程师莱昂纳德·波萨克（Leonard Bosack）离开原公司，跳槽到硅谷的斯坦福大学。该校任命他担任计算机中心主管。在这里，他认识了学校商学院计算机中心主管桑迪·勒纳（Sandy Lerner）。从彼此间的一句"你好"开始，两个人很快成为朋友，又迅速坠入爱河。

无论何时何地，办公室恋情总是带着禁忌色彩，而恋情本身会伴随这种禁忌色彩更具甜蜜感。尽管波萨克和勒纳的工作地点相距不到 500 米，但双方并不希望频繁"秀恩爱"，以免打破平和的办公室气氛。

如果那时已经有了微信、QQ、微博这些互联网社交工具，那么这对 IT 情侣未来的事业轨迹或许会有所不同。但问题是，虽然当时他们都坐在电脑前，但只要彼此电脑并非同一家公司的产品，双方主机上的各种板卡型号、通信协议就都不相同。虽然办公室有局域网，但还是连电子邮件也无法发送。为解相思之苦，两人联手设计出了世界上第一台路由器，它能对一个系统的命令进行模拟，将其转换成另一个系统能解读的命令。

1980 年，他们正式步入婚姻殿堂，路由器成为双方送给彼此的礼物，也成为他们送给学校的礼物。波萨克创造出"多协议路由器"，它能对斯坦福大学内原本各自独立的计算机局域网加以整合，从而形成统一网络，斯坦福大学校内网由此诞生。这个貌似不起眼的小盒子，就像一只探入虚拟网络世界的巨掌，将原本阻挡在各个计算机公司之间的屏障轻松除去。很快，它就成为计算机业界的宠儿，掀起了改变世界发展格局的互联网革命。

波萨克夫妇作为路由器的发明者，深谙其中存在的巨大商机。他们知道这种机器能将人与人、企业与企业、人与企业之间的关系拉近，这意味着人们对它的需求几乎是无限制增长的。于是他们向校方求助，申请拨款，以批量制造和销售该商品，但他们的申请遭到了否定。

在否定面前，普通人或许会自认倒霉，之后很快忘记这次冲动。但企业家不同，他们会时刻提醒自己，时间比金钱还要珍贵，只有抢占市场先机，才能成为最大的赢家。几番长谈后，1984 年，波萨克夫妇共同创业，他们都很喜欢旧金山，于是将其最后五个字母作为公司名称，未来名声响彻全球的"思科"诞生了。随后，他们又设计了公司商标，商标将旧金山金门大桥侧面形象和信号符号结合，寓意从此让网络互联互通。

1986 年，思科正式推出了第一款产品 AGS 先进网关路由器，在没有进行市场推广的基础上，轻松获得了数十万美元的订单。不过，他们始终面临着绕不过去的法律问题，那就是路由器的知识产权归属。尽管路由器是他们发明的，但利用的是斯坦福大学的设备资源。如果严格遵循法律规定，这款产品属于在职发明，其专利权应属于斯坦福大学。

最初，夫妻俩并没有意识到这一点，直到他们想要扩大企业规模，在多次寻找风险投资时不断碰壁，才想到斯坦福大学态度的重要性。

斯坦福大学会如何选择？是狮子大开口，分一大块蛋糕，还是对簿公堂，让法律来裁决？幸运的是，这些都并非他们的选择。

任何一家卓越的企业，其成功都不可能仅仅归功于某一两个人物，它是整个社会在文化共识下形成的凝聚物，也是以实体形态展示的商业价值观。斯坦福大学作为硅谷的摇篮，对创业者始终抱有宽容态度，并不会为短期利益而痛下杀手。面对前员工，他们只是象征性地收取了专利许可费用，而波萨克夫妇也是聪明人，他们立即将思科的部分股份赠予学校。

这次和谐的商业沟通，为双方都带来了巨大利益。在不到 10 年的时间里，斯坦福大学持有的思科股份的价值就暴涨到数千万美元，斯坦福大学还获得了波萨克夫妇多次的个人巨额捐赠。而思科也将在这个人才济济的学术宝库中，不断获得企业发展的新生资源。

思科之所以需要大量新生资源，在于其面对的市场巨大无比。现在，只要是有计算机的地方，就需要建设网络。无论是电信、金融、服务、零售、教育行业还是政府，想要进入信息互联时代，都离不开各类网络设备。其中，硬件包括路由器、交换机、服务器、光纤平台、VPN 设备，软件包括 iOS 软件和安全软件等。此外，网络传输设备的建设并非一劳永逸，网络传输设备需要不断更新换代，这意味着思科的市场需求永不饱和。

尽管波萨克和勒纳创办了思科，但并没有伴随这家企业一路前行。1987 年，资本巨头红杉资本① 的注资，使得思科有将近 30% 的股份落入风险投资家唐·瓦伦丁（Don Valentine）手中。同时，波萨克和勒纳由于管理经验不足，同公司的首席执行官比尔·格雷夫斯（Bill Graves）产生了矛盾。为了赶走后者，他们将全部表决权委托给大股东瓦伦丁。1988 年，瓦伦丁大权独揽，找来了自己人担任首席执行官。

1990 年 2 月，思科上市。8 月，思科高管团队开始"逼宫"，要求董事会解聘过于追求完美的勒纳。勒纳离开后，丈夫波萨克随即离开。两人卖完了手中的思科股票，转身开展风险投资和慈善公益事业。

从 1991 年开始，约翰·钱伯斯（John Chambers）入主思科。他曾在 IBM 和王安电脑公司工作，有丰富的管理经验，对同事和

---

① 红杉资本于 1972 年在美国硅谷成立，此后参与众多创新公司的风险投资。

员工和蔼可亲，愿意充分沟通交流、积极鼓励。钱伯斯的到来重新凝聚了思科的士气。同时，他对市场的理解更为透彻，要求员工重新摆正服务角色，要完全根据客户的要求来确定技术方向。

正是钱伯斯的革新，让思科彻底摆脱了"大学味"。一家优秀的企业，或许能凭借先进技术和强大资源领先一时，但想要长期领先，还必须摆正服务姿态，懂得谦虚面对客户的道理。而这正是钱伯斯赋予思科的新理念。

此外，钱伯斯还对思科的定位提出了关键要求。他认为思科追求的不是全面和数量，而是在每个细分领域都争取前列位置。如果自身能力不足，也可以通过收购来占领这一位置。他独具慧眼，精心挑选那些和思科发展关系密切的企业，再收购技术上稍微领先的公司，由此更快地占领市场。

知识分子让思科呱呱落地，逐渐壮大。而钱伯斯将毕生心血灌注其中，带领思科变成了网络设备的业界王者。有人善于创造，也有人善于经营，在他们的协力合作下，思科已名列世界 500 强，成为全球网络互联解决方案的公认领跑者。它那高低起伏如山峦的商标图案，总是让知情者想到当初斯坦福大学办公室里，那一声原本下意识的"你好"。

戴尔这样卖电脑

微软、英特尔、甲骨文……这些公司的诞生无不和 IBM 有重大关系。在特定时间段，背靠大树好乘凉的道理，放之四海而皆准。但这里是硅谷，没有什么不可能，所以当然会有人主动出击，并且创业成功。他就是迈克尔·戴尔。

关于戴尔的背景介绍，这里有两句话。

第一句：他出生于1965年，12岁时就买了自己的个人电脑。这句话表述的不仅是表面事实，而且也说明他的家庭经济条件优渥。在1977年，全世界没有多少家庭买得起电脑。

第二句会颠覆你的想象：戴尔买电脑的2000美元，是他自己做邮票生意赚来的。

戴尔会先去市场上廉价收购邮票，从中找出值钱的品类，再去集邮杂志上登广告销售。这是他第一次越过中间商做生意，但绝不是最后一次。16岁时，他就成为《休斯敦邮报》的销售中介，他专门去找新婚夫妇、迁居人士赠送报纸，再附上颇具特色的信笺，不久后他就赚到了1.8万美元，买了一辆宝马汽车。

大学暑假，戴尔在摆弄电脑时灵光乍现，看到了根本没有人注意到的矛盾：一方面，本地计算机批发商手中的电脑无法及时出手；另一方面，本地消费者翘首以盼新电脑。

戴尔本能地想到，供需之间存在矛盾，而这样的矛盾很好化解。"为什么不是我出手呢？"他到批发商那里谈妥了批发价，一次性将积压的过时电脑买回来。然后自己动手，在机器上增加更多内存或硬盘，赋予其不同特征。随后，他又在当地报纸登出小广告，以低于零售价10%～15%的价格，出售这些计算机。于是，最早的电脑直销诞生了。

当戴尔沉迷于赚钱时，他对大学学业就没有多少兴趣了。戴尔当初读的是得克萨斯大学医学专业——为了能让父母满意。但现在，戴尔发现赚钱能让自己满意：经他改动组装之后的电脑，能在社区击败IBM原装电脑，取得火热的销售业绩，而他每个月能因此赚到2.5万美元。

大学一年级之后，戴尔正式和医学说再见，成立了戴尔公司。他认为，只要想好了就应该去做。为了说服父母，他表示自己可以尝试一个月，如果在一个月内业绩没有上升，自己就回去上学。一个月之后，戴尔公司的销售业绩达到了 18 万美元，父母惊呆了。此时，是 1984 年。到 1986 年，这个数字达到了 6000 万美元。1987 年，戴尔成为美国企业家协会评选的年度"青年企业家"。1988 年，戴尔公司在纳斯达克上市，市值 8500 万美元。

　　事实证明，戴尔退学是明智的选择。那时，正是成立直销电脑公司最好的节点。他除了比别人更早发现和行动，并没有其他优势，一旦错过，庞大的资本就会发现这块无主之地，随即将其据为己有。戴尔不是在和普通人赛跑，而是在和巨头竞争。后来，他坦率地承认，自己当时害怕过，但他始终清楚，自己的道路很正确，其正确性并非来自赌气、任性或一厢情愿，而是来自其多年商业实践经验，来自对电脑市场趋势发展的充分预判。

　　戴尔公司随即将企业势力扩展到海外。1989 年，其分公司开设到了加拿大、法国、瑞士、爱尔兰等国家，收入高达 2.5 亿美元。在随后的 10 年里，戴尔公司赢得了黄金时代，其收入年均增长速度在 97%，并且不断刷新之前的纪录。

　　戴尔少年得志，但前方道路坎坷。他固然很了解产品和市场，对企业的掌控却存在不足。当业务不断膨胀时，原有的创业型结构已难以负荷，戴尔公司很快开始亏损，股价也随之暴跌。公司不得不暂停了笔记本电脑的生产。

　　好在戴尔立即清醒并发现了问题，他打出了一套改革组合拳。第一拳，打掉公司原有的目标，不再一味追逐最大生产量，而是追求流动性、利润额和增长率；第二拳，打掉原有的散漫团队，强化组织纪律、科学管理，组建高素质管理团队；第三拳，打掉零售渠道，将发展重点转为企业和政府机构。

　　这三拳都结结实实地打在了企业弊病的命门上。此后，戴尔公司重振雄风，回到了原有高度。

命运不会辜负那些早有准备的人。时间又过去了 10 年，互联网兴起带动了电子商务发展，戴尔公司将 20 世纪 70 年代的直销和 20 世纪 90 年代的电商两大销售方式结合起来，锻造出崭新的竞争利器。

1996 年，戴尔公司的网店开业，用户再也不需要看杂志、报纸或者电视，仅仅需要用鼠标轻点，就能按照自身需求搭配好电脑配置，再坐等收货。

如果戴尔公司仅能如此，也就只会变成电商大卖家而已。但戴尔无法容忍企业变得如此平庸，他继续带领员工，将服务质量提升到极致。通过电商官网，用户能自主选择电脑的 CPU、硬盘、内存等材质，形成个性化配置。这让客户能拿到为自己量身定制的电脑，而价格却并不会更贵。

戴尔公司将直销和电商相结合，使成本变得更低，面向终端消费者的价格也更便宜，这让竞争对手 IBM、惠普感到压力巨大。惠普只能选择通过并购康柏公司来增强竞争力，而 IBM 干脆将 PC 业务出售给联想。能取得这样的战果，连戴尔本人可能都未曾想到。

其实，戴尔并没有创造出什么新的商业模式。在很早之前，直销模式就出现了，从山姆·沃尔顿到雅诗·兰黛，都利用直销模式起步，建立了商业帝国。戴尔则成功地将这些经验"搬到"了计算机营销中，打破了陈旧规则。最初，他或许只是在奉行简单、实用、高效的赚钱规则，但他很快发现这能满足众多潜在客户的需求，让销售额获得成百上千倍的增长。此时，戴尔就不再是兼职的大一学生，而是新商业模式的开拓者。

戴尔公司一路走来，不受环境影响，不受过去限制，他们将所有的资源倾注到为最终客户提供更多价值上，从中获得的深厚回馈，正是水到渠成。

第11章

疯狂而理智，新世纪颠覆者（1997—2011年）

20 世纪末，美国互联网股票泡沫宣告破裂，大量互联网公司倒闭，投资者也遭受了严重损失。这让高科技行业从疯狂走向理智，行业整体开始积极调整变化。随后，电子商务、社交媒体和移动应用等商业应用领域凭借与民众生活密切相关的特点脱颖而出、蓬勃发展，谷歌、亚马逊、脸书等企业正是在此时走出美国、走向世界的。它们致力于技术创新，积极引入新技术和解决方案来改变传统行业，并利用大数据来驱动商业模式，在各自所处的行业中取得了巨大成功，成为全球知名的科技巨头。

在这个时代的画像里，最能代表"疯狂而理智"特性的企业家非史蒂夫·乔布斯莫属。尽管其早在 20 世纪 70 年代就创立了苹果，但他此时更为激烈地追求创新和卓越，在产品设计和用户体验方面不断挑战传统，颠覆自我。在 21 世纪的前 10 年里，乔布斯引领苹果在技术和设计方面进行大胆创新，并取得了巨大的商业成功。

当乔布斯在 2011 年不幸去世后，埃隆·马斯克成为下一个美国高科技创业领域的颠覆者的代表，尽管两人对企业的领导方式迥异，但马斯克凭借着与前人相似的独特视野和坚定决心，不断推动科技创新事业的进步与发展。

万能网店亚马逊

20世纪行将结束，互联网如同人类社会的不速之客，出乎意料地改变了一切。还没等传统零售行业反应过来，电子商务就发起了迅猛冲击。

1997年，亚马逊借助全网之力上市，仅一年时间，市值就从4.29亿美元上升到105亿美元，成为全世界最大、最知名的网络书店。从那时开始直到现在，杰夫·贝佐斯创办的亚马逊始终保持着增长态势，占领着全球最大电子商务企业的位置。他是如何做到的？

少年时代的贝佐斯痴迷太空和宇宙，对计算机并不感兴趣。直到他进入普林斯顿大学主修计算机科学，他才明白互联网是距离更近的目标。1986年，贝佐斯以优异的成绩毕业，他的目标很明确：先赚钱，然后创业。他先是在纽约一家定量对冲基金公司工作，后来与人一起组建了套利基金交易管理公司，不到30岁就成为副总裁。8年努力，让贝佐斯小有家财，也积累了丰富的市场和管理经验。

1994年，他看到一组数据，全球互联网用户正在以每年23倍的惊人速度增长。除了互联网，还有什么市场能如此迅速膨胀？贝佐斯欣喜无比，他想要将产品销售给这些新加入的用户。于是他列出了20多种商品清单，然后逐项淘汰，最终只留下了一个产品，那就是图书。

当时，美国每年出版的图书达到了130万种，有着巨大的发行市场，每年销售额高达2600亿美元。最重要的是，图书市场份额划分得很细，即便是最大的图书连锁店，其每年销售额也只占市场的 12%。再加上图书适合在网上展示，这些都让贝佐斯确定自己选对了路。

1995 年，贝佐斯举家搬到西雅图，这里有大量技术人才，而且距离图书分销商仓库不远。在搬家的过程中，贝佐斯匆匆用一张餐巾纸写下了创业计划，他的公司将以世界最长河流"亚马逊"来命名，寄托了他对亚马逊能在未来登顶的希望。

贝佐斯只有 30 万美元作为启动资金，他在西雅图郊区租下车库，并以此作为办公场所。公司会计由当时的太太麦肯齐·斯科特（MacKenzie Scott）担任，剩下只有两名程序员。在创业初期，亚马逊生意冷淡，几乎无人问津。为了提振士气，贝佐斯让员工写了个程序，只要有订单就会响铃。幸运的是，在互联网时代，一旦创业者的能量被集中在正确的领域，被发现的概率就很大。没几天，雅虎创始人杨致远①发现了这个网站，并打电话给贝佐斯，表示愿意协助亚马逊做宣传。就这样，亚马逊站上了浪尖，车库里铃声不断，贝佐斯最终只好取消这个功能。一个月后，亚马逊的业务覆盖了美国的 50 个州，随后又扩大到全球 45 个国家。

亚马逊能如此迅猛发展，自有其原因。1996 年夏天，贝佐斯推出新政策，只要其他网站将顾客推荐到亚马逊来买书，就能拿到 8% 的佣金。这意味着所有网站都能成为亚马逊的流量代理，而亚马逊无论花费多大成本，获得的都是难以衡量的品牌知名度。

在互联网时代，在创业初期的企业家应该抓住一切机会迅速扩大规模，让更大的市场能了解品牌价值，而不是执着于提升产品和服务质量。任何市场都不会是无限的，普通消费者的精力、财力、需求，决定了他们只能熟悉一两家电商巨头。如果贝佐斯不能第一个占领消费者的心智，那么无论他将网站页面做得多么

---

① 杨致远（Jerry Yang），全球知名互联网公司雅虎的创始人，原首席执行官。

美观，将服务打造得多么便捷，都无法等来今天的成就。相反，采用"全网代理"的方式，能为亚马逊带来巨大的流量。

由于亚马逊不需要像传统书店那样受中间商抽成，因此他们几乎每天都在打折销售，即便是最新、最畅销的图书也可能 5 折销售。凭借这样的价格优势，亚马逊迅速击败了大批实体书店，仅存的实体书店不得不上网销售，这正是亚马逊所擅长的领域。凭借如此强大的优势，亚马逊在创建两年后就顺利上市。

上市只是开始。1998 年，亚马逊音乐商店上线。1999 年，亚马逊投资了药品、宠物、家庭用品网站，第二年又和网络快运公司合作，确保用户能在一个小时内收到自己订购的商品。经过一系列扩张，亚马逊已经从最初的网络书店，上升成全能的互联网超市。在这里，用户能买到线下超市销售的各类商品，还能享受酒店预订、旅游指南等服务。

贝佐斯并未止步于此，他又发展起了亚马逊云科技（以下简称 AWS）。在 AWS 服务下，新的互联网创业企业无须关注 IT 技术，他们只需要在亚马逊的云端注册账号，就能使用其庞大的计算资源，并按照实际使用量支付费用。

此前，任何一家互联网创业企业想要实验技术，都要花费大量计算成本，包括雇用技术员工、增加计算设备等各项成本开支，而使用 AWS 之后，企业只需要花费几分钟和不多的资金，就能在 AWS 平台上获得上千台服务器的支撑。换而言之，当年谷歌的创始人如果有这样的服务，就连那些"纸箱服务器"也不需要制作了。

AWS 一经推出，传统 IT 巨头的硬件和软件业务都受到了冲击。发展十余年后，AWS 获得了许多重量级客户，包括美国的 Instagram、Netflix 等网络新贵企业，美国中央情报局、美国航空航天局等政府机关，也包括中国的小米、猎豹移动、芒果 TV 等企业。AWS 已经成为亚马逊获利最佳的业务。

贝佐斯是如何将一个默默无闻的小团队，在 20 多年内打造成世界第一的电商企业的？在快速成功的背后，在于对用户需求的极度重视。互联网将企业和用户拉到了面对面的位置，企业表现如何，用户会完全感知并主观评判，随后迅速"用脚投票"。小到一次购买，大到社会责任，会有无数用户随时随地在内心为企业打分。贝佐斯深谙用户心理，为了换得他们的长期认可，不惜因此牺牲公司短期的巨大利益。例如，他认为最好的购物体验应该是用户可以自主完成一切，没有必要联系客户。亚马逊为此首先推出了"一键下单"功能，用户只需要提前设置地址和配送、支付方式，在商品页面点击一键下单，就能直接完成购物，无须反复填写信息。又如，贝佐斯虽然明知电子书阅读器推出后，必然会削减纸质书销售，但他认为会有很多读者需要电子书阅读器，因此推出了 Kindle，并且不进行任何强制性消费。

在公司管理中，贝佐斯也时时刻刻提醒员工保持高效，这正是为了将价值集中到用户那里，不被浪费在过程中。亚马逊始终奉行"两个比萨原则"（the two-pizza team rule），如果两个比萨喂不饱一个团队，就说明它太大了。因此，在超过 50 人的部门，经理只好经常解雇那些表现不佳的人，这虽然导致员工压力倍增，却让用户体验到快捷高效的服务。同样，在公司经理级别以上员工开会时，贝佐斯要求永远保留一把空椅子，他告诉人们，无论是讨论还是做决定，都要考虑坐在那把椅子上的"虚拟人物"，那就是消费者，也是会议室里最重要的角色。在这样的会议上，贝佐斯禁止采用任何 PPT 汇报，他认为 PPT 呈现给听众的都是总结性要点，没有多少有效信息。他要求每个人用最多 6 页的备忘录取代 PPT，要讲清问题、提出解决对策或者建议。

贝佐斯身上或许没有佩奇、盖茨、乔布斯、扎克伯格这些人的"天才"色彩，但他在工作中积累经验、发现机会，经过精心准备和理性分析，走上了一家企业的创建之路，随后再花费心血，引领企业发展壮大。也许他的故事缺少传奇色彩，却值得更多普通人潜心学习。

险些夭折的搜索引擎

1995 年 3 月，斯坦福大学的校园里草长莺飞、繁花似锦。有位刚入学的新研究生认识了同专业的学长，在随意攀谈中，学弟开始流露出对校园环境的不满，言辞夹杂了种种批评。学长皱起眉头，对这位自带挑剔属性的学弟产生了些许反感，只是出于礼貌而努力压抑。不过，当他们谈到上网冲浪这件事时，所有的不快都消除了，友谊也随之建立。

此时，没有人能想到，这次同窗间的普通聊天，其价值将不亚于思科创始人在这所校园里的相遇，它将催生一家全球顶尖的互联网企业。

学长名叫谢尔盖·布林（Sergey Brin），出生于苏联，后来随家人迁居美国。他在计算机方面天赋出色，学校允许他直接从本科跳读博士学位。布林没有辜负学校，很快发明了一种搜索系统，该系统在校内迅速流行，学校还为其申请了专利。

学弟叫拉里·佩奇。出生在大学计算机教授家庭。在斯坦福大学，他除了学习计算机，还有意识地选修商业课程，想要为未来创业做准备。

两位计算机天才碰到一起，必然会产生新的灵感火花。有天早晨，佩奇跑去告诉布林："我做了个梦，梦到我将整个互联网下载了，便于查看不同页面的链接，这样就能以新的方式了解所有信息。"

布林没有把这当成梦，而是认真地思考了一会。随后他肯定地说，这个梦靠我们就可以实现。

这两个人趁热打铁，当天晚上就合作写出了能对互联网页面进行优先排序的代码。随后，又进一步开发出能进行高效搜索的互联网引擎"BackRub"，这个引擎正是谷歌搜索引擎的雏形。

当他们埋头苦干时，搜索引擎已并非新鲜事物。市场上已经有了雅虎、Excite、Infoseek 和 Lycos 等搜索引擎，但用户体验远不完美。这些搜索引擎都是用关键字来直接呈现搜索结果，显示出的网页经常毫不相关。佩奇和布林开发出的引擎能很好地解决这个问题，可以根据内容关联程度对搜索结果进行排列，方便用户更快捷地找到想要的信息。

在技术上，BackRub 属于搜索爬虫软件，其主要功能是分析网页之间存在的关系。这并不算什么重大技术革新，而且也缺乏购买方，于是他们进一步深入研发，包括扩大搜索的网页数量，提高信息搜索的效率。这对计算能力提出了更高的要求，佩奇和布林并没有足够的财力去买成百上千台电脑，也开通不了充裕的网络带宽，一切仿佛都预示着 BackRub 即将半路夭折。

幸运的是，他们在斯坦福大学。学校有着良好的创业氛围，校方也很支持师生"胡乱鼓捣"，正是从那些看似谁也说不明白的项目中，走出了惠普、思科、太阳（Stanford University Network，SUNet）、雅虎、英特尔，未来还将走出特斯拉……校方很清楚，人才可以做到那些别人无法做到的事情，而天才往往能做到别人无法想到的事情。学校在了解情况后，允许他们用便宜的价格购买二手主板、CPU、硬盘、电源，再将它们组装到纸箱里，作为"服务器"使用，并同意他们免费"蹭"宽带。

到 1998 年 9 月，佩奇和布林的项目获得了周围人的认可，他们向家人、亲友和导师借到了 100 万美元资金，在加利福尼亚门洛帕克（Menlo Park）的一间车库成立了谷歌。佩奇担任公司首席执行官，布林担任技术总监。此时，这个新生的搜索引擎展现出其巨大的吸引力，日均访问量达到了 1800 万次，如此庞大的访问量超过了两人的预期。

1999 年 6 月，谷歌又获得了资本的认可。红杉资本联合其他基金，投下了 2500 万美元，谷歌终于迎来了爆发式增长。第二年，它就能索引 10 亿个网页，支持全世界 15 种常见语言，连当时的互联网巨头雅虎都将谷歌作为搜索引擎供应商。

红杉资本作为最优秀的风险投资机构，势必会改变谷歌未来的发展轨迹。投资 2500 万美元的协议为佩奇和布林保住了持有企业绝大部分股份的优势位置，但佩奇必须将管理权让出来。担任红杉资本"钦差"的，是埃里克·施密特（Eric Schmidt），他曾经在美国网威（Novell, Inc.）、太阳能微系统（Sun Microsystems）等知名企业担任过高管。从 2001 年 8 月开始，施密特成为新的首席执行官，佩奇担任产品总监，后来举世闻名的谷歌三驾马车在这一刻形成了。

施密特丰富的管理和营销经验，让谷歌这个新生的孩子受益匪浅。他亲手打造了一支强大的销售队伍，让谷歌成为全世界互联网广告公司的领军企业，广告成为其主要收入来源。2004 年，谷歌成功在纳斯达克上市。2006 年，他们又收购了全球著名的视频分享网站 YouTube，势力随之扩展到视频业务领域。

与此同时，佩奇也没有闲下来。他经常带着相机，在城市街头或开车或步行，途中会随意拍照。当他回家在电脑上凝视这些照片时，他突然想到，为什么不能在大量汽车上安装相机，再将全世界大街小巷的面貌上传到谷歌页面呢？2007 年，谷歌街景就这样诞生了，这是第一款将街头实景同地图结合起来的软件，令人足不出户即可大开眼界。

安卓系统来源于佩奇最初的不满足。他希望人们不仅能在电脑上用谷歌，还应该把谷歌装到口袋里。佩奇得知安迪·鲁宾（Andy Rubin）的安卓公司正在开发手机操作系统时，大喜过望地找到对方，说服他们以 5000 万美元的价格，将公司卖给谷歌。为了避免来自红杉资本的"干扰"，他甚至先斩后奏，并未将事情透露给施密特。

即便买下安卓公司后，佩奇也非常尊重鲁宾，给了他最大的自由决策权，让他继续掌管安卓系统的开发业务。佩奇每天和安卓公司的员工一起参加研发，但并不干扰任何具体部署。而谷歌其他的员工，根本就不被允许进入这栋独立办公楼。

真正的企业家懂得尊重人才，更懂得向人才授权。他们不会因为自己收购了谁、聘请了谁，就渴望对方唯命是从，令对方失去主动性。相反，企业想不断扩大业务、更新产品，就要引入像鲁宾这样的新鲜血液，将企业现有价值的边界拓展到更远。在此过程中，企业家不会成为障碍，只会成为动力。

2007 年 12 月，在 iOS 系统诞生后 10 个月，安卓系统诞生了。为了能和苹果分庭抗礼，谷歌做出了惊人决定，开放安卓系统的源代码，允许第三方进行商业使用。从此，智能手机进入了 iOS 系统和安卓系统双雄并立时代。

随着佩奇日渐成熟，红杉资本决定让他正式掌管大权。2011 年，他重新成为首席执行官，对公司结构进行了调整，砍掉了那些不够有价值的产品，即便有些产品已小有名气。

当佩奇忙于管理时，布林似乎隐身了。其实，知情者都知道，他忙于谷歌 X 实验室。

X 实验室这一名称听上去就很科幻，也确实是谷歌的神秘单位，据说其具体运营情况只有企业内部几名核心高层才清楚。布林忙着在 X 实验室搞"100 个震撼世界"的科研创意，其中包括能搭载宽带的高科技气球、可供医生直接读取疾病信息的纳米粒子、智能机器人等。从 2012 年开始，谷歌眼镜、谷歌无人驾驶汽车、人工智能机器人阿尔法狗等陆续推出，"机器人能否取代人类"的讨论，正从科学技术专业探讨领域向普通人群的聊天话题延伸。

在可以预见的范围内，谷歌仍然是全球最大的搜索引擎公司，其超过 1 万亿美元的市值，决定了任何互联网的创新行为都离不开它的影响。当然，谷歌同样面临着新问题，从垄断嫌疑到对用户隐私的保护措施，都可能对其未来发展产生不利影响。无论未来是风雨还是晴天，佩奇和布林都会共同面对，与企业携手面对未来。

盛大的脸书创业

2004 年，全球互联网投机泡沫破灭的影响尚未过去，许多人心有余悸。但勇敢者永不缺席，投机是一场泡沫，可互联网将是必然趋势。Web2.0 概念正在成为现实，这种技术意味着互联网内容的发布主体正在悄悄改变，用户将和网站并驾齐驱，推动互联网的变化。正是这一年，脸书悄然诞生，其创始人马克·扎克伯格时年 20 岁。

扎克伯格是真正的计算机天才。10 岁时父母送给他一台电脑。12 岁时，他就编出了信息传递程序，供父亲的牙科诊所使用。但扎克伯格感兴趣的并非单纯编程，他认识不少学艺术的同学，经常邀请他们画一些素材，然后自己用这些素材来制作游戏。为了培养孩子，父母为他请了电脑家教，每周来家里一次陪伴扎克伯格工作，这位家教已经在攻读计算机专业研究生，但即便如此还是很难领先于扎克伯格。

这位神童上高中时，就创建了一款音乐软件，微软、美国在线等公司都表示想要购买，还希望直接聘用他。但扎克伯格都一一拒绝了。

真正的企业家，不会满足于眼前的些许收益和稳定工作。他们都有一颗面向海洋的雄心，愿意去经受风吹浪打，体验竞争带来的压力刺激。如果让他们躲进避风港，听命于其他人，他们反而会感到厌倦和痛苦。

扎克伯格则更进一步，他不仅拒绝去那些大厂打工，甚至不愿意继续完成学业。2004 年 2 月，他在哈佛大学和三名同学一起，用一周时间创办了校内社交网站，名为"脸书"。网站上线后，很快风靡全校，到 2 月底，半数以上的哈佛大学本科生都在这个免费平台上注册了。他们积极填写个人信息、上传照片，期盼结识新朋友，了解他们的动态。

其实，扎克伯格并不是建立社交网站的第一人。在美国，早已有老牌社交网站 Myspace，且很多知名大学也有自己的社群。但这些社交网站全都采用虚拟账号，谁都不知道屏幕那一头是妙龄少女，还是油腻大汉。而脸书则完全不同。扎克伯格非常了解同龄人的想法，这个网站的所有卖点都围绕实名制展开，在这里你无须担心被欺骗，所有人都将真实的社交关系从线下转移到线上，人与人的关系不再是虚拟的，而是真实关系的互联网投射。

除了真实，还有简洁、易用，便于操作和传播。一言以蔽之，即美国年轻人口语中的"酷"。产品变得真正酷起来，不仅能减少用户使用的成本，同样也能减少企业经营管理的成本。早在脸书出现之前，斯坦福大学就推出过社交网站，尽管该社交网站初期的扩张速度也很快，但斯坦福大学将太多学术特征融入其中，把社交网站的功能做得多而全，最终导致基础架构承受不了大量增加的用户，甚至出现无法登录的局面。追求实用感的脸书由此最终胜出。

优质的产品并非总能填补市场空白。随着经济的发展，竞争的加剧，完全空白的市场几乎不复存在。尤其在互联网行业，创业者所能想到的商业模式，很可能早就有先行者想到甚至做到。但后发并非不能先至，扎克伯格的这场校园创业，其成功的关键就在于从市场现状中识别出消费者更深的需求，再围绕其需求建立产品优势。这不仅需要企业家具备敏锐嗅觉，还必须能读懂人心、看穿未来。

为了追上脸书的发展速度，19 岁的扎克伯格感到时间根本不够用。其实，硅谷很多中小创业企业的经营历程都是一样的，那就是创始团队懂技术、懂产品，打入市场后，再引入风险投资，雇用职业管理团队，进行商业化经营。但扎克伯格并不想这样，他知道脸书未来的目标和实现的途径，他并不在乎眼前的利益。因此，他开始认真考虑退学的事情。

此时，曾经的哈佛大学辍学生比尔·盖茨受邀回母校演讲，扎克伯格很想听听他的经历。他听到了想要的答案，盖茨说："如果创业失败了，我会回到哈佛大学上学。"

对天才而言，最坏的情况不过如此。扎克伯格毅然辍学创业。到 2006 年年初，脸书的用户群包括 2000 余所大学和高中的学生，范围覆盖美洲、欧洲及大洋洲，其访问量超过了亚马逊同期访问量。同年 9 月，扎克伯格力排众议，向所有互联网用户开放，摆脱了"校内网"的最后痕迹。

向全民开放，让脸书成为各阶层的秀场。2008 年，美国总统大选时，贝拉克·奥巴马就在脸书上开设个人账号，吸引年轻选民。更不用说唐纳德·特朗普日后将成为脸书"网红"，掀起一次次的政治风浪。实际上，扎克伯格并不关心政治，甚至不关心脸书卖多少钱。曾经不可一世的雅虎、后来涉足互联网的微软，都曾开价收购脸书，但扎克伯格只是简单地回复："不是价格的问题，我只想自己将孩子养大。"

扎克伯格是这样说的，也是如此做的。他亲自掌控这家企业，始终牢牢将控制权掌控在手中。尽管创始人持有大部分股权在硅谷比较少见，但扎克伯格这么做了，并能因此充分保证企业的独立性，没有人能对脸书的经营方针产生实质性干扰。相反，扎克伯格可以任意选用自己看上的职业经理人，也可以"任性"地请他们离开。

商业世界是残酷的。建立一个出色的组织，领导者既要擅长引进优秀员工，又要擅长淘汰员工。扎克伯格则两者兼具。他说，有人擅长管理庞大的组织，也有人精于分析发展策略，而自己更擅长后者，言下之意，他需要优秀的前者来辅助。由于有着明确目标，扎克伯格更清楚何时、何人应该进入公司，也清楚何时、何人必须离开，即便他们曾为企业做过贡献，扎克伯格也不会犹豫。

2004 年，肖恩·帕克（Sean Parker）加盟脸书，担任公司首任总裁。帕克帮助企业完成了几轮外部融资，难能可贵的是，这些融资项目完成后，扎克伯格依然拥有对公司的控制权。但一年后，扎克伯格认为帕克不适合继续待在企业，果断将其解雇。

随即加盟的是欧文·范·纳塔（Owen van Natta），他的优势在于经营管理。在他领导下，脸书的营业收入从 100 万美元飙升到 1.5 亿美元。但好景不长，到 2008 年，脸书推出的一些广告产品受到外界的普遍批评，范·纳塔只好卸任。其时，扎克伯格已经将目标瞄准了谷歌运营和销售部副总裁雪莉·桑德伯格（Sheryl Sandberg），他甚至光明正大地登上谷歌的专属飞机，拉雪莉入伙。这种不计较个人名声的行动，让他终于撬动墙角。在这对领导者的带领下，脸书的营业收入进一步暴涨到 40 亿美元。

到 2010 年时，脸书在行业内的地位已难以撼动，26 岁的扎克伯格则成为《时代》周刊历史上最年轻的年度人物。他说："我只想这个世界变得更加开放。"

互联网瞬息万变，日新月异。2021 年脸书的母公司更名为元宇宙（Meta），而桑德伯格则在 2022 年卸任公司首席运营官。与此同时，脸书在欧美各国不断遭遇反垄断调查、处罚，在商业领域则需要面对中国企业字节跳动旗下产品 TikTok 的冲击。在越来越升级的竞争格局中，无人能高枕无忧，即便是天才如扎克伯格，也必须一步步扎实努力，迎接未来的挑战。

再见，乔布斯

2011 年 10 月 6 日，苹果迎来了创立以来最黑暗的一天，而全球苹果产品用户也感同身受。这一天，苹果的创始人、首席执行官史蒂夫·乔布斯离开了这个世界。

无论用多少头衔，都难以概括乔布斯在其粉丝心中的形象，唯有其名字能表达一切。从客观角度看，他固然不是完美的，但在其 56 年戛然而止的人生中，他始终未曾背叛过自己的理想，始终在坚持打造更好的产品，从而影响文明进程。

1955 年 2 月 24 日，乔布斯出生于旧金山。由于父母并未结婚，他出生后就被山景城的乔布斯夫妇收养。这里位于硅谷发源地以南不远，在乔布斯成长的年代，惠普逐渐壮大，仙童半导体公司、英特尔则正在成名。

乔布斯在上学前，就学会了阅读，读小学时甚至直接跳级。

读中学时，他在参观惠普的全息摄影实验室时，第一次看到了电脑，从此在心中埋下了种子。

1976 年，乔布斯和好友史蒂夫·沃兹尼亚克设计出一款微型电脑。乔布斯果断卖掉大众汽车，并说服沃兹尼亚克辞职，两个人在车库里创办了苹果。1977 年，他们推出了世界上第一台微型计算机，即著名的"Apple Ⅱ"。消费者从未见过如此精致而实用的电脑，它将艺术感、工业感和科技感完美地结合在一起，堪称当年的划时代产品。1980 年 12 月 12 日，苹果在纳斯达克上市，乔布斯和沃兹尼亚克年纪轻轻就成为亿万富翁，企业旋即进入世界 500 强。

乔布斯 30 岁那年，遭遇了人生第一次重大挫折。由于意见不合，他被董事会"踢出"苹果。乔布斯一不做二不休，卖掉手中所有的苹果股票，以二次创业的形式开战。

乔布斯的新创公司名为 NeXT，NeXT 专门为学术机构提供专业电脑。1986 年，他用 1000 万美元收购皮克斯工作室（Pixar Animation Studios），其初衷是借用其技术，研发能绘制动画的电脑。后来，皮克斯工作室干脆直接投入动画电影产业，连续推出了《玩具总动员》《海底总动员》等蜚声全球的动画电影。

乔布斯离开苹果，继续风生水起；而苹果离开乔布斯，却江河日下。原本信心满满的董事会连续更换了几任总裁，业绩却越来越差。1996 年，苹果收购了 NeXT；第二年，乔布斯重回苹果掌门位置。

回到苹果的乔布斯变得成熟了许多。他对这家亲手缔造的公司进行了全面彻底的整顿，在短短 10 个月之内，带领公司技术团队开发出极具个性特点的 iMac 电脑。为了让外形征服消费者的心，他甚至跨行业，向糖果公司的包装专家请教。该产品成了乔布斯回归苹果的开山之作，也让原本沉寂已久的苹果重现往日强大的竞争力。

　　此后，"个性化"成为苹果的独特标志，引领着产品的革新风潮。2001 年，苹果推出个人数字音乐播放器 iPod，这款产品打破了传统播放硬件的功能，能帮助消费者在线购买音乐产品，也让音乐制作产业获得新的销售渠道，获得消费者的一致认可。到 2004 年，仅 iPod 的全球销售额就超过了 45 亿美元。

　　2007 年 6 月，乔布斯继续制造惊喜，他在产品发布会上举起了一台人们从未见过的手机。它叫 iPhone，轻薄、精致而智能，尤其令人关注的则是其售价，仅为 299 美元，这个价格甚至比成本都要低。

　　乔布斯当然不会让苹果亏本，他选择了"利润补贴"模式。AT & T 电讯公司作为通信服务商，为每部 iPhone 交付补贴，降低 iPhone 价格。但消费者需要为此锁定与 AT & T 的两年合约。这就实现了三方共赢。这套商业模式不仅被后来的智能手机厂商模仿，也被越来越多的企业学习，在中国，它有一个形象化的本土比喻——"让羊毛出在猪身上，由牛来买单"。

　　自从重回苹果，乔布斯就仿佛看透了人性。他知道消费者口口声声忠诚品牌，但真正让他们忠诚的还是性价比。同样，他也不再相信那些免费的合作伙伴，而是从实际利益角度挑选同一战壕的盟友。2003 年，iPod 销量猛增，苹果立刻与宝马合作，在其新款车型中加入 iPod 接口，随后克莱斯勒、福特、本田等汽车制造商纷纷加入，直到航空公司也为 10 万个左右的飞机座位配备 iPod 接口。

　　苹果虽然有自身品牌的超凡价值，有着对企业个性的追求甚至捍卫，但从来不是封闭的。在互联网时代，没有一家企业可以靠独善其身、孤芳自赏实现发展，除了个体消费者的支持，更离不开跨行业的大客户。乔布斯的变化足以说明这一点。

在 iPhone 之后，乔布斯让全世界手机行业为之折服，但他依然像魔术师那样站到产品发布会舞台中央，举起一个薄薄的牛皮纸信封。这一次，他掏出的是 iPad 平板电脑。

在最初的惊艳之后，批评声开始出现：有人说，看不出这款产品的定位；也有人直接说它不伦不类，根本不会有市场。但乔布斯坚定地表示，iPad 将会是未来电脑发展的方向。时至今日，对 iPad 的质疑烟消云散，它早已被世界范围内的消费者所接受。

关于苹果产品的争议，远没有关于乔布斯本人的争议激烈。在喜欢他的人看来，乔布斯是天才、是国王，甚至是神明；而在讨厌他的人看来，乔布斯是疯子、是暴君，甚至是控制狂。他追求产品的完美，到了近乎残忍的地步，每件苹果产品都必须在工艺上尽善尽美，从外观到装饰，都是漂亮的圆角矩形。即便是消费者根本无法看到的内部零件，也要镀上华丽的金属层，哪怕为此增加成本。每次产品发布会上，每一页 PPT 内容他都要亲自指导修改六七遍，每一个动作、每一句话他都要反复斟酌和排练，每一处灯光都要恰到好处地投射，体现苹果产品的独特魅力。想要完成这些工作，员工的专业技术能力、团队协作能力自不待言，其审美趣味也在无形中被提升了。因此，苹果内部的员工对乔布斯充满敬畏，人们都想得到他的赏识，但又不敢距离太近。毕竟，"电梯开人"的传说几乎人人都知道。据说，有个倒霉的员工，在电梯里偶遇乔布斯，乔布斯突然发问："你最近在忙什么项目？你对项目有什么作用？你觉得项目对公司有什么价值？"员工蒙了，支支吾吾的回答让乔布斯很生气。他在迈出电梯时，已经在走向人事部结账的路上。

无论这个故事发生在什么时候，甚至无论是否真实，都已经不重要了。重要的是，苹果从上到下相信乔布斯确实能干出这样的事情。进而言之，苹果企业文化和精神的形成，与乔布斯本人专断独行、热衷完美的性格有无法割舍的联系。他希望将这个品牌塑造成为梦想家、挑战者的象征，获得大批"信徒"的追随，而他也确实做到了。

美国作家欧内斯特·海明威在《老人与海》中写道："一个人能被毁灭，但不能被打倒。"许多企业家身上都有这种气质，而其中的典型人物正是史蒂夫·乔布斯。他拒绝平庸而渴望独特，他为原本缺乏生气的科技产品赋予了艺术灵魂。这不是什么个人神话，而是商业经营客观规律在企业领袖身上的充分体现。

"科技狂人"马斯克

谷歌创始人拉里·佩奇，坐拥 846 亿美元资产。虽然年富力强，但他和许多企业家一样，考虑过身后之事。他曾严肃表示，届时并不愿意把财产捐给慈善机构，他愿意将财产捐给像埃隆·马斯克这样的人，让他去推进火星移民计划，让他去改变世界。

马斯克何许人也，能让谷歌创始人如此欣赏？这位"硅谷钢铁侠"，到底有多厉害？故事要从当年的南非说起。

1971 年，马斯克出生于南非，他同时具有南非、加拿大、美国三重国籍。他的父亲是当地机电工程师，母亲则是模特、作家。马斯克从小就对科技感兴趣，10 岁时，他用向父亲借来的钱和自己的零花钱，购买了人生中的第一台电脑、第一本编程教科书。他很快自学了编程，还开发了一款游戏并将其卖给了出版社，赚到了 500 美元。但马斯克又并非"编程宅男"，他同样热爱文科，坚持每天阅读书籍。最初只喜欢看科幻小说，后来则是哲学、宗教、物理、工程、商业、技术、能源等，几乎无所不包。

到 17 岁时，马斯克做出了人生中第一个重要决定：带着弟弟离开这里，去遥远的加拿大求学。后来，马斯克又转学到美国宾夕法尼亚大学，获得了经济学和工程学双学位。在其他年轻人还忙着追星、谈恋爱或者赚钱时，马斯克经常考虑哲学问题。目睹互联网持续升温，他想到人类应该去往何处，企业应该如何用现代科技影响未来。

马斯克很快找到了答案，那就是将互联网和可持续能源相结合，用前者改变人类的联系方式，用后者改变人类的生活环境。1995 年，他决定去斯坦福大学攻读博士学位，主修的是材料科学、应用物理，以此专业为背景，通向可持续能源的研究领域。但入学第二天，他就改变了主意，决定退学创业。这也创下知名企业家退学创业最快的纪录。

退学之后，他和弟弟用 2000 美元创办了一家公司，主营电子媒体业务，主要通过自有网站向传统媒体提供城市服务指南。这家公司不久后就获得了投资机构的注资，迅速发展壮大。1999 年，这家公司被康柏公司看中，随后被康柏公司以 3.07 亿美元外加价值 3400 万美元的股票期权收购。28 岁的马斯克个人获利 2800 万美元，一夜之间成为千万富豪，他买了一辆当时最贵的跑车给自己。此后，马斯克不断创业，2000 年打造出 PayPal 互联网支付公司，PayPal 可以被看成美国的"支付宝"。两年后，电商巨头 eBay 以 15 亿美元收购了 PayPal，马斯克迈入亿万富豪行列。

马斯克能被称为"硅谷钢铁侠"，并不仅仅在于有钱，而在于其拥有特立独行、改变世界的追求。成为企业家不容易，成为富豪榜上的企业家更不容易，如果能做到这两点，就足以让商业人士艳羡和学习。但如果像马斯克这样，为实现改变世界的梦想，而敢于冒破产的风险，就更值得所有人敬佩。

2002 年，亿万富豪马斯克踏出了勇敢的第二步，创办了全球首家航天公司 SpaceX，专门制造火箭和宇宙飞船。公司的第一艘航天飞船外形如一颗子弹，用中国传统精神图腾"龙"命名。其实，像马斯克这样没有背景的辍学生，能在美国商业界立足，再成为亿万富豪，已经实属不易。他完全可以像其他许多科技精英那样，卖掉创业公司后，享受阳光、沙滩、游艇、宴会，无聊了就做做风险投资、搞搞慈善，以精英的形象获得社会舆论的赞赏。但他并没有选择这样的生活，而是朝新领域、新高度发起挑战。这才是他真正的勇敢之处。

马斯克希望通过商业化运营，不断降低人类向外太空移民的成本，在条件成熟时突破地球的局限，最终移民其他星球。这原本是科幻小说情节，但马斯克真的沉浸其中，他阅读了大量关于火箭和飞船技术的书籍，很快就参与到火箭的架构设计和建造管理中。

与此同时，马斯克着眼于新能源应用，创立了全球首家纯电动汽车公司"特斯拉"。这个名称，正是为了纪念当初在和爱迪生的竞争中落败的科学家尼古拉·特斯拉。

其实，电动汽车并不是新鲜事物。早在 1991 年，通用汽车公司就推出了第一款量产电动汽车。但马斯克的宏愿不是重复生产电动汽车，而是彻底改变电动汽车，让产品能比跑车更快。

但现实更加残酷。2007 年，他烧完了特斯拉公司的资金，却还是没有解决电动汽车电池的技术和成本问题，同时也没有任何风险资本愿意伸出援手。马斯克只好将早年创业的个人积蓄全部投入其中。祸不单行，不久后，SpaceX 的火箭发射失利，马斯克的个人婚姻也宣告破裂。

2008 年，全球经济寒冬让马斯克如同落入冰窟。他后来回忆说，在那段时间，自己夜半醒来，总是发现枕头是湿透的。但"硅谷钢铁侠"不会在困境中放弃，何况他已经无路可走。他将最后能筹集到的 4000 万美元全部投到特斯拉，维持公司的正常研发运营。

当企业熬过了最困难的时候，春天也就要来临了。SpaceX 火箭第三次发射终获成功，美国航空航天局立刻和马斯克签下 16 亿美元的大订单。此后，这家公司的研发过程不断出现爆炸事故，但其发展趋势已越来越明确。2012 年，公司用自行研制的可回收式中型运载火箭"猎鹰 9 号"将"龙飞船"送上太空。2013 年，又成功发射了地球同步转移轨道的通信卫星。这家公司的出现打破了美国政府对火箭、飞船等高新技术的垄断，让人类移民火星计划往前迈出了重要的一步。

SpaceX 由阴转晴，特斯拉公司也随之逆袭。从 2009 年开始，美国能源部开始支持马斯克，特斯拉获批 4 亿多美元低息贷款。2010 年，特斯拉成功登陆纳斯达克。到 2013 年，特斯拉首次赢利，成为行业焦点，其电动汽车产品凭借与众不同的续航能力和科技时尚感，成为全世界新消费群体选择和追捧的对象。

2018 年，特斯拉和中国上海市人民政府、中国（上海）自由贸易试验区临港新片区管理委员会签署纯电动车项目投资协议，特斯拉超级工厂正式落户上海临港产业区。2019 年，国产特斯拉 Model 3 产品正式开始在上海工厂向车主交付。

马斯克曾经因领先时代而被看成"疯子"。但今天，他正运用科技魔法，为人类所应关心的重要问题给出解决方案。他想要实现的未来愿景，也远比之前任何一代美国企业家更为宏大开阔。

第12章

挑战，迎接未来的命运（2012—2023年）

随着互联网的普及和技术的发展，全球传统行业纷纷开始进行数字化转型。电子商务、在线支付、云计算和远程办公等商业应用得到了迅速发展，彻底改变了全球消费者的购物习惯和企业的运营方式。美国的众多传统商业品牌必须努力适应变化，迎接新时代的挑战，蒂姆·库克（Tim Cook）领导的苹果就是其中之一。

互联网带来的变化是全方位的，而对普通美国人影响最大的，莫过于互联网社交媒体，它们在这个时期成了重要的品牌营销和推广平台，通过精准的数字营销策略来吸引目标受众。美国最年轻的亿万富翁埃文·斯皮格尔（Evan Spiegel）把握住良机，以"阅后即焚"的独特功能在社交媒体的激烈竞争中分到了属于自己的蛋糕。

与此同时，可持续发展和社会责任成为越来越重要的商业议题。许多公司开始关注环境保护、社会公益和企业道德问题，采取可持续发展的经营模式。比尔·盖茨的全球公共卫生项目就是其中的典型。

科技继续加速创新也对美国商业格局产生了深远影响。从马斯克的"星链"计划，到贝佐斯的蓝色起源公司，人工智能、物联网、大数据分析和区块链等新兴技术的发展，推动着高科技行业的变革创新，使各行各业都面对新的挑战。

库克接过苹果权杖

2011年，蒂姆·库克成为苹果首席执行官时，不明就里的"果粉"们几乎都在质疑他有多少能力来继承乔布斯的衣钵。2014年，苹果新品发布会即将召开，这个男人躲在弗林特艺术中心（The Flint Center）的后台，通过戴上 iPhone 手机听励志歌曲来提升勇气，那天，苹果发布了历史上首款大屏手机产品 iPhone 6 和新品 Apple Watch。到 2016 年时的新品发布会，他坐在车里唱歌前往会场，歌还是那首歌，但他的状态已全然不同了。

如同恍然一梦，时代早已更替。到 2023 年 4 月 15 日，一个关于苹果的纪录被悄然打破。史蒂夫·乔布斯担任苹果首席执行官的时长为 4249 天，而蒂姆·库克则在这一天打破了该纪录，他成为苹果历史上任职时间最长的首席执行官。

库克的早年生涯没有乔布斯那样传奇，他只是大学里的优等生。他在奥本大学学习时，掌握了编程技术，从此很看重这项能力。上学期间，他为当地交通信号灯系统编写了更好的软件，并受到警方的认可。同时，他还成为学校年鉴编写部门的"市场营销经理"，负责对外招募广告商来资助年鉴的出版，并创下学校年鉴广告销量的新纪录。

1982 年，库克离开校园，入职 IBM。在 12 年兢兢业业的工作中，他获得了加薪升职。也正是在 IBM，库克掌握了独特的"准时生产制"（just-in-time, JIT）供应链管理流程技术，并成为个中高手，这让他得以被乔布斯发现。

1997 年，乔布斯重回苹果。此时的苹果一年亏损 10.4 亿美元，按这个速度，苹果距离破产只有 90 天。乔布斯认为苹果的运营主管在生产制造方面观念陈旧，他希望能找到建立准时生产制供应链管理流程的人，而库克恰好成了名单里的优秀候选者。

1998 年，库克已从 IBM 跳槽，进入了康柏公司，负责企业的材料采购和产品库存管理工作。此时的康柏公司闻名全球，其规模是苹果无法企及的。如果只从个人成本和收益角度考虑，都应该选择康柏公司，库克身边的朋友也建议他不要理睬苹果，甚至连库克本人也对外表示，自己和乔布斯见面只是为了认识一下这位在科技界具有很大影响力的人，并不代表自己对跳槽苹果有兴趣。

但当库克和乔布斯见面后，一切都改变了。他们谈了苹果准备进军个人消费市场，又谈了正在设计的新型产品。这让库克在五分钟之内就抛弃了所有顾虑，选择加入苹果。

库克上任后，大力削减苹果的供应商，只从中挑选少数几家合作。他要求这些供应商搬迁到苹果工厂附近，以有效改善组件的交付效率、形成准时化的生产流程。库克还发现，那些堆满了零件、计算机的仓库就像失血的伤口，会源源不断地吃掉库存成本，给苹果带来巨大压力。为此，库克通过压缩成本和主动外包来转移压力，他将公司仓库从原来的 19 个减少到 9 个，又用外包厂商代替自建工厂。在此之前，乔布斯将苹果的库存周转期缩短到 1 个月，在入职后的几个月内，库克将这个周期从 30 天缩短到 6 天。而一年后，苹果的库存周转期则下降到惊人的 2 天。此外，库克将苹果电脑的生产周期也从 4 个月降低到 2 个月。

企业的生产供应链效率如何，决定了企业获取利润的能力。当生产供应链成本降低时，利润就会随之升高，而且能充分保证对销售层面的支持。随着对公司的贡献增加，2005 年 10 月，库克被任命为公司首席运营官，上任后开始对供应链实施更加严格的管控。一方面，这种严格管控淘汰了某些不适合继续参与供应链的企业；另一方面，那些合格的制造企业因此搭上苹果高速发展的快车，提升了在业内的声誉和影响力。

2011 年 8 月 11 日，乔布斯病重，他可能自知时日无多，于是打电话给库克，让他前来讨论公司问题。在乔布斯家里，他坦诚地告诉库克，自己将提议他成为苹果的下一任首席执行官。

即便是库克，在那时也不能想象公司离开乔布斯会如何。库克表示，他自己想要乔布斯留下来，哪怕担任主席之类的职务。乔布斯则表示，决定权在库克那里。

同年 8 月 24 日，库克获得正式任命。消息传出后，外界并没有表现出意外，更没有表现出热烈欢迎。很多人觉得，从库克的工作履历和表现看，他不太可能是像乔布斯那样的产品天才，他缺乏乔布斯那种"现实扭曲立场"。

库克不是乔布斯，因为没有人能成为乔布斯，但库克将用工作业绩来证明自己在苹果首席执行官岗位上的价值。

乔布斯去世后，公司宛如遭受重击，在随后的数月中几乎没有做出重大决策，有些团队甚至陷入半瘫痪状态。库克在 2011 年年底做出了重大决定，他将苹果副总裁斯科特·福斯特尔（Scott Forstall）解雇。福斯特尔是 iOS 系统的核心人物，也是乔布斯生前最重要下属之一，甚至一度被称为"小乔布斯"。但他拒绝承担 iOS 6 中苹果地图出现重大问题的责任，加之传闻中他与公司里的许多人关系不佳，库克只能选择"痛下杀手"。此外，库克还调整了设计总监、软件研发部门的权限。这次重组有效打破了原来存在的部门壁垒，消除了公司的内部消耗，提升了整体的执行能力。

在用人方法上，库克也和乔布斯完全不同。众所周知，乔布斯患有严重的"厌蠢症"。他宁愿向一流人才付出 10 倍工资，也不聘请 10 个普通员工。因此，乔布斯经常鼓动团队之间、高管之间相互竞争，通过赛马的方式调动团队积极性，让企业由此产出更高价值。但库克清楚自己并不适合走这条路线，他深入员工，强调协同作战。他关注苹果内部环境，倡导可持续发展计划，还关注员工的劳动保障和隐私保护，这些都不是乔布斯所重视的。

除了人事，库克在产品政策上，也表现出自己的风格。他上任后推出的第一款全新产品 iPad Mini，就打破了乔布斯生前的看法。乔布斯对所谓"小型平板电脑"的概念很不屑，但库克坚持推出这款小型平板电脑，获得了很大的成功，在直接提升利润的同时，也进一步改善了苹果的品牌形象。此后，大屏幕的苹果手机 iPhone 6、低配廉价版的苹果手机 iPhone SE、智能穿戴设备 Apple Watch 等新品纷纷推出，代表着库克对公司产品所做出的积极改变。

随着库克掌权时间的延长，苹果的价值观发生了改变。在乔布斯时代，苹果就像持着长矛向旧秩序发起冲击的骑士，强调产品创新和服务，动辄抱有改变世界的野心。而在库克时代，苹果更像扶弱济贫的侠客，在官网上强调自身的价值在于辅助、履行环境责任、保护隐私和保障供应商权益。

库克对苹果的改变究竟是否成功呢？如果让乔布斯的粉丝来评价，自然很难称得上满意。但从商业角度，他大获成功。从上任到 2021 年这 10 年间，苹果年营收增长超过了 1 倍，市值增长超过了 6 倍。这些数字足以证明，库克已成功接过了乔布斯递来的苹果，也证明了乔布斯对他留下的那句话的正确性："永远不要问史蒂夫会怎么做——只要做正确的事就行。"

最年轻的亿元"富一代"

　　2023 年，人类社会的走向依然是缓慢螺旋上升。环保、粮食、卫生、教育等领域乱象频出，局部战争、对抗不断，在全球一体化发展的道路上横亘成道道沟壑。作为曾经唯一的超级大国，无论美国政府想要通过何种方法转移矛盾，都同样需要面对各类问题的困扰，需要从商业模式的更替变化中寻找新的经济发展动力。然而，盖茨隐退，巴菲特年近 90 岁，贝佐斯和马斯克正将目光聚焦于太空，动辄还要在社交媒体上抱怨美国政府几句。谁，又将成为新一代美国企业的旗手呢？人们将目光投向最年轻的亿元俱乐部成员——埃文·斯皮格尔。

　　故事的起点还是斯坦福大学。2011 年，两位在校生埃文·斯皮格尔和鲍比·墨菲（Bobby Murphy）开发出了一款"阅后即焚"照片分享程序。9 月，这款应用通过斯皮格尔父亲卧室的电脑正式上线，但并未引起多少媒体的关注。

　　这款程序的正式名称叫 Snapchat，是这两个人在斯坦福大学产品设计专业学习过程中完成的作业项目。2011 年 4 月，带着些许稚气的斯皮格尔向全班师生介绍了产品创意，那时没有人想到，这个在讲台前侃侃而谈的男生将来会取得多大成就。让师生们更感兴趣的是"阅后即焚"这一特色功能：用户可以用软件拍照和录制视频，并添加文字和图画，再将之发送到自己在程序内添加的好友。无论是照片还是视频，用户都可以赋予其 1 ～ 10 秒钟的"生存期"。只要对方观看之后，就会按期自动销毁。如果对方在观看期截图或者复制，程序也会提醒用户。如果对方想要拿另一个手机拍照？对不起，松开屏幕上的手指，照片或视频就会消失。

　　显然，这种"阅后即焚"的功能为年轻人相互发送一些青春小秘密照片，提供了最安全的环境。正因如此，当初斯皮格尔和同学们分享这个作业创意后，规规矩矩的学霸们都表示，你这东西太糟糕了，不会有人用，就算有人用，也是用来发送不堪入目的信息的，完全上不得台面。

学霸们没有说错，当产品真正上线后，最初使用该产品的都是一些不务正业的叛逆青少年。他们非常渴望摆脱家长的监控，于是一传十，十传百，让 Snapchat 走进了千家万户。随后，那些想要传递商业机密、敏感信息的人群也认识了这款软件，并感受到其中的稳定性与安全感。

实际上，在非常注重个人隐私的西方社会，经常有各种窥探并保存用户隐私的传言，其矛头通常指向一些大型的互联网企业。而"巧合"的是，这些传言又经常因被新闻曝光而演变成为真实的公众事件，这显然加大了用户因担心信息内容被第三方永久记录而产生的焦虑感。Snapchat 则恰到好处地抚平了人们心中难以愈合的信任创伤。

商界就是战场。"爹"可以把你送上战场，但没办法让你获得胜利。斯皮格尔的父亲事业有成，能给他买得起 5 万美元的凯迪拉克，能让他住几百万美元的住宅，但将 Snapchat 做大，还是要靠他自己。

2012 年 1 月 3 日，斯皮格尔经过不断游说，终于让自己的新生公司得到了认可，获得了第一笔种子投资，价值 48.5 万美元。拿到这笔钱后，斯皮格尔就从斯坦福大学退学，尽管此时距离他毕业已经不到 1 个月。到 5 月份时，Snapchat 每秒钟已经有 25 张快照发出；到 11 月，仅 iOS 系统客户端每天都会发送超过 2000 万张快照，总数达到 10 亿张。

2013 年 2 月 8 日，Snapchat 获得了 1350 万美元的 A 轮融资，估值上升到 6000 ～ 7000 万美元。到 6 月份，它的估值上升到 8

亿美元。2015 年，阿里巴巴和两家对冲基金提供了 5.37 亿美元融资，此时其市场估值已暴涨到 100 亿美元。

斯皮格尔和他的产品，已经成为现象级的互联网投资热点，其所呈现的成长前景和获利空间，让大型互联网企业垂涎不已。最先，是腾讯公司开出了价值在 30 亿至 40 亿美元的收购邀请，但斯皮格尔表示这个价格太低，因此加以拒绝。随后，脸书的创始人扎克伯格叩响了斯皮格尔的房门。

斯皮格尔只比扎克伯格小 6 岁，他们的人生背景有很多相似之处：家境优越，很早就接触网络和编程，在美国著名高校学习，都因为开发了一款受到年轻人欢迎的软件而半途退学。2014 年，斯皮格尔取代了扎克伯格，登上了世界最年轻亿万富翁的宝座，此时他才 24 岁。

当 Snapchat 成名时，扎克伯格正高举多元化旗帜号召脸书前进。他立刻发现，这款软件和自己刚花了 10 亿美元收购的 Instagram 很相似，它们都是主打照片分享功能的社交软件，但 Instagram 没有自动销毁照片的功能。这让扎克伯格如鲠在喉。

于是，扎克伯格向斯皮格尔发去邮件，表明自己想要收购产品。扎克伯格用自认为客气的语言说："到门洛帕克来，让我们彼此认识一下……"门洛帕克，是位于加利福尼亚的脸书公司办公地址。

扎克伯格认为，以和自己联手为饵，一定能吸引这个后辈。不过他很快将会遇见"当年的自己"。

斯皮格尔在回复中说道："我很乐意与你见面……前提是你来见我。"

扎克伯格看着屏幕上那不容置疑的简短文字，不禁既好气又好笑。气的是对方居然如此不讲礼貌，笑的是当年自己也如出一辙地嘲弄过谷歌的首席执行官。此时，他应该能发自内心地体会到"打江山"和"守江山"的区别。创业者可以热血沸腾，可以自我欣赏，因为他正在被资本所追逐，是能为资本带来巨大增值空间的香饽饽。相比创业者的"狂"，企业家则再难有如此心性。即便高明如扎克伯格，甚至像当年的约翰·洛克菲勒、皮尔庞特·摩根和后来的比尔·盖茨，也需要面对庞大的组织、激烈的竞争和未知的市场。在王座之下，一代代追赶者手持利剑，发出山呼海啸般的冲击，唯一的目标就是攻击你、战胜你，最终取代你。

扎克伯格没有太多犹豫，他立刻动身，飞到洛杉矶，那里早已按他的要求，将他的豪华私人公寓布置好。他选择了优雅、舒适而且私密性极好的房间，然后请来了斯皮格尔。

扎克伯格虽亲自登门，但他明白，自己绝不能示弱。斯皮格尔到来后，扎克伯格现场演示了脸书的新产品，它一样是手机程序，一样能分享照片，一样能自动销毁。这款程序的开发只用了 12 天，而且扎克伯格亲自参加了写代码的过程。

扎克伯格的用意很明显，如果你不卖，我就用自己开发的软件灭掉你。

当然，如果斯皮格尔点头，双方立刻就能化干戈为玉帛。扎克伯格的开价是 35 亿美元，仅斯皮格尔自己就能拿到 7.5 亿美元。

斯皮格尔下定决心坚决不卖。他回到公司时，送给每位员工一本《孙子兵法》。他说，这本书讲的是"如果抓住了敌人的弱点，就要迎头痛击"。扎克伯格愿意出高价，也愿意自行研发竞品，说明我们抓住了他的痛点，那我们为什么要屈服呢？

扎克伯格毫不手软，在脸书上线了这款叫"Poke"的产品。3 天后，Snapchat 继续稳居苹果手机应用商店同类下载榜首位，而 Poke 跌出了前 30 名。理由很简单，十几岁的少年们不喜欢那些成年人才用的软件，更不喜欢"仗势欺人"的大企业行径。

成功抵御了脸书以 Poke 发动的攻势，是 Snapchat 从孩童走向成年的典礼。2017 年，这家企业上市，斯皮格尔正式迈入新的事业阶段。

今天，斯皮格尔已坐拥 61 亿美元的个人才财富，掌管 160 亿美元市值的 Snapchat。他同时也是名模米兰达·可儿（Miranda Kerr）的丈夫，是 3 个孩子的父亲。这位全世界最有钱的 90 后，虽然有着如此完美的人生篇章，但也正在面临新的事业问题，诸如产品用户群体年龄特征明显、用户人数增速下降、整体普及率不够高、过于依赖广告收入等。此外，公司的领导团队极度集权，斯皮格尔和墨菲合计拥有 99.5% 的投票权，这也可能会让投资者望而生畏……

当然，在自信的斯皮格尔看来，这些困难并非不可逾越。他可能会一直这样顺利，可能会遭遇挫折，也可能他会摇身一变，提出新的项目。在以斯皮格尔为代表的美国新一代企业家身上，人们不仅能看到美国商业精神创新、勇敢、竞争、激情的传统，也能看见美国商业故事续写的可能。

盖茨的新抉择

相比在位的马斯克和贝佐斯，盖茨的形象仿佛正变得暗淡下来。当美国人提到这个名字时，眼神往往会变得意味深长。很多人内心都会提出同样的问题：盖茨，他究竟是英雄还是魔鬼？

2021 年 5 月 3 日，比尔·盖茨突然毫无预兆地在推特上宣布与妻子梅琳达·盖茨（Melinda Gates）离婚。这件事不仅轰动美国，也同样影响全球。

从 1994 年 1 月 1 日举办婚礼开始，盖茨的家庭都被看成是完美无缺的，高智商的亿万富豪，能力强大的企业高管，拥有一双接受了良好教育的儿女，这样的组合已足够让人羡慕。小到打理家务、建立家庭图书馆，大到管理美国有史以来最大的基金会"盖茨基金会"（Bill & Melinda Gates Foundation），梅琳达都能充分胜任，这让人相信她确实能力优秀，堪称女强人。

即便在宣布离婚之前不久，两人还经常同时出现，向新闻媒体彰显恩爱。但仿佛在一夜之间，双方就分道扬镳，这让许多人感到不可思议。

当然，人们的关注点很快集中到了"钱"上。2021 年福布斯全球富豪榜显示，比尔·盖茨为全球第四大富豪，共有个人资产1305 亿美元。梅琳达不仅是他的妻子，也是他当年的工作伙伴，曾以微软部门主管的身份见证了盖茨如何走向事业的顶峰。两人也在婚后共同投身慈善事业，目前盖茨基金会的总市值已经超过了 500 亿美元，是全世界财力最雄厚的基金会。再加上外界不甚了然的股权、期权、房产等相应财产的分割，牵涉复杂的法律问题，这足以让最专业的律师和法官都大费周章。

在盖茨离婚之前，他已经面临着负面传闻。先是有人爆料，说 1999 年，44 岁的盖茨婚内出轨，对象是 25 岁的微软销售经理。后来又有新闻报道说，盖茨和臭名昭著的恋童癖杰弗里·爱泼斯坦（Jeffrey Epstein）曾有交往，盖茨还专门乘坐爱泼斯坦的私人飞机，前往位于美属维京群岛的"萝莉岛"（Little Saint James）……当爱泼斯坦后来横死狱中时，盖茨也不得不对外承认，和这样的人有交情是巨大的错误，这让他感到很后悔。

除了这些由私人生活导致的形象受损，盖茨在其最热衷的公共事务领域也遭受了越来越多的质疑。2020 年，脸书上传出一则视频，视频指责盖茨正在通过疫苗实行人类的大规模灭绝计划。从 2020 年 2 月到 4 月，在美国电视和社交媒体上，以"盖茨和病毒"为主题的内容大约出现了 12 万次。当时几乎有超过 25% 的美国人和 40% 的共和党人，都认为盖茨肯定会在新冠疫苗里面动手脚，比如给所有人的皮下种植芯片。

面对指控，盖茨可能感到委屈。但问题是：美国有那么多富豪，为什么偏偏是他遭遇了部分舆论的指控怀疑？其实，早在 2015 年，他就带领团队建构了数学模型。当时，盖茨认为，如果现代社会暴发一场与西班牙流感①程度相似的疫情，在 250 天内就会有 330 万人的丧生。以这一模型预测的结果为契机，盖茨基金会转而将资助重心转移到相关病毒的药物和疫苗的研发上，接受资助者不仅有科技机构研究人员、制药企业，也有药企高管、政府部门等。经过他的深度参与，不少疫苗通过了测试，并投入量产。

反对盖茨的人抓住他的这些言行，直接将他指控为"病毒创造者""疫苗牟利者""人类清除计划缔造者"。美国右翼群体认为，盖茨既然在 2015 年就发出警告，说明他早就知道有一场疫情，他就如同盘踞在蛛网里的大蜘蛛，利用强大的利益关系网一手策划了病毒的暴发，并以此实现其过去提出的全球人口增长放缓计划。

然而，盖茨作为世界前列富豪，加上偌大年纪，真的还有通过疫苗获取利润的冲动吗？也有人认为，他之所以被作为靶子，其实背后另有隐情。

在美国前任总统特朗普在位时，盖茨就频繁表示对其部分措施的反对。盖茨早在那时候就当面向特朗普发出过警示，认为特朗普政府的公共卫生举措一塌糊涂，根本无法应对大规模公共卫生事件。相反，盖茨主张国际合作，避免分散精力，他甚至直接

---

① 西班牙流感是指 1918—1919 年暴发的世界性的流感大流行，这次流感因由西班牙最先公布而得名，属于并不科学的称呼方法。普遍认为，造成本次流感大流行的是 H1N1 病毒。

向美国媒体表示应该向中国学习经验，才能避免疫情的大规模传播扩散。这些都容易刺激美国底层尤其是右翼，让他们不断将盖茨描绘得更像恶魔。

当外界在不惮以最大的恶意推测盖茨时，他还是一如既往的冷静豁达。他说，随着新冠疫情的结束，全球还要关注那些与民生密切相关的社会经济问题。未来人类主要面临的两大威胁，一是气候异常，二是生物恐怖主义。这两者都可能成为更加难以对付的问题。

对于计算机这个老本行，盖茨则始终是人工智能的支持者。他认为，人工智能时代已经开始，整个计算机行业乃至更多行业都要围绕人工智能的参与而重新定位。

当盖茨认为计算机行业需要积极行动时，马斯克正组织上千名科技人员写公开信，呼吁政府暂停对巨型人工智能模型的训练，他认为这可能会引发灾难性的后果。

盖茨认为，这并不是什么好方法，更好的做法是，专注于最大限度地利用人工智能技术，否则谈论"暂停开发"将很不着边际。

这两代最聪明的企业家，对人工智能的态度产生了重要分歧：盖茨希望在行动中找准方向，而马斯克则认为应当先停下来再找准方向。

如果仅看两人言辞交锋的表面，人们或许认为这只不过是保守与激进的态度差别而已，但实际上两者背后有着更深层次的商业利益关系。

众所周知，马斯克本人对人工智能科技的发展同样感兴趣，早在 2015 年 12 月，他就和一群科技青年企业家联合投资，创立了 OpenAI 这家美国人工智能企业，致力于研发人工智能产品。但到了 2018 年，据说马斯克就因与周围人理念不和，而撤资退出了 OpenAI。此后，这家公司立即接受了微软 10 亿美元的投资，转变为追求利润的公司。而当初马斯克创办这家企业时，所有联合创始人的初心是建立开源、非营利性的研发机构，与谷歌等营利性人工智能技术巨头展开竞争。

换而言之，马斯克现在不想用人工智能赚钱，但他阻止不了别人这样做，也同样阻止不了微软控制 OpenAI，将之变成封闭并追求利润最大化的普通企业。在这件事情背后，盖茨发挥了多大的力量？这位当年买进操作系统软件再转手将其卖给 IBM 的商业天才所扮演的角色恐怕并不难想象。

但我们也不能排除这样的可能：盖茨之所以急于推动人工智能的商业化，并非想让微软从中获取更多利润。他曾如此评价人工智能说："人工智能的发展与芯片、个人电脑、互联网和移动电话的诞生一样意义重大。它将改变人们工作、学习、旅行、获得医疗保健及彼此交流的方式。"比尔·盖茨利用盖茨基金会的赞助，对疫苗产品加以积极推动。同样，他也认为人工智能的重要作用只有通过大型企业的投资、经营等商业化行为，才能尽快充分发挥——68 岁的他，想必比马斯克更期待早点看见人工智能普惠世界的成果。

"硅谷钢铁侠"布局"星链"

2019 年，是马斯克开始收获的年份。这一年，上海特斯拉超级工厂正式运行。5 月 24 日，SpaceX 的 60 颗卫星发射升空，这仅仅是整个庞大"星链"计划的一小部分。当计划完成时，整个太空会布满 1.2 万颗人造卫星。马斯克说，这将建立起新的全球互联网，实现人人接入其中。

在随后的数年内，在北美大陆的夜空下，时常有人看到如流星般划过夜空的光点，犹如科幻片中闪烁着蓝色光芒有序推进的 UFO。普通民众会为这样的景色感到兴奋，而科学家、商业人士则感喟再三：人类有史以来总共发射过 11670 颗卫星，目前活跃在地球轨道上的有 4300 颗，其中，由马斯克发射的已经达到了 1944 颗。未来，他送上的近地轨道的卫星将达到 4.2 万颗。不管这个计划何时完成，只看计划数字，就能感受到马斯克的勃勃雄心。

从技术上看，"星链"计划确有其可行性。该计划采用的卫星只有一张普通桌子大小，重量为 260 公斤，其部件包括激光通信设备、太阳能电池板、离子推进器及相控阵天线。这些卫星就像叠罗汉那样"摞"在一起，只要有一枚猎鹰 9 号火箭，就能实现"1 箭 60 星"。火箭到达位置后，就会将这些卫星"抛"下来，通过离子推进器，它们会缓慢有序地被部署到相应轨道位置上。

"星链"计划所采用的离子推进器富有科技感，会不断吐出蓝色火焰，推动卫星向前移动。由于采用了氪气气体电离技术，其运载效率相当惊人：传统火箭只能运送 2% 的有效载荷到轨道上，这意味着一枚火箭重量的 98% 都是燃料；而离子推进器的效率则被提升了十几倍，尽管其推动力不大，但在太空环境下，几公斤重的推进剂，就足以让离子推进器连续工作数千个小时，确保微型卫星安全进入轨道。

随着卫星数量增加，卫星间的激光通信能力会得以提升。2021 年 1 月 24 日，卫星之间已开始直接传输数据，"星链"信号覆盖全球的能力体系正逐步成形。但马斯克心中的理想"星链"绝非如此，他还希望"星链"以低延迟优势，全面超越传统互联网。

光速在太空中是最快的，而普通传统互联网离不开光纤。当光在玻璃纤维中运行时，速度会比真空光速慢 47%。这就是马斯克打造"星链"计划的真正用意：当通信距离变得很长，长到足以覆盖全球时，卫星的互联网通信技术就会对传统互联网通信技术产生强大优势。

时势造英雄。马斯克的这套方案，从理论上讲没有太大问题。更关键的是美国政府的支持力度，让其获得了种种便利和优惠。当美国政府发现在互联网 5G 技术上已经全面落后于中国时，他们只能选择弯道超车。根据统计，如果美国想要全面进入 5G 时代，仅仅是全国光纤重新布线就要 1500 亿美元，而马斯克的"星链"计划成本相对要低很多。其核心关键在于 SpaceX 是世界上唯一一个通过回收实现重复利用火箭的机构。

进一步分析就能发现，美国政府的用心可能并非仅仅在此。"星链"卫星体积小、发射成本低，如果不断累积，形成巨大基数后，即便采用反卫星武器加以摧毁，也会付出难以承受的成本代价。美国军方对全球情势有着强烈的掌控愿望，一旦发生地区性战争，他们完全可以直接利用"星链"卫星，将之"民转军"，构成现成的军事信息网络，监视全球任意地方。因此，很多人都估计"星链"计划的背后，有美国军方在资金和技术上的大力支持。

马斯克的美称是"硅谷钢铁侠"，但漫威电影里的钢铁侠始终在和美国政府与军方合作。一旦"星链"计划成功实施，地球上将可能再无秘密，军用、民用、商业的信息和数据都会变得公开透明。

这不是危言耸听。在现有的地区战争中，某参战国地面通信设施被摧毁后，SpaceX 为该国军队开通了"星链"服务，并提供"星链"终端，为该国军队反击提供了重要帮助。在对某些重要战略地点进行防御时，该国军队也只能依靠"星链"与后方总部进行通信联络、情报传递。

2022 年 12 月，SpaceX 更进一步表明立场。该公司宣布成立"星盾"业务部门，其目标客户正是美国国家安全机构和五角大楼。这项业务的主要功能，就是满足美国国防和情报机构的需求，初步重点包括地球观测、安全通信和有效载荷托管。

马斯克本人也对此有所暗示。2022 年 2 月 28 日，在美国加利福尼亚旧金山的"民用技术融入军事太空前景"研讨会上，参会的美军上将约翰·汤普森（John Thompson）毫不避讳地向马斯克询问，现在的美国应该如何做才能战胜中国。而马斯克的回答则更加直接："如果想要在各个方面打败中国，只能走激进创新的路。"

"激进创新"，可以看成对马斯克本人创业精神的写照。其创新领域广泛且涉及多个领域，积极实现多点核心突破。其创新目标宏大、愿景深远，无论是新能源汽车和电池，是可回收火箭和"星链"计划，还是计划中的脑机接口等，围绕的问题都并非短期可以解决的，而是面向地球底层社会系统的重新建构，社会组织模式的变革。一言以蔽之，其创新的意图在于获得地球未来时代的引领权。

正因如此，马斯克将是中国产业界的重要竞争对手。对于这位"硅谷钢铁侠"可能带来的客观威胁，我们必须予以高度重视和格外警惕。

其实，马斯克的本意或许并非支持美国政府和军队。但商业世界是现实的，针对企业组织运营的动机，最好的判断方法是观察其运营的结果。这位"硅谷钢铁侠"在"星链"计划中表现出的姿态转变，很容易让我们想到美国商业历史上与战争有关的那些名字。当年，尽管他们都声称自己爱好和平，但身处美国的大环境，加上企业组织天生的获利冲动，会让他们自觉或不自觉地主动向美国政府靠近，在其全球霸权战略实施过程中，扮演积极发挥作用的角色。

当然，我们也应有充分的自信来看待马斯克。因为今日的中国早已不是昨日的中国。

贝佐斯剑指太空旅游

马斯克在忙，他的对手也不会停止前进的脚步，那琵琶是要飞上天。

2021 年 7 月 20 日，"新谢泼德号"（New Shepard）飞船在美国得克萨斯发射场以 3 马赫（1 马赫约合 1225.08 公里 / 时）的速度发射。亚马逊创始人贝佐斯和其他 3 名同伴开始了一次短途太空冒险。在巨大的推动力作用下，这位亿万富豪和自己的兄弟、82 岁女宇航员、18 岁高中毕业生共同乘坐着太空舱，被"抛"到了海拔 100 千米的高度，这里是科学界认为的外太空和地球大气层的分界线，名为"卡门线"。在短暂的停留中，贝佐斯闭上双目，似乎是在回顾着儿时的太空梦想。随后，太空舱开始利用降落伞缓缓平稳落地。

这一天，正是阿波罗号登月 52 周年的纪念日。贝佐斯选择这一天，显得尤其具有历史纪念意义。有意思的是，当贝佐斯正在完成太空之旅时，一场以"让贝佐斯别回地球"为主题的请愿活动，正在美国一家网站上如火如荼地开展着，总共获得了 15 万人的支持。有位发起者说，贝佐斯就是一个"妄图征服世界的大恶魔"，是"超级反派"。他只是靠伪装变成了电商公司的创始人，这一次是让他离开地球的唯一机会。

当然，无论是在天上，还是回到地球，贝佐斯都不会在乎这些人的看法，也不担心亚马逊品牌因此受到伤害，他已经习惯被看成典型的"反派"。他更在乎自己的商业愿景能否实现，进而能否让客户、员工、投资人感到满意，但从未想过要扮演美国人心中的英雄。

贝佐斯从小就与太空结下了不解之缘。1964 年，他出生在美国新墨西哥，母亲是未婚妈妈。贝佐斯 4 岁时，母亲带着他嫁给了古巴移民米盖尔·贝佐斯（Miguel Bezos）。直到 10 岁时，贝佐斯才知道米盖尔并非其亲生父亲，好在父子之间感情良好，家庭非常和睦。

贝佐斯的外祖父劳伦斯·吉斯（Lawrence Gise）曾是美国原子能委员会的管理人员。由于外祖父的身份，他通过专用线路看到了阿波罗号成功登月，并在 14 岁时立志成为宇航员或者物理学家。

这样的愿望让贝佐斯成长为"学霸"。高中时，他曾获得美国高中毕业生的最高荣誉"美国优秀学生奖学金"。大学时，贝佐斯选择了爱因斯坦就读的普林斯顿大学，渴望像偶像那样成为物理学家。正是在此期间，他的兴趣转向更为实用的计算机。

即便后来贝佐斯成了电商巨头的创始人，他也没有忘记对高科技的积极探索和应用。他很早就收购了新兴的机器人公司，希望借助机器人的自动化分拣效率，提高亚马逊物流中心的工作效率。此外，亚马逊也是全球电商行业第一个采用无人机进行配送的公司。2013 年年末，贝佐斯在电视节目中突然宣布，亚马逊正在研发能在 30 分钟内就送货上门的无人机，并将在研制成功后对其进行全面推广。正是通过这些技术革新，亚马逊已经不仅是一家网络零售商，同时还是一家真正的互联网高科技企业。

不过，贝佐斯觉得这些并不过瘾。当名利双收之时，企业家是选择沉湎于物质享受，还是选择探索未知的世界，挑战更难获得的成就？每个人都会有不同的答案，贝佐斯显然选择了后者。

早在 2000 年，贝佐斯就创立了商业太空公司"蓝色起源"（Blue Origin），这家公司的目标比电商销售事业更宏远：致力于让人们实现太空旅游的梦想。此时，亚马逊还在通向成功的道路上，直到 6 年之后，贝佐斯才有钱在得克萨斯买了一块 16.5 英亩的牧场，作为蓝色起源公司的运营基地。

随着亚马逊的日渐成熟，贝佐斯在蓝色起源公司花费的精力和投入的资源不断增加，项目推进速度也越来越快。2015 年 11 月，蓝色起源公司成功完成了火箭发射再回收项目。2017 年 12 月，公司的"新谢泼德号"火箭在第七次发射后成功着陆。2018 年 7 月 5 日，贝佐斯高调宣布，蓝色起源公司已经准备在月球上建立永久定居点，并将在未来 5 年内开展登月任务。2019 年，蓝色起源公司总共发射了火箭 12 次，全部成功。2020 年，贝佐斯投入 100 亿美元，用金钱"堆"出一个卫星互联网网络。到 2021 年，贝佐斯亲自登上火箭，成为蓝色起源公司载人飞行项目的首个成员。

贝佐斯面向太空的一系列动作，很难说不是有意向马斯克发起追赶。这两位巨头分别掌控亚马逊和特斯拉两家成熟的企业，又分别培育着蓝色起源和 SpaceX 两家正在壮大的太空公司，双方的竞争正在不断升级。实际上，他们的战场绝不只是在太空中。

在环保领域，马斯克一直在推广电动汽车、太阳能技术，特斯拉也是全球电动汽车市场的领导者。贝佐斯则在亚马逊推出了"气候友好认证"（Climate Pledge Friendly Certifications）计划，只要通过亚马逊要求的相关认证，亚马逊卖家产品页面上就会多出一双绿色小翅膀的标签，卖家就能因此获得更大的流量扶持、更多的网页曝光率。

在运输领域，马斯克还有一家不太受新闻关注的隧道建设公司（Boring Company），该公司正在积极探索建设地下交通系统。而贝佐斯则将开发货运无人机，并投入更多资金进行无人机相关技术的研发。一个想要通过分流到地下缓解交通拥堵，另一个则想要将之移到天上，可谓殊途同归。

看热闹不嫌事大。贝佐斯的许多举动，经常被媒体解读为对马斯克的挑战。在美国媒体眼中，蓝色起源公司想要追赶"星链"计划，进而在太空旅游市场上超越 SpaceX。因此，贝佐斯才不惜以亿万富豪之身亲自冒险登上火箭。

马斯克当然很清楚这一切。他经常抓住机会，利用互联网社交媒体向贝佐斯"开炮"。有时候是明确地指责对方"抄袭"，有时候则是暗戳戳地嘲讽。近年来，每当贝佐斯在航空航天领域有什么进展，马斯克都会评论一番。相比之下，贝佐斯则很少公开还击。

贝佐斯对太空的探索之梦还会继续，而马斯克也将由于贝佐斯的存在，而表现出并不多见的压力感。他们的故事仍将继续上演，为美国商坛和人类世界增添更多精彩场景。

致
谢

　　自 2008 年专业从事财经写作以来，我在过去 16 年间阅读了大量中外企业的历史文献和企业家的传记，每次对不同企业、不同企业家按照国家、行业、时代做交叉对比研究时，总有新的收获与启发，也总有遗憾与无奈。我发现，今天国内企业所犯的错误或遭受的挫折，在数十年甚至几百年前，全球的商界巨头就已经经历过，并总结出了系统而实用的"教科书"。可我们偏偏对前人用数万亿美元写下的教训熟视无睹，更糟糕的是，我发现国内还没有一套丛书系统梳理过全球商业史，没有对纷繁复杂、割裂模糊的全球商业变迁做过完整描述，甚至连讲述商业史的著作都很少。因此，我经常会冒出一个念头：立足当下，在中文世界，为全球商业史留下一些可供参考和研究的文字。

　　2011 年，我所创办的润商文化秉承"以史明道，以道润商"的使命，汇聚了一大批专家学者、财经作家、媒体精英，为标杆企业立传塑魂。我们为华润、招商局、美的、阿里巴巴、用友、卓尔、光威等数十家著名企业提供企业传记、企业家传记的创作与出版定制服务，还策划出版了全球商业史系列、世界财富家族系列、中国著名企业家传记系列等 100 多部具有影响力的图书作品，润商文化堪称最了解中国本土企业实践、理论体系和精神文化的传记创作机构之一。

2015 年，出于拓展企业家国际化视野、丰富中国商业文明的专业精神和时代使命，在中华工商联合出版社的策划与鼓励之下，我带着几位商业史研究者与创作者开启了"全球商业史"系列图书的创作历程。我们查阅、搜寻、核实各个国家的历史、商业史、经济史、企业史、企业家传记等资料，每天埋头于全球商业史浩繁史料中。2017 年夏天，"全球商业史"系列图书（四卷本）顺利出版，包括《财富浪潮：美国商业 200 年》《商权天下：日本商业 500 年》《铁血重生：德国商业 200 年》《霸道优雅：法国商业 200 年》，面世以后深受读者欢迎。5 年之后的 2022 年年底，蓝狮子建议我重新策划、精准定位，启动"世界是部商业史"系列图书的修订、改写、完善工作，在美国、日本、德国、法国商业史的基础上增加英国、韩国等国家的商业史。我希望日后能将"世界是部商业史"系列图书不断丰富完善，将更多国家在商业领域的有益探索和成功经验奉献给读者。

感谢中华工商联合出版社的李红霞老师最早对这套丛书的慧眼识珠，你一如既往的鼓励和支持令我十分感动。感谢蓝狮子的陶英琪、李姗姗、杨子琪、应卓秀等老师，你们的严谨认真令我铭记于心、受益匪浅。感谢王晶、王健平、邢晓凤、邓玉蕊、李倩等诸位创作者，你们的才华和热情为作品锦上添花。感谢孙秋月、马越茹、刘霜、周远等老师的支持和参与，你们为作品的精彩呈现付出颇多。

为创作"世界是部商业史"系列图书，我们查阅了大量图书、杂志、报纸，以及网络文章，引用近百部企业传记、人物传记等史实资料，感谢所有图书著作和精彩报道的写作者。

整个写作过程堪称一场不知天高地厚的冒险，甚至有些勉为其难，错漏之处难以避免。但我们相信，在认真、严谨、客观的努力创作中，每本书都有精彩、闪光、值得回味的故事和道理，无论是写作还是阅读，面对浩瀚商史、全球巨擘，谦虚者总是收获更多。

一直以来，润商文化都致力于为有思想的企业提升价值，为有价值的企业传播思想。作为商业观察者、记录者、传播者，我们将聚焦更多标杆企业、行业龙头、区域领导品牌、高成长型创新公司等有价值的企业，为企业家立言，为企业立命，为中国商业立标杆。我们将不断完善"世界是部商业史"系列图书，重塑企业家精神，传播企业品牌价值，推动中国商业进步。

人们常说，选择比努力更重要，而选择的正确与否取决于认知。决定人生命运的关键选择就那么几次，大多数人不具备做出关键选择的能力，之后又要花很多代价为当初的错误选择买单。对于创业者、管理者来说，阅读全球商业史是形成方法论、构建学习力、完成认知跃迁的最佳捷径之一，越早阅读越好。希望"世界是部商业史"系列图书能够为更多企业家、创业者、管理者提供前行的智慧和力量，为读者在喧嚣浮华的时代打开一扇希望之窗。

陈润